A crise da economia global

*Andrea Fumagalli e
Sandro Mezzadra (orgs.)*

A crise da economia global
Mercados financeiros, lutas sociais e novos cenários políticos

Posfácio de Antonio Negri

1ª edição

CIVILIZAÇÃO BRASILEIRA

Rio de Janeiro
2011

Copyright © 2011 by Andrea Fumagalli e
Sandro Mezzadra (orgs.)

PROJETO GRÁFICO DE MIOLO
Abreu's System

CAPA
Elmo Rosa

CIP-Brasil. Catalogação-na-fonte
Sindicato Nacional dos Editores de Livros, RJ

C949

A crise da economia global: mercados financeiros, lutas sociais e novos cenários políticos / Andreia Fumagalli e Sandro Mezadra (orgs); posfácio de Antonio Negri. – Rio de Janeiro: Civilização Brasileira, 2011.
368p.

Inclui bibliografia
ISBN 978-85-200-0959-8

1. Crise econômica. 2. Crises financeiras. 3. Capitalismo. 4. Globalização – Aspectos econômicos. 5. História econômica – Século XXI. 6. Relações econômicas internacionais. I. Fumagalli, Andreia. II. Mezadra, Sandro.

11-6233.
CDD: 332.62
CDU: 336.76

EDITORA AFILIADA

Todos os direitos reservados. Proibida a reprodução, armazenamento ou transmissão de partes deste livro, através de quaisquer meios, sem prévia autorização por escrito.

Este livro foi revisado segundo o novo Acordo Ortográfico da Língua Portuguesa.

Direitos desta edição adquiridos pela
EDITORA CIVILIZAÇÃO BRASILEIRA
Um selo da
EDITORA JOSÉ OLYMPIO LTDA.
Rua Argentina, 171 – Rio de Janeiro, RJ – 20921-380
Tel.: 2585-2000

Seja um leitor preferencial Record.
Cadastre-se e receba informações sobre nossos lançamentos e nossas promoções.

Atendimento e venda direta ao leitor:
mdireto@record.com.br ou (21) 2585-2002

Impresso no Brasil
2011

Sumário

INTRODUÇÃO — SANDRO MEZZADRA 9

1. A VIOLÊNCIA DO CAPITALISMO FINANCEIRO —
CHRISTIAN MARAZZI 23
   1. O devir da crise 25
   2. Lógicas financeiras 35
   3. Sobre o tornar-se rentista do lucro 45
   4. Uma crise de governança global 55
   5. Cenários geomonetários 65

2. CRISE ECONÔMICA GLOBAL E GOVERNANÇA
ECONÔMICO-SOCIAL — ANDREA FUMAGALLI 75
   Introdução 77
   1. A dinâmica espaço-temporal da crise econômica 79
   2. A governança em ato 89
   3. O conflito latente entre governança econômica e
   governança social 98

3. A CRISE DA LEI DO VALOR E O TORNAR-SE
RENTISTA DO LUCRO — CARLO VERCELLONE 107
   Introdução 109
   1. O que se deve entender por crise da lei do valor? 115
   2. Salário, renda e lucro: algumas definições 118
   3. Do capitalismo industrial ao capitalismo cognitivo 128
   4. Conclusões 141

4. A FINANCEIRIZAÇÃO COMO FORMA DE BIOPODER —
STEFANO LUCARELLI 151
   Introdução 153
   1. Categorias foucaultianas 155

2. Financeirização e efeito-riqueza *159*
3. Boom, boom, boom, boom *163*
4. A dinâmica da governamentalidade financeira *166*
5. Conclusões *173*

5. NO LIMIAR DO CAPITAL, ÀS PORTAS DO COMUM: NOTAS À MARGEM SOBRE AS AMBIVALÊNCIAS DO CAPITALISMO BIOPOLÍTICO — FEDERICO CHICCHI *185*
   1. Premissa: reflexões e propostas de trabalho a partir da recente crise dos mercados financeiros *187*
   2. A textura bioeconômica do capitalismo contemporâneo *195*
   3. Conclusões: uma ontologia do comum como pano de fundo necessário do antagonismo insurgente *200*

6. *NEW ECONOMY*, FINANCEIRIZAÇÃO E PRODUÇÃO SOCIAL NA WEB 2.0 — TIZIANA TERRANOVA *207*
   1. As responsabilidades da internet e as finanças dos modelos *214*
   2. Redes contra redes e experimentações ético-artísticas *221*

7. CAPITALISMO COGNITIVO E FINANCEIRIZAÇÃO DOS SISTEMAS ECONÔMICOS — BERNARD PAULRÉ *233*
   Introdução *235*
   1. A financeirização e as possíveis justificativas de um capitalismo financeiro *237*
   2. A governança é a principal aposta da financeirização? *239*
   3. Algumas manifestações quantitativas da financeirização *242*
   4. Conclusão parcial *258*
   5. Quatro questões sobre o lugar das finanças no capitalismo cognitivo *259*
   6. Conclusão geral *264*

8. CRISE GLOBAL, PROLETARIZAÇÃO GLOBAL, CONTRAPERSPECTIVAS (PRIMEIRAS HIPÓTESES DE PESQUISA — 21/12/2008) — KARL HEINZ ROTH *269*
   Introdução *271*
   1. A nova crise econômica mundial *272*
   2. O ciclo precedente (1973-2006) *284*

3. Diferenças e semelhanças com
as crises econômicas precedentes *292*
4. Proletarização global *297*
5. Por um programa de transição *308*
6. Perspectivas *318*

9. NADA SERÁ COMO ANTES: DEZ TESES SOBRE
A CRISE FINANCEIRA — ANDREA FUMAGALLI *321*
Tese nº 1: A crise financeira atual é crise do sistema
capitalista por inteiro *323*
Tese nº 2: A crise financeira atual é a crise de medida da
valoração capitalista *324*
Tese nº 3: A crise é o horizonte de desenvolvimento do
capitalismo cognitivo *325*
Tese nº 4: A crise financeira é a crise do controle biopolítico,
é crise de governança e demonstra a instabilidade
estrutural sistêmica *328*
Tese nº 5: A crise financeira é a crise do unilateralismo e
momento de reequilíbrio do ponto de vista
geopolítico *331*
Tese nº 6: A crise financeira mostra a dificuldade do processo
de construção da União Econômica Europeia *333*
Tese nº 7: A crise financeira marca a crise da teoria
neoliberal *334*
Tese nº 8: A crise financeira evidencia duas contradições
principais internas ao capitalismo cognitivo, a
inadequação das tradicionais formas de remuneração do
trabalho e a infâmia da estrutura proprietária *337*
Tese nº 9: A crise financeira atual não pode ser resolvida com
políticas reformistas que definam um novo *New Deal* *342*
Tese nº 10: A crise financeira atual abre novos cenários de
conflito social *348*

POSFÁCIO
ALGUMAS REFLEXÕES SOBRE O RENTISMO NA "GRANDE
CRISE" DE 2007 (E SEGUINTES) — ANTONIO NEGRI *353*

Introdução

*Sandro Mezzadra**
Tradução de Pedro Barbosa Mendes

1. A paixão pelo conhecimento, o desejo impaciente de compreender o mundo para transformá-lo: mas também muita "racionalidade" no universo da Universidade Nômade (UniNomade).** Mas é a "temperatura emocional" dos debates que anima a rede que constitui a principal fonte de "valor agregado". Durante os últimos quatro anos (o primeiro seminário UniNomade, "Guerra e democracia", foi realizado em Pádua, Itália em 29 e 30 de janeiro de 2005),[1] pelo menos três gerações de pesquisadores e ativistas cresceram na esteira da tradição do operaísmo[2] italiano e se encontram regularmente em seminários, dos quais já participaram centenas de pessoas. A Europa e as redes, a nova forma assumida pela metrópole e pela governança, "as instituições do comum" e as relações entre arte contemporânea e ativismo, as metamorfoses do trabalho e da universidade são algumas das questões abordadas nos últimos anos, em um diálogo contínuo com experiências análogas que estão se desenvolvendo nos cinco continentes.

---

* Professor de estudos coloniais e pós-coloniais da Universidade de Bolonha, Itália

** Rede transnacional de pesquisadores, ativistas e artistas ligados, de alguma forma, à pesquisa militante. O site da Universidade Nômade no Brasil é www.universidadenomade.org.br (*N. do T.*)

O ponto de partida de nosso trabalho é a consciência de que vivemos em uma época em que é o próprio estatuto dos saberes que muda radicalmente, impondo (prova recente é o desenvolvimento extraordinariamente eficaz na Itália do movimento estudantil de 2008 a 2010) uma reconsideração da relação entre a produção de conhecimento e os lugares institucionais clássicos (tanto acadêmicos quanto políticos) que haviam formado um monopólio.[3] Quando o conhecimento — não apenas "técnico", mas também aquele "humanista" — se torna imediatamente força produtiva, a crítica dos saberes assume a forma de crítica da economia política. Quando as universidades se tornam elos essenciais da produção metropolitana, de nada vale defender sua tradicional liberdade. Quando é no terreno do conhecimento que se disputam as partidas essenciais no desenvolvimento da luta de classes, não há mais partido que possa reivindicar a primazia da produção teórica. E não existem mais "intelectuais orgânicos" aos quais confiar o privilégio da "batalha de ideias".

As transformações às quais aludimos são poderosas e complexas. Não temos soluções simples a propor; apenas o sentido de urgência. E a certeza de que temos de inventar novos lugares e novas instituições, dentro dos quais possamos experimentar novas relações entre produção de conhecimento, práticas políticas e desenvolvimento das lutas. A UniNomade é uma primeira tentativa nesse sentido: a participação nos seminários e nos trabalhos de construção do projeto, não como sujeitos "a formar", mas como protagonistas mesmo, de centenas de ativistas e dos movimentos é, portanto, um elemento que qualifica a experiência que temos vivido nos últimos anos e que temos a intenção de continuar a viver, a fim de aprofundá-la e torná-la mais eficaz em um futuro próximo. Na Itália, essa coleção* é o primeiro instrumento de que dotamos para alargar o espaço de nossa discussão, para entrar de forma ainda mais direta e incisiva no debate público. E para identificar interlocutores e aliados.

Viemos, como dizia, da grande tradição do operaísmo revolucionário italiano e nossa produção se situa no interior daquela mais ampla que é expressa, no debate internacional, pela fórmula evidentemente insatisfatória, mas dotada de eficácia, de *pós-operaísmo*.** Todavia, sentimos a forte necessidade de colocar em discussão nossos próprios instrumentos teóricos, de nos abrirmos a um debate com outras correntes, com outras *práticas teóricas* que, no decorrer dos últimos anos, têm contribuído para a compreensão crítica do presente: dos estudos pós-coloniais aos mais recentes desenvolvimentos do feminismo, das reflexões sobre os novos meios de comunicação às novas fronteiras da filosofia política, para citar apenas alguns exemplos.

Incluindo aí seu perfil político, nossa proposta de discussão é completamente aberta. Nós prezamos a ciência — e, portanto, o bom-senso — da subversão e não hesitamos em nos definir, agora e sempre, como revolucionários. Mas certamente não é de fórmulas vazias que se alimenta nosso trabalho teórico e político. Nos interessam as lutas e os sujeitos que vivem, que sofrem, que constroem a alegria e a cooperação no cerne delas. É a esses sujeitos, sem indagar por suas

---

* No Brasil, o equivalente dessa coleção é aquela coordenada por Giuseppe Cocco, "A política no Império", Civilização Brasileira.

** Para uma apresentação sistemática do operaísmo e do pós-operaísmo italianos, ver César Altamira, *Os marxismos do novo século*, Civilização Brasileira, 2008.

identidades, que nos dirigimos. Apenas aqueles que não têm nada a dizer sobre o presente se agarram a uma pretensa e gloriosa herança do passado: o que não é o nosso caso.

2. O primeiro livro da coleção italiana da UniNomade não poderia ser dedicado a outro assunto que não à crise global em que vivemos. Dois seminários o tornaram possível: o primeiro aconteceu no Departamento de Política, Instituições e História da Faculdade de Ciência Política da Universidade de Bolonha e foi promovido pelo Teatro Polivalente Occupato (TPO) em 12 e 13 de setembro de 2008; e o segundo se passou em Roma e foi organizado pela Faculdade de Letras e Filosofia da Universidade La Sapienza e pelo ESC Atelier Occupato em 31 de janeiro e 1º de fevereiro de 2009. Mas esse volume *não* apresenta apenas o material produzido nos dois seminários: é muito mais, é o resultado de uma discussão coletiva que durou meses, por meio da nossa lista de discussão e de uma série de outras reuniões na Itália, Espanha, Suécia, no Brasil e na França, envolvendo — além dos autores das contribuições ora publicadas — dezenas e dezenas de companheiros e companheiras. Uma reflexão em coro, apenas parcialmente resumida, portanto, nas dez teses que concluem o volume.

Uma convicção fundamental tem orientado nosso trabalho nos últimos meses, sob a pressão do dia a dia: a crise que estamos vivenciando é de um novo tipo, pois é totalmente investida pela figura do novo capitalismo que emergiu a partir da grande crise dos anos 1970 — após a declaração da não convertibilidade do dólar que deu início ao regime de taxas de câmbio flexíveis, destinado a separar o sistema monetário das lutas salariais do operário-massa multinacional, no princípio de agosto de 1971. Sabemos bem — aprendemos com Fernand Braudel e com os teóricos do sistema-mundo — que a "financeirização" não é um fenômeno novo. Sabemos, por exemplo, da importância da expansão financeira que teve como sede o enclave capitalista do norte da Itália entre o fim do século XIV e o início do século XV, durante a qual "se formaram os agentes do primeiro ciclo sistêmico de acumulação e se prefiguraram as principais características de todas as expansões financeiras posteriores".[4]

No entanto, estamos convencidos de que, em nosso tempo, independentemente do quanto se possa refletir sobre o passado, não vale mais a tese, central na obra de Giovanni Arrighi, por exemplo, segundo a qual os "ciclos sistêmicos de acumulação" são compostos por fases de "expansão financeira" que sucedem as fases de "expansão material".[5] O que parece claro, e o que os ensaios de Christian Marazzi e Andrea Fumagalli, particularmente, demonstram em detalhes, é o caráter transversal que as finanças assumem no capitalismo, que nas últimas décadas incorporou características radicalmente novas. A tal ponto que a própria distinção entre "economia real" e "economia financeira" (entre "expansão material" e "expansão financeira") não possui nenhum fundamento atualmente, até e, em primeiro lugar, em termos analíticos.

Essa é uma questão que remete à nossa compreensão da história sobre como o modo de produção capitalista foi e é atualmente. Aprendemos, baseados em um amplo conjunto de estudos históricos, que houve um capitalismo anterior à revolução industrial, um capitalismo "pré"-industrial, baseado essencialmente no comércio. Por isso, é evidente que exista a possibilidade de um capitalismo "pós"-industrial, que algumas das contribuições publicadas neste volume propõem chamar provisoriamente por termos tais como "capitalismo cognitivo" ou "biocapitalismo". Mais importante do que a pertinência dessas fórmulas, porém, é o problema que elas colocam, e em especial no que se refere ao papel das finanças. Em um livro fundamental, publicado em 1909, Rudolf Hilferding analisou a fundo dois dos principais fenômenos de seu tempo (o desenvolvimento das sociedades anônimas e o dos bancos mistos, de crédito industrial, na Alemanha), transformações que atingiram as finanças no auge do processo desencadeado pela Revolução Industrial, a ruptura histórica a partir da qual o capitalismo se tornou industrial.[6] Nossa convicção é que as finanças devem ser investigadas atualmente pelo mesmo método, considerando as mudanças que têm ocorrido nas últimas décadas como sintomas de uma ruptura (de época) semelhante.

3. É bom que se compreenda de uma vez por todas: quando falamos de uma transformação radical do modo de produção capitalista, de um capitalismo que não é mais "industrial", estamos bem longe de negar a importância (em alguns aspectos, até mesmo crescente) que a produção industrial e o emprego continuam a ter em escala global e até em nosso próprio território. Insistimos, sobretudo, no fato de que tanto essa produção quanto esse trabalho estão se articulando progressivamente (e sendo controlados) por processos de valorização e de acumulação de capital que funcionam de acordo com uma lógica diversa daquela "industrial".[7] E chamamos a atenção para o fato de que esses processos vêm se ampliando cada vez mais sobre o pano de fundo da exploração e da "captura" da produtividade de potências abstratas e comuns — do

A CRISE DA ECONOMIA GLOBAL

saber à *bios*, da cooperação social àquilo que Carlo Vercellone definiu como "produção do homem pelo homem". A hibridização entre o capital financeiro e a socialização via web 2.0 descrita por Tiziana Terranova em seu ensaio é um exemplo extraordinariamente provocativo dessa nova condição. De resto, é sobre essa base que deve ser lida a tese sobre o "tornar-se rentista do lucro",* desenvolvida por Vercellone neste volume e retomada por Antonio Negri no posfácio.

Existem ainda problemas enormes para determinar em escala global, na qual se definem a valorização e a acumulação do capital, qual é a *composição de classe* atual. Embora muitas contribuições a este respeito utilizem a categoria de "multidão", Karl Heinz Roth, em um texto publicado originalmente no site da revista alemã *Wildcat*,[8] nos convida a refletir sobre o tema de "multiverso, a transformação contínua da classe trabalhadora mundial". Esta nos parece uma proposta de grande interesse, tanto em termos de análise quanto em termos políticos: aqui, nos limitaremos a sublinhar como ela emerge, entre outras coisas, através de um produtivo confronto com a *global labour history*, que tem transformado profundamente, nos últimos anos, os estudos históricos sobre o proletariado e a classe trabalhadora.[9] Trata-se de uma perspectiva de longo prazo, capaz, ao mesmo tempo — como explica Roth — de se libertar das restrições de inspiração "na-

---

* A língua italiana, da mesma maneira que o francês, distingue claramente as diferentes formas de remuneração do trabalho, da propriedade e do capital: respectivamente, *reddito* (*salario*), *rendita* e *profitto*, que correspondem em francês à *revenu* (*salaire*), *rente* e *profit*. Em português, usa-se indiferentemente "renda" para falar de remuneração da propriedade e "renda" como remuneração do trabalho e do capital. Optamos aqui por utilizar o termo "rentismo" ou "rentista" para traduzir *rendita/rente*, quer dizer, a remuneração daquele que vive de rendimentos, ou do rentista (*rentier*). (N. do T.)

cional e eurocêntrica" e que permite, em particular, redefinir o debate sobre "precariedade" e "flexibilidade" do trabalho. Além de nos libertar da hipoteca de uma imagem da "relação de trabalho normal" (por tempo determinado e acompanhada de uma série de "direitos sociais"), construída sobre as características do "fordismo" no Ocidente e que aparece como realidade. E que, considerando-se a longa história global do modo de produção capitalista, parece muito mais "excepcional" do que "normal".[10] É o caso de se chamar a atenção, mais uma vez, para essa questão fundamental, tanto do ponto de vista político quanto histórico e analítico.

Por outro lado, há uma questão que, como muitas outras levantadas no livro, problematiza alguns conceitos fundamentais forjados no próprio laboratório teórico do operaísmo italiano. Mencionamos em outros momentos a relação entre "subsunção formal" e "subsunção real" do trabalho ao capital e entre "mais-valia absoluta" e "mais-valia relativa"[11] (e Antonio Negri retoma aqui a questão, desenvolvendo-a no terreno da "análise crítica do rentismo"). De maneira mais ampla, existe uma determinada relação entre luta e desenvolvimento, e entre ciclos e crises, que parece não ter mais lugar se levarmos a sério o discurso de Carlo Vercellone sobre o esgotamento das virtudes progressistas do capital. Esse mesmo método tendencial, certamente um dos legados mais valiosos do operaísmo histórico, deve ser, consequentemente, reajustado ao ritmo de um desenvolvimento capitalista que parece atualmente ter a crise como seu horizonte final.

4. Também esse ponto é melhor explicar. Longe de nós a ideia de ressuscitar hipóteses "catastrofistas". *O capital é crise* e pode sobreviver em crise por séculos... Não está descontado

que depois do capitalismo venha uma coisa melhor. Em todo caso, estamos inclinados a pensar, com Walter Benjamin, que o "capitalismo não morrerá de morte natural".[12] Aquilo sobre o que refletimos é uma mutação das "coordenadas temporais" do capitalismo (o que significa, em primeiro lugar, o modo como o capital tenta organizar o tempo e a vida das mulheres e dos homens que estão submetidos ao seu comando e que vivem a realidade da exploração) não menos radical do que a que transformou suas "coordenadas espaciais" nesta economia global. Tentamos, em especial, extrair algumas consequências para o conjunto das categorias políticas por meio das quais a crise deve ser entendida. Nesse sentido, se Andrea Fumagalli enfatiza a dramaticidade de qualquer estabilização "reformista" do desenvolvimento capitalista contemporâneo, Christian Marazzi e Bernard Paulré, estabelecendo um diálogo com as recentes leituras da crise feitas pela escola francesa da regulação, se debruçam sobre as torções a que está sujeita, na crise, a categoria de governança.

Outras considerações poderiam ser acrescentadas do ponto de vista das transformações dos conceitos e dos problemas políticos que emergem da análise da crise. Seria possível, por exemplo, refletir a fundo sobre as aventuras de um conceito clássico da política moderna, o de "opinião pública", que desde pelo menos o 12º capítulo da *General Theory* de John Maynard Keynes[13] nós nos habituamos a investigar no terreno das bolsas de valores. Qual é o papel da opinião em uma situação na qual, quase a evocar uma crise de "legibilidade" (a incapacidade do capital de ler a composição do trabalho de cuja exploração ele vive), a opinião se encontra operando no interior daquilo que Tiziana Terranova define como "nevoeiro de dados"? Mas, ainda, para citar apenas brevemente uma questão fundamental abordada no livro por Stefano Lucarelli e Federico Chicchi: como definir de maneira rigorosa as metamorfoses do poder e da própria figura da subjetividade que correspondem às transformações descritas?

O ponto sobre o qual gostaríamos de insistir, porém, à guisa de conclusão, é outro: o significado preciso dos riscos e das oportunidades que a crise apresenta e que emerge do livro todo. O ataque (explicitamente racista) à condição dos migrantes que temos presenciado na Itália, nos últimos meses, é a primeira mostra desses riscos, cujas evidências podem ser encontradas em outros países do mundo.[14] Servindo de pano de fundo, estão as grandes tensões geopolíticas e monetárias descritas por Christian Marazzi, com o espectro da guerra (das que estão em andamento e das que estão sendo preparadas) sempre presente em nosso horizonte. Mas, em seu conjunto, as contribuições que apresentamos aqui indicam terrenos fundamentais de luta que se abrem justamente durante a crise e que mostram, na íntegra, a possibilidade de trabalhar por uma saída mais avançada. Ou seja, uma saída da crise em direção à construção de um novo terreno *comum*, sobre o qual reinventar a igualdade e a liberdade, que no percurso da UniNomade constituem e continuarão a constituir sua "linha vermelha": as lutas pela renda e pelo salário e, em particular, as lutas por *welfare* [bem-estar social] se apresentam completamente reformuladas pela crise. E constituem o domínio privilegiado sobre o qual experimentar aquela síntese do uso corajoso do reformismo, tendo consciência de suas limitações estruturais, e da reabertura de uma perspectiva revolucionária sobre a qual convidam a pensar, com línguas diversas, mas em última instância convergentes, tanto o ensaio de Karl Heinz Roth como o posfácio de Antonio Negri.

Notas

1. Cf. Marcello Tarì (org.), *Guerra e democrazia*, Manifestolibri, 2005.
2. Escola de pensamento neomarxista italiana da década de 1960 da qual participava Antonio Negri. Para uma apresentação sintética, ver Giuseppe Cocco, "Introdução" a Antonio Negri e Maurizio Lazzarato, *Trabalho imaterial*, Rio de Janeiro, DP&A, 2001. Para uma apresentação mais ampla, ver César Altamira, *Os marxismos do novo século*, Rio de Janeiro, Civilização Brasileira, 2008.
3. Cf., a esse respeito, a apresentação do projeto UniNomade feita por Marco Bascetta e Sandro Mezzadra, "Il sapere come passione", *in: Il Manifesto*, 1º de abril de 2005. Disponível em: http://www.globalproject.info/art-4255.html.
4. Giovanni Arrighi, *O longo século XX*, Contraponto Editora, 2006.
5. *Ibidem*. De resto, o recente e importante trabalho de Giovanni Arrighi é rico de pontos de vista inovadores. Cf. *Adam Smith em Pequim*, Boitempo Editorial, 2008.
6. Cf. Rudolf Hilferding, *Il capitale finanziario*, G. Pietranera (org.), Feltrinelli, 1961.
7. Para o conceito de "articulação" em relação ao capital global, cf. o capítulo 6 de Sandro Mezzadra, *La condizione postcoloniale. Storia e politica nel presente globale,* Ombre Corte, 2008.
8. Disponível em http://www.wildcat-www.de. Cf. também Karl Heinz Roth, *Der Zustand der Welt. Gegen-Perspektiven*, VSA-Verlag, 2005, em que se encontram desenvolvidas muitas das teses apresentadas em sua contribuição a este volume.
9. Cf., pelo menos, o trabalho de Marcel van der Linden, *Transnational Labour History. Explorations*, Aldershot, 2003; "Labor History: An International Movement", *Labour History*, 89 (2005), pp. 225-233; e *Workers of the World. Essays Toward a Global Labor History*, Brill, Leiden, 2008. Outra contribuição extraordinária é o livro de Peter Linebaugh e Marcus Rediker, *A*

ANDREA FUMAGALLI E SANDRO MEZZADRA (ORGS.)

hidra de muitas cabeças. *Marinheiros escravos, plebeus e a história oculta do Atlântico Revolucionário*, Companhia das Letras, 2008.

10. Cf., a esse respeito, o importante artigo de Marcel van der Linden, "Normalarbeit — das Ende einer Fiktion. Wie 'der Proletar' vershwand und wieder zurückkehrte", *Fantomas*, 6 (2004-2005), pp. 26-29.

11. Cf., principalmente, capítulo 6 e apêndice de Sandro Mezzadra, *La condizione postcoloniale, op. cit.*

12. Walter Benjamin, *Parigi capitale del XIX secolo*, Turim, Einaudi, 1986, p. 848 (X, 11a, 3).

13. John Maynard Keynes, *Occupazione, interesse e moneta. Teoria generale*, Turim, Utet, 1947, pp. 129-143. Nessa obra, Keynes sustenta que: "Uma avaliação convencional, resultado da psicologia coletiva de um grande número de indivíduos ignorantes, está sujeita a grandes variações em decorrência dos improvisos e da flutuação das opiniões, devido a fatores que, na realidade, não exercem uma grande influência sobre a *rente esperada*" (*ibidem*, p. 135). No entanto, 40 anos antes, Max Weber — ao traçar uma análise das bolsas como "dispositivos de regulação e de organização" imprescindíveis para a economia capitalista industrial da época — sublinhava que era de vital importância que "a formação e a fixação dos preços (em curso) na bolsa se realizasse de modo sólido e correto" (Max Weber, *Die Börse* [1894], *in Gesammelte Aufsätze zur Soziologie und Sozialpolitik*, Tübingen, Mohr, 1988, p. 278). E reclamou atenção sobre os efeitos perturbadores e dificilmente "calculáveis" que a interferência do público (*das Publikum*) podia determinar (*ibidem*, pp. 308, 313 e 316).

14. A repercussão da crise para os trabalhadores migrantes, em uma situação na qual a mobilidade é um elemento-chave para a definição da composição do trabalho vivo em nível global, é um tema fundamental de análise e de intervenção política. Sem mencionar o fato de que, no início de dezembro de 2008, Vladimir Putin anunciou de maneira praticamente direta na TV a intenção de expulsar da Rússia alguns milhões de imigrantes

A CRISE DA ECONOMIA GLOBAL

provenientes, em grande parte, das ex-repúblicas soviéticas. Fiquemos apenas em dois exemplos, ambos tomados das crônicas mais recentes. Eles se referem à migração que desempenhou um papel fundamental no desenvolvimento econômico chinês dos últimos anos e à emigração de indianos para os países do Golfo: Simon Rabinovitch, "Economic Crisis Reverses Flood of Migrants in China", *International Herald Tribune*, 30 de dezembro de 2008 (http://www.iht.com/articles/2008/12/30/business/col31.php), e N. Raghuraman, "Indians Flee Dubai as Dreams Crash — Fall Out of Economic Crisis", *Daijiworld,* 14 de janeiro de 2009. (http://www. daijiworld.com/news/news_disp.asp?n_id=55704&n_tit=Indians).

1. A violência do capitalismo financeiro

Christian Marazzi[*]
Tradução de Gilvan Vilarim

---

[*] Economista suíço, professor na Escola Universitária da Suíça Italiana. Publicou vários livros sobre o pós-fordismo. No Brasil, *O lugar das meias. A virada linguística da economia e seus efeitos sobre a política*, Civilização Brasileira, 2009.

1. O DEVIR DA CRISE

Antes de interpretar politicamente a crise do capitalismo financeiro, é útil resumir com alguns dados o quadro macroeconômico e financeiro global emergente, a pouco mais de um ano do estouro da bolha imobiliária e bancária. Iniciemos logo, citando um artigo do *Financial Times* (7 de janeiro de 2009), de Martin Wolf, defensor inteligente da globalização liberal, para quem, embora necessários, os aumentos decisivamente elevados do déficit federal americano e a expansão do crédito por parte dos bancos centrais de todo o mundo terão efeitos apenas *temporários*, não sendo capazes de restabelecer taxas de crescimento normais e duradouras. É verossímil que no curso de 2009 em diante assistiremos a uma sucessão de falsas recuperações, um movimento das bolsas aos trancos, seguido de repetidos baques e de sucessivas intervenções dos governos para tentar conter a crise. Em suma, somos confrontados com uma crise sistêmica que requer *fundamental changes* [mudanças fundamentais] que, ao menos para o momento, ninguém é verdadeiramente capaz de prescrever de modo convincente. A política monetária, se tem alguma eficácia para erguer as economias das recessões, é no geral ineficaz quando se entra em uma crise depressiva como

ANDREA FUMAGALLI E SANDRO MEZZADRA (ORGS.)

a que estamos vivendo. A razão é que, em uma crise como a atual, que em parte se assemelha ao que o Japão experimentou nos anos 1990, os canais de transmissão das intervenções monetárias (redução das taxas de juros, emissão de liquidez, intervenção sobre taxas de câmbio, aumento das reservas bancárias) estão fora da jogada, não conseguem transmitir os estímulos de créditos às empresas e às economias domésticas, necessários para recuperar o consumo. Com a diferença de que, no caso do Japão, o estouro da bolha teve efeitos depressivos sobre investimentos em capital, que no fim dos anos 1980 representavam 17% do Produto Interno Bruto (PIB), enquanto a crise iniciada nos Estados Unidos está tendo efeitos diretos sobre 70% do PIB constituído do consumo das economias domésticas americanas. Dado que "o consumidor americano é de longe o mais importante do mundo, as implicações globais do terremoto americano pós-bolha são decisivamente mais severas que aquelas sofridas pelo Japão."[1]

Com base em um estudo de Carmen Reinhart, da Universidade de Maryland, e de Kenneth Rogoff, de Harvard,[2] vemos de que modo esta crise é de longe a mais profunda das últimas décadas. Crises bancárias como esta, observam os autores com um olhar retrospectivo, apresentam-se durante pelo menos dois anos com fortes quedas do PIB. Os colapsos dos mercados da bolsa são profundos, com uma queda média dos preços reais dos bens imobiliários igual a 35% ao longo de seis anos e com um declínio de 55% dos preços dos títulos imobiliários em três-quatro anos. A taxa de desemprego, sempre em média, aumenta sete pontos percentuais em quatro anos, enquanto o *output* [produto] diminui 9%. Além disso, o valor real da dívida pública aumenta em média 86%, e isto só em mínima parte se deve ao custo da recapitalização dos bancos. Depende em grande parte, ao contrário, do colapso das receitas fiscais.

Uma diferença importante entre esta crise e a do passado recente é que a atual é global, e não, como as outras, regional. Enquanto, como antes, o resto do mundo está na condição de poder financiar os Estados Unidos, pode-se prever uma contenção da crise em escala regional, na medida em que o governo americano pode fazer um processo de alavancagem com um vasto programa de estímulos fiscais e monetários, financiado por países em *excedente* de poupança, por meio da aquisição de Bônus do Tesouro estadunidenses. Mas quem pode hoje socorrer de forma duradoura os Estados Unidos? A dificuldade atual está no fato de que, sendo global, a crise quebrou a própria força que havia permitido à economia global crescer, embora de modo desequilibrado nas últimas décadas. Esse mecanismo era constituído pela transferência de demanda dos países com déficit estrutural de produção (como os EUA) para os países com *excedente* estrutural (como a China, hoje, e o Japão, ontem). Quando, contudo, o gasto privado entra em colapso numa escala mundial, os esforços para aumentar a demanda estadunidense não bastam mais. É preciso medir a recuperação da demanda em escala global, ou seja, também nos países emergentes com excedente de produção. Para o momento, não parece que os países emergentes sejam capazes de compensar a perda de demanda interna dos países desenvolvidos (o chamado *decoupling*). Todavia, segundo uma estimativa do Banco Mundial, não se pode excluir o fato de que, ao menos a médio prazo (2010-2015) e com diferenças importantes entre China, Índia, Rússia e países latino-americanos, as taxas de crescimento continuem a se manter medianamente em torno de 4% a 5%. Essa possibilidade depende do fato de que, sobre o total de exportações dos países emergentes (uma média de 35% do PIB dos países emergentes nos últimos cinco anos), apenas 20% são exportações para os países desenvolvidos, enquanto 15% são constituídos de intercâmbios internos no bloco dos países emergentes.[3] De qualquer modo, para poder puxar a demanda mundial, os países emergentes devem, além de aumentar os salários internos, direcionar as suas economias não mais aos países ocidentais com déficit, mas sim à demanda interna, o que priva o circuito monetário e financeiro global do mesmo mecanismo que permitiu à economia global funcionar por anos, apesar, se não por causa, de profundos desequilíbrios estruturais. Portanto, é possível que, depois da crise, os países emergentes se tornem a força hegemônica na qual as poupanças dos países desenvolvidos serão investidas, invertendo assim os fluxos de capital e com um nível de consumo bastante reduzido nos países desenvolvidos. Ninguém é, contudo, capaz de prever a *duração* desta crise, e, portanto, a capacidade política, além da econômica, de gerenciar a multiplicação cumulativa das contradições sociais e políticas que já estão se manifestando.*

Logo, não podemos deixar de voltar nossa atenção para o andamento da demanda nos países avançados, nos Estados Unidos em particular. Se levarmos em conta que nos EUA, entre o terceiro trimestre de 2007 e o terceiro trimestre de 2008, houve uma queda da demanda de crédito privado igual a 13% do PIB, é certo que a poupança líquida, e isso não só nos EUA, é destinada a permanecer positiva por diversos

---

* Os desdobramentos da crise das dívidas soberanas europeias e as "revoluções árabes" do início de 2011 são confirmações dessa antecipação.

A CRISE DA ECONOMIA GLOBAL

anos. Em outras palavras, os privados farão de tudo para reduzir as suas dívidas, o que só pode frustrar as medidas monetárias de recuperação do consumo. Assumindo, para o momento, um *superávit* financeiro do setor privado de 6% do PIB e um déficit estrutural da balança comercial de 4% do PIB, o déficit fiscal deveria ser, segundo uma estimativa de Wolf no artigo citado, igual a 10% do PIB, e isso indefinidamente! Como se não bastasse, não devemos esquecer os obstáculos ao desendividamento para as empresas, causados pelo efeito cruzado das taxas de juros nominais tendendo a zero e pela redução dos preços (deflação): em situações do gênero, as taxas reais de juros são muito elevadas e a quitação das dívidas se torna consequentemente muito onerosa. Particularmente por esse motivo não se pode excluir uma segunda onda de crises bancárias. Como escreve Michel Aglietta:

> Se tal é a situação, os bancos correm o risco de sofrer um segundo choque financeiro — um choque de retorno, o dos créditos insolventes das empresas. É assim que uma depressão econômica pode propagar-se pelo reforço recíproco do desendividamento das finanças e da deflação econômica.[4]

Segundo Paul Krugman, os 825 bilhões de dólares do programa do presidente Barack Obama de apoio à economia não são nem de longe suficientes para aplainar o "fosso produtivo" entre crescimento potencial e crescimento efetivo do PIB em período de crise:

> Na presença de uma demanda adequada da capacidade produtiva, nos próximos dois anos a América poderia

ANDREA FUMAGALLI E SANDRO MEZZADRA (ORGS.)

produzir bens e serviços por um valor além de 30 trilhões de dólares. Mas, com a flexão dos consumos e dos investimentos, está se abrindo um enorme fosso entre o que a economia americana é capaz de produzir e o que é capaz de vender. E o plano Obama não é minimamente adequado para preencher esse fosso produtivo.[5]

Portanto, pergunta-se Krugman, por que Obama não tenta fazer mais? Há certamente perigos ligados ao empréstimo governamental em larga escala, "mas as consequências de uma ação inadequada não são muito melhores", de um deslocamento para uma prolongada armadilha deflacionária de tipo japonês, uma armadilha inevitável se as medidas de intervenção não forem adequadas (ou seja, em torno de 2,1 trilhões de dólares). Ou, pergunta-se sempre Krugman, será a falta de oportunidade de gasto que limita o seu plano?

> Existe apenas um número limitado de projetos de investimento público *shovel-ready*, vale dizer, projetos que podem ser iniciados bastante rapidamente para conseguir ajudar a economia no curto prazo. Todavia, há outras formas de gasto público, especialmente no campo da assistência à saúde, que podem ser boas e ao mesmo tempo favorecer a economia no momento de necessidade.[6]

Ou ainda, será que há um motivo de prudência política por trás da decisão de Obama, ou seja, a tentativa de ficar abaixo do limiar de um trilhão de dólares do custo final do plano econômico para garantir o apoio dos republicanos?

O programa de Obama é constituído de 60% de gastos públicos (assistência à saúde, investimentos em infraestrutu-

A CRISE DA ECONOMIA GLOBAL

ra, talvez a aquisição de hipotecas tóxicas por 40-100 bilhões de dólares, atingindo a segunda parte de 350 bilhões do Troubled Asset Relief Programme, Tarp) e 40% de reduções fiscais. Joseph Stiglitz,[7] contudo, exortou a não desperdiçar o estímulo com reduções fiscais que, nesta crise, são destinadas com certeza ao fracasso. Por exemplo, o corte fiscal que entrou em vigor em fevereiro de 2008 foi utilizado apenas em 50% para aumentar o gasto, enquanto a parte restante do aumento da renda disponível foi utilizada para reduzir as dívidas privadas. Hoje uma redução, com muita probabilidade, seria utilizada quase totalmente para diminuir as dívidas, salvo talvez no caso das famílias pobres com elevada propensão ao consumo. Seria muito melhor, caso particularmente se queira persistir no caminhão dos cortes fiscais, vincular as reduções às empresas com aumentos dos investimentos, preferivelmente inovadores. "Gastar com infraestrutura, educação e tecnologia cria ativos: aumenta a produtividade futura."

Mas em geral, independente do fato dos estímulos estatais serem constituídos de forma prevalente por aumentos dos gastos discricionários, como nos EUA, ou por efeitos mais ou menos automáticos dos aumentos de gasto social, como na Europa, a governança estatal da crise depende, em última análise, da capacidade de tomar empréstimos de capitais recorrendo ao mercado obrigacional. A dimensão das emissões de títulos públicos programadas para 2009 é estratosférica: passa dos dois trilhões de dólares previstos nos EUA, igual a 14% do PIB, de 215 bilhões de dólares de venda de títulos obrigacionais na Inglaterra (10% do PIB), de emissões de importantes quantidades de *bonds* em todos os países do mundo, incluída a Alemanha, que, apenas num primeiro momento, tinha procurado resistir aos estímulos fiscais do tipo anglo-saxão (tachados inicialmente de "keynesianismo ordinário" pela primeira-ministra Angela Merkel).

O recurso aos mercados obrigacionais por parte dos Estados para atrair capitais para cobertura de déficits crescentes não deveria, a princípio, constituir um problema particular, especialmente em períodos deflacionistas como o que estamos atravessando, caracterizados por contínuas reduções das taxas de juros (o que, para os investidores em obrigações, significa rendimentos fixos reais relativamente altos).

Todavia, a expectativa de uma queda da inflação por parte dos mercados e, consequentemente, de um possível aumento das dificuldades estatais de honrar o serviço de dívida com receitas fiscais crescentes (normalmente induzidas pela inflação) já está provocando um aumento das taxas reais de juros sobre Bônus do Tesouro, e isso também nos países economicamente mais ricos. Os investidores internacionais em títulos obrigacionais públicos requerem rendimentos nominais e reais substancialmente mais altos, para melhor se proteger dos riscos de *default* [inadimplência] estatais. Segundo os analistas, embora haja sinais de bolha especulativa sobre os mercados obrigacionais que possam explicar a distorção dos preços, "é porém inquietante que taxas de juros reais sejam aumentadas no momento em que os governos começaram a contrair empréstimo".[8] Para países como a Espanha, a Grécia, a Irlanda e a Itália, que até 2007 tinham diferenças de rendimento sobre os Bônus do Tesouro pouco superiores às da Alemanha, os problemas de financiamento dos déficits públicos estão aumentando de modo evidente desde dezembro de 2008. Apesar de dez anos de moeda única europeia, os mercados estão operando com distinções precisas de risco-país dentro da mesma área monetária única, um problema não facilmente resolvível recorrendo-se à criação de moeda por parte dos países-membros, ou com a emissão de *unionbonds* que prejudicariam os países fortes da zona do Euro. O que recoloca com urgência a questão de uma unificação real das políticas estatais, das sociais em particular, no interior da União Europeia (UE).

Nessa fase, com poucos investidores dispostos a adquirir obrigações públicas diante de uma oferta de emissão de títulos públicos extremamente elevada, o risco de *crowding out* (fuga do mercado obrigacional privado) é de todo real. A concorrência nos mercados obrigacionais entre empresas privadas e governos ameaça inibir posteriormente a saída da crise, na medida que, para as empresas, a emissão de obrigações pode se tornar particularmente cara. Nesse ponto os Estados, como já está acontecendo nos EUA com o socorro às empresas automobilísticas, podem ser forçados a socorrer diretamente as empresas privadas com a compra dos seus títulos obrigacionais, o que significaria o início de um processo de quase nacionalização (sem direito de voto do acionista-Estado, de qualquer modo) das empresas não financeiras, depois daquela já ocorrida no setor bancário e financeiro com as intervenções dos últimos meses pelos bancos centrais. Se daqui por diante, por hipótese, a economia mundial fosse recomeçar, o processo inverso de *crowding out*, isto é, a saída dos títulos públicos em direção aos privados, faria aumentar, e não pouco, o serviço de dívida pública em todos os países endividados.

O cenário que temos adiante é o de um aumento maciço e contínuo do desemprego em escala mundial, de uma redução generalizada dos rendimentos e das rendas, diante de um aumento vertiginoso do déficit fiscal no seu conjunto. A "guinada socialista" dos governos liberais em apoio ao sistema bancário, financeiro e de seguros, por meio de recapitalizações, emissões monetárias, aquisições puras e simples de instituições bancárias e controle dos câmbios, não parece ser capaz de evitar o fracasso, com a queda de todos os bancos insolventes detentores de quantidades inverossímeis de títulos tóxicos. Em geral, em dois anos é possível que as economias de todos os países, apesar das medidas de estímulo econômico, estejam ainda em depressão (*estag-deflação*), assim como é possível que cada país busque repatriar cotas de demanda por meio de desvalorizações e medidas protecionistas (*desglobalização*) para tentar adiar o máximo possível o acerto de contas com os contribuintes chamados a pagar os déficits públicos. As margens de política econômica e monetária para gerenciar eficazmente a crise são muito restritas. Nas clássicas medidas keynesianas faltam os canais de transmissão dos estímulos estatais para a economia real, para a demanda de bens e serviços e de bens de investimento. Por outro lado, há pouco sentido em falar de um novo Bretton Woods sem levar em conta as profundas transformações da ordem monetária internacional, transformações que se refletem na crise das soberanias nacionais resultante da globalização. Ao contrário, se queremos falar de um novo *New Deal*, ou seja, de um processo "a partir de baixo" de apoio às rendas, do emprego e do sistema de crédito, é preciso, portanto, analisar as forças sociais, os sujeitos, as formas de luta que possam sustentar de modo politicamente inovador a saída da crise.

2. LÓGICAS FINANCEIRAS

O processo de financeirização que levou à crise que estamos vivendo se distingue de todas as outras fases de financeirização que ocorreram historicamente no século XX. As crises financeiras clássicas se situavam em um momento preciso do ciclo econômico (D—M—D'), em particular no fim do ciclo, concomitantemente com uma redução da taxa de lucro como efeito da concorrência capitalista em escala internacional, além de forças sociais que minavam os equilíbrios geopolíticos no interior da divisão internacional do trabalho. A financeirização típica do século XX representava, assim, uma tentativa de certa maneira parasitária e "desesperada" de recuperar nos mercados financeiros aquilo que o capital não conseguia mais captar na economia real. A acumulação e a centralização específica do "capital portador de juros", como Marx o define no Livro III de *O capital*, chamado também "capital fictício" prevalentemente gerenciado pelos bancos, como produção autônoma de dinheiro por meio de dinheiro, resumiam bem uma das características fundamentais dos processos de financeirização do século XX (e já evidenciados por Marx no curso da segunda metade do século XIX). Logo, as crises financeiras baseavam-se em uma relação contraditória entre economia real e economia financeira, uma relação que hoje não se coloca mais nos mesmos termos.

A economia financeira é hoje difusa, espalha-se ao longo de todo o ciclo econômico, acompanhando-o, por assim dizer, do início ao fim. Hoje se está dentro das finanças, para dizer com uma imagem, também quando se vai fazer compras no supermercado, no momento em que se paga com o cartão de crédito. A indústria automobilística, convém só um exemplo, funciona inteiramente sob mecanismos de crédito (compras parceladas, *leasing* etc.). Estamos assim em um período histórico no qual as finanças são *consubstanciais* a toda a própria produção de bens e serviços. Além dos lucros industriais não reinvestidos em capital instrumental e em salários, dentro de cada economia, as fontes que alimentam a financeirização moderna se multiplicaram: há os lucros que derivam da repatriação de dividendos e *royalties* seguidos de investimentos diretos do exterior; os fluxos de juros provenientes da dívida do Terceiro Mundo, aos quais se juntam os fluxos de juros sobre empréstimos bancários internacionais aos países emergentes; os ganhos de capital derivados das matérias-primas; a soma acumulada dos indivíduos e das famílias abastadas investidores nos mercados da Bolsa; os fundos de pensão e os de investimento. A multiplicação e a extensão das fontes e dos agentes do "capital portador de juros" são, sem dúvida, um dos traços distintivos, inéditos e problemáticos do novo capitalismo financeiro, especialmente se refletirmos na possibilidade de modificar esse sistema, de "desfinanceirizá-lo", restabelecendo uma relação "mais equilibrada" entre a economia real e a economia financeira.

Como as anteriores, essa financeirização parte também de um bloco de acumulação, entendida como um não reinvestimento dos lucros nos processos diretamente produtivos (capital constante e capital variável). Na verdade, ela começa com a crise de crescimento do capitalismo fordista a partir dos anos 1970. Havia, naqueles anos, todas as premissas para uma reedição da clássica financeirização baseada na dicotomia entre economia real (industrial) e economia monetária, com o consequente sequestro de cotas de lucro dos mercados financeiros para assegurar um crescimento dos lucros sem acumulação. No início dos anos 1980, a fonte principal da bolha financeira é o crescimento tendencial do lucro não acumulado, que resulta ele mesmo de um duplo movimento: por um lado, a retração generalizada dos salários e, por outro, a estagnação — vide a retração — da taxa de acumulação apesar do restabelecimento da taxa de lucro.[9]

Por taxa de acumulação, entende-se a taxa de crescimento do volume do capital líquido, enquanto por taxa de lucro entende-se a relação entre lucros e capital: a divergência entre as duas taxas a partir de 1980 representa certamente um indicador, ainda que não o único, da financeirização. Mas, como dito, aos lucros industriais não reinvestidos são agregadas outras fontes de "acumulação" de capital financeiro, um fato a se levar em conta para compreender as transformações do modelo de desenvolvimento-crise pós-fordista.

A transição do modo de produção fordista para o "capitalismo gerencial acionário", que está na base do capitalismo financeiro atual, explica-se de fato à luz da queda dos lucros industriais (de cerca de 50%) entre os anos 1960 e 1970, devido ao esgotamento das bases tecnológicas e econômicas do fordismo, em particular a saturação dos mercados de bens de consumo de massa como efeito da rigidez dos processos produtivos, do capital constante e do salário operário politicamente "rígido" a qualquer diminuição. No auge do seu desenvolvimento, tendo chegado a uma determinada composição orgânica do capital (C/V), o capitalismo fordista não foi mais capaz de "sugar" mais-valia do trabalho vivo operário.

> Portanto, desde a segunda metade dos anos 1970, a principal força propulsora da economia mundial foi a incessante tentativa das empresas capitalistas — imposta por seus proprietários e investidores — de levar, por diferentes meios, a taxa de lucro aos maiores níveis de 20 anos antes.[10]

Sabemos como se deu: redução do custo do trabalho, ataque aos sindicatos, automatização e robotização de processos inteiros de trabalho, deslocalização em países com salários baixos, precarização do trabalho e diversificação dos modelos de consumo. E precisamente a financeirização, ou seja, aumento dos lucros não como excedente dos resultados sobre custos (isto é, em desacordo com a lógica manufatureiro-fordista), mas como excedente do valor na Bolsa "do tempo t2 em relação ao t1 — em que o intervalo entre t1 e t2 pode ser também de poucos dias".

De fato, o recurso aos mercados financeiros por parte das empresas para restabelecer as taxas de lucro nunca teve verdadeiramente a ver com o financiamento das atividades da empresa por meio da emissão de novos títulos, e sim porque as empresas sempre tiveram amplas margens de financiamento. As empresas dos EUA, o país de maior desenvolvimento do mercado acionário do mundo, usaram o financiamento mediante a emissão de ações apenas na medida de 1% das necessidades; as alemãs, na medida de 2%. Em outras palavras, a financeirização da economia foi um processo de recuperação da rentabilidade do capital depois do período de queda da taxa de lucro, um dispositivo para aumentar a rentabilidade do capital *fora* dos processos diretamente produtivos. É esse mesmo dispositivo que levou as empresas a interiorizar de modo "irresponsável" o paradigma do *shareholder value*, da primazia do valor acionário sobre a multiplicidade dos "portadores de juros", este último chamado *stakeholder value* (assalariados, consumidores, fornecedores, ambiente, gerações futuras). A parcela do lucro (industrial) sobre a renda total das empresas — que entre os anos 1960 e 1970 caiu nos EUA de 24% para 15%-17%, portanto nunca tendo superado 14-15% — e a financeirização estão consequentemente estruturadas, tornando-se para todos os efeitos o *modus operandi* do capitalismo contemporâneo.

Como foi demonstrado por Greta Krippner, com base em uma análise detalhada dos dados disponíveis, a cota do total dos lucros das firmas estadunidenses atribuível às firmas financeiras, de seguros e imobiliárias nos anos 1980 alcançou nos anos 1990 a parcela atribuível ao setor manufatureiro. Na década de 1990, o setor financeiro superou o manufatureiro. Ainda mais importante é o fato de que nos anos 1970 e 1980 a sociedade não financeira havia bruscamente aumentado os próprios investimentos em produtos financeiros em relação aos de fábricas e maquinário e que se tornaram sempre mais dependentes da parcela de renda e de lucros derivados dos próprios investimentos financeiros em relação àquela derivada da sua atividade produtiva. Em particular é significativa a constatação de Krippner de que, nessa tendência na direção da financeirização da economia não financeira, não só o setor manufatureiro é quantitativamente predominante, mas foi até mesmo o guia do processo.[11]

É o que basta para acabar definitivamente com a distinção entre economia real (industrial) e economia financeira, distinguindo os lucros industriais dos lucros financeiros "fictícios". Como também para deixar de identificar, do ponto de vista tanto teórico como histórico, o capitalismo com o capitalismo industrial (como escreve Arrighi, um típico ato de fé que não merece uma justificativa do marxismo ortodoxo). Se realmente queremos falar de "empresa irresponsável" para descrever o paradigma do *shareholder value* feito pelas empresas nestes últimos trinta anos, então é bom falar de transformações do processo de produção baseadas no "tornar-se rentista* dos lucros", para usar a feliz expressão de Carlo Vercellone.

Não há dúvida de que, na configuração pós-fordista do capitalismo financeiro, cuja parte dos salários se reduz e se precariza e os investimentos em capital se estagnam, o problema da *realização* dos lucros (ou seja, da venda da mais-valia produzida) diz respeito ao papel do consumo por meio de *rendas não salariais*. Sob esse perfil *distributivo*, a reprodução do capital (com a polarização da riqueza extremamente elevada que o caracteriza) se efetua em parte graças ao aumento do consumo dos *rentier* e em parte graças ao consumo endividado dos assalariados. A financeirização redistribuiu, ainda que de modo fortemente desigual e precário (pensemos nos rendimentos previdenciários derivados da pensão integradora segundo a primazia das contribuições), rendimentos financeiros também para trabalhadores assalariados, na dupla forma de rendimentos mobiliários e imobiliários (nos EUA, respectivamente 20% e 80%). Logo, há uma espécie de tornar-se rentista do salário, além do tornar-se rentista do lucro.

---

* Rentista, aquele que vive dos rendimentos (*rente*) provenientes de sua propriedade. (*N. do T.*)

A CRISE DA ECONOMIA GLOBAL

Em particular, o endividamento das economias domésticas, ao qual corresponde uma redução mais ou menos pronunciada das poupanças em função do fato de se situar nos EUA ou na Europa, é o que permitiu ao capitalismo financeiro reproduzir-se em escala expandida e global. Pode-se afirmar que, paralelamente à redução da função redistributiva do Estado social, nesse período assistiu-se a uma espécie de privatização do *deficit spending* [déficit orçamentário] de memória keynesiana, ou seja, a criação de uma demanda agregadora por meio de dívida privada (com deslocamento relativo do risco na direção das economias domésticas privadas). A explosão do endividamento privado foi facilitada, sobretudo depois da queda da Nasdaq de 2000-2002, por meio de uma política monetária muito expansiva e da desregulação bancária, uma política que favoreceu a *securitização* dos títulos apoiados nas dívidas: *Collaterized Debt Obligation* e *Collaterized Loans Obligations*, aos quais se agregam os *Credit Default Swaps*, os títulos segurativos derivados que acabam vendidos (na verdade, permutados) pelos operadores para se proteger dos riscos de investimento. O conjunto de todos esses derivativos do crédito soma algo como 62 trilhões de dólares, uma multiplicação por cem em dez anos.[12]

A securitização permite sugar dos balanços dos institutos ou agências de crédito (hipotecário, mas também de cartas de crédito) os empréstimos concedidos aos clientes vendendo-os para os bancos de negócios. Esses últimos constituem os *pools* de crédito com riscos diferenciados (dos bons aos menos bons) e nessa base emitem os títulos que são, a partir daí, cedidos a estruturas financeiras criadas *ad hoc* (chamadas *conduits* e veículos especiais), que daí financiam o preço de compra por meio de dívidas de curto prazo. Por último, os títulos são aplicados tais como *hedge funds*, bancos de investimento e fundos de pensão. Essa complexa engenharia financeira permite, em sua essência, aumentar artificialmente o volume constitutivo do crédito (efeito alavanca), liberando os balanços dos institutos de crédito dos empréstimos efetuados, bem como os colocando em condições de poder conceder novos empréstimos. Trata-se de uma espécie de multiplicação dos pães, porque o risco de um descolamento entre fluxos de títulos como direito a uma parte da mais-valia criada e fluxos de juros e dividendos puramente monetários está inserido no multiplicador do crédito por meio de securitização (efeito alavanca).

O endividamento hipotecário americano, que alcançou mais de 70% do PIB para um endividamento total das economias domésticas igual a 93% do PIB, constituiu a fonte principal do aumento do consumo a partir de 2000 e, a partir de 2002, o motor da bolha imobiliária. O consumo foi alimentado pelo chamado *remortgaging*, a possibilidade de renegociar os empréstimos hipotecários para obter novos créditos graças ao aumento inflacionário dos preços das casas. Esse mecanismo, chamado *home equity extraction*, desempenhou um papel fundamental no crescimento da economia americana. O US Bureau of Economic Analysis estimou que os ganhos de crescimento do PIB devido ao aumento do *home equity extraction* foram em média de 1,5% entre 2002 e 2007. Sem o impacto positivo do crédito hipotecário e do aumento do consumo, o crescimento do PIB estadunidense seria igual ou até mesmo inferior ao da zona do euro.[13]

A CRISE DA ECONOMIA GLOBAL

Os empréstimos *subprime* mostram que para crescer e gerar lucros as finanças precisam envolver, além da classe média, também os pobres. Para funcionar, esse capitalismo deve investir na "vida nua"* de pessoas que não possam fornecer nenhuma garantia, que não ofereçam nada senão elas mesmas. É um capitalismo que faz da "vida nua" uma fonte direta de lucro. As finanças funcionam, além disso, sob a expectativa de um aumento crescente e "infinito" dos preços dos bens imobiliários (efeito riqueza), um aumento inflacionário sem o qual não seria possível cooptar os potenciais miseráveis, condição necessária para assegurar a continuidade dos lucros financeiros. Trata-se de uma espécie de esquema Ponzi, ou de jogo do avião, no qual os últimos a entrar permitem aos primeiros serem remunerados, como ensina a corrente de Santo Antônio arquitetada pelo ex-presidente da Nasdaq, Bernard Madoff, que conseguiu reunir algo como 50 bilhões de dólares, envolvendo um número impressionante de respeitáveis operadores financeiros.

O limite desse processo inclusivo é dado pela contradição entre direitos de propriedade social (como a moradia) e direitos de propriedade privada, entre expansão das necessidades sociais e a lógica privada dos mercados. Nesse limite se realiza a luta de classes, como também a capacidade ou menos do capital de sair de sua própria crise. Trata-se de um *limite temporal*, se pensarmos, por exemplo, na arquitetura dos contratos hipotecários típicos dos empréstimos *subprime*. A fórmula do 2+28, em que nos dois primeiros anos os juros hipotecários são fixos e baixos, exatamente para coop-

---

* Marazzi está usando o conceito de "vida nua" proposto pelo filósofo italiano Giorgio Agamben. Ver *Homo sacer: il potere soberano e la nuda vita*, Turim, Eunaudi, 1995.

tar sempre mais "proprietários", e os outros 28 anos são a taxas variáveis, assim sujeitos ao andamento geral da conjuntura e da política monetária, representa um exemplo de contradição entre direitos de propriedade social e direitos de propriedade privada. Depois de dois anos de relativo predomínio do valor de uso (acesso a habitação), passa-se a 28 anos de predomínio do valor de troca, com efeitos de expulsão/exclusão extremamente violentos. De tal forma, a lógica financeira produz um (bem) *comum*, que a partir daí reparte e privatiza com a expulsão dos "habitantes do comum", por meio da criação artificial de escassez de todos os tipos: escassez de meios financeiros, de liquidez, de direitos, de desejo, de poder. Um processo que lembra a época dos cercamentos do século XVII (*enclosures*), nos quais os camponeses, que viviam na e da terra como bem comum, foram expulsos por meio de processos de privatização e de divisão da terra comum, processos que deram origem ao proletariado moderno e à sua vida nua.

Falando de Spinoza e da sua resistência à norma e à disciplina da soberania, Augusto Illuminati evidencia a natureza jurídico-normativa dos processos de cercamento:

> [Spinoza] não ignora a terra, mas a sua terra não é o campo delimitado dos *enclosures* do século XVII, delimitados pela criação e pela caça, onde as ovelhas — para dizer como os *levellers** — devoravam os homens, não é a terra onde os homens são reduzidos a ovelhas inertes para aprender apenas a servir, porque ela não é paz nem cidadania, mas sim *solidão*, deserto.[14]

---

* Movimento inglês que no século XVII lutava pelo voto universal e pela distribuição da terra. (*N. do T.*)

A CRISE DA ECONOMIA GLOBAL

A acumulação original ou primitiva, como demonstrado por Sandro Mezzadra, ou seja, a salarização e proletarização de milhões de pessoas, é então um processo que se representa historicamente sempre que a expansão do capital se choca contra o comum produzido por relações sociais e cooperações liberais das leis da exploração capitalista.[15] A produção do comum *precede*, assim, o desenvolvimento capitalista: antecipa-o, excede-o, e determina sua articulação futura.

3. SOBRE O TORNAR-SE RENTISTA DO LUCRO

O papel não parasitário das finanças, a sua capacidade de produzir rendimentos de modo a assegurar o aumento do consumo, não se explica de nenhuma forma apenas do ponto de vista distributivo. É bem verdade que as finanças se nutrem do lucro não acumulado, não reinvestido no capital (constante e variável) e multiplicado de modo exponencial graças à engenharia financeira, assim como é verdade que o aumento dos lucros permite distribuir cotas de mais-valia aos detentores de ativos patrimoniais. Sob esse perfil (repetimos: distributivo), a análise da financeirização evidencia verdadeiros e próprios processos perversos, quais sejam, a autonomização do capital financeiro qualquer que seja o interesse coletivo (estabilidade salarial e de emprego, queda dos rendimentos pensionistas e das poupanças investidas na bolsa, impossibilidade de acessar o consumo a crédito, vaporização das bolsas de estudo), dinâmicas autorreferenciais nas quais a busca por rendimentos acionários sempre mais elevados gera o aumento dos lucros fictícios por meio da proliferação dos instrumentos financeiros ingovernáveis, uma vez fora de toda regra e controle. O desenvolvimento-crise desse modo de produção aguça, portanto, o fosso entre necessidades sociais e lógicas financeiras baseadas em critérios de hiperrentabilidade: nos países desenvolvidos, a afirmação do modelo antropogenético, no qual o consumo se orienta de modo crescente na direção dos setores sociais, de saúde, formativo e cultural, confronta-se com a privatização de amplos setores anteriormente gerenciados com critérios públicos; nos países emergentes, a expansão dos espaços de valorização provoca processos de hiperexploração e destruição das economias locais. As exigências de rentabilidade impostas pelo capitalismo financeiro a toda a sociedade reforçam a regressão social, sob a insistência de um modelo de crescimento que, para distribuir riqueza, sacrifica com prazer a coesão social e a qualidade de vida em si mesma. Deflação salarial, patologização do trabalho com aumentos dos custos de saúde gerados pelo estresse laborativo (até 3% do PIB), piora dos balanços sociais são os efeitos da lógica financeira e dos deslocamentos empresariais típicos do capitalismo financeiro.

O *problema* é que, analisado de um ponto de vista distributivo (em última instância economista), o desenvolvimento-crise do capitalismo financeiro conduz a um verdadeiro e particular beco sem saída. O que se joga da janela, ou seja, um lugar-comum da natureza parasitária das finanças, volta implicitamente pela porta principal. O *impasse*, teórico antes de ser prático-político, está à vista de todos: a impossibilidade de elaborar estratégias de saída da crise, o recurso a medidas de estímulo da economia, que por um lado pressupõem o salvamento das finanças (da qual somos verdadeiramente reféns), mas por outro frustram a própria possibilidade de recuperação econômica.

A CRISE DA ECONOMIA GLOBAL

Para analisar criticamente, isto é, politicamente, a crise do capitalismo financeiro, é preciso partir novamente do início, ou seja, do aumento dos lucros sem acumulação que é a origem da financeirização. É preciso analisar a financeirização como a outra face de um processo de *produção* de valor que se afirmou a partir da crise do modelo fordista, a partir da incapacidade capitalista de sugar mais-valia do trabalho vivo imediato, o trabalho assalariado de fábrica. *A tese que aqui se desenvolve é que a financeirização não é um desvio improdutivo/parasitário de cotas crescentes de mais-valia e de poupança coletiva, mas sim a forma de acumulação do capital simétrica aos novos processos de produção de trabalho.* A crise financeira moderna acaba, assim, interpretada como um bloco de acumulação de capital, mais do que como êxito implosivo de um processo de acumulação faltante do capital.

Além disso, o papel das finanças na esfera do consumo, que é sucesso nos últimos 30 anos, é uma mudança dos processos de produção da própria mais-valia. Houve uma transformação dos processos de valoração que vê a extração de valor não mais circunscrita aos lugares destinados à produção de bens e serviços, mas que se estende além dos muros das fábricas, que entra diretamente na esfera da *circulação* do capital. Trata-se da extensão dos processos de extração do valor na esfera da reprodução e da distribuição; um fenômeno, seja dito de passagem, há muito tempo bem conhecido pelas mulheres. Cada vez mais explicitamente, também em matrizes de teorias e estratégias gerenciais, fala-se de terceirização dos processos de produção, de *crowdsourcing*, ou seja, de valoração da multidão e de suas formas de vida.[16]

Analisar o capitalismo financeiro sob este perfil produtivo significa falar de bioeconomia[17] ou de biocapitalismo,

> aquela forma que se caracteriza pelo seu crescente entrelaçamento com a vida dos seres humanos. Anteriormente, o capitalismo fazia principalmente recurso às funções de transformação das matérias-primas realizadas pela maquinaria e pelos corpos dos trabalhadores. O biocapitalismo, ao contrário, produz valor extraindo-o, além do corpo operante como instrumento material de trabalho, também do corpo entendido na sua globalidade.[18]

Na nossa análise da crise financeira, a referência ao corpo de estudos e teorias do biocapitalismo e do capitalismo cognitivo desenvolvidos nos últimos anos é de tipo meramente metodológico: mais do que uma descrição apurada e exaustiva das suas características fundamentais (não obstante já efetuada pelos autores citados há pouco e por um número crescente de estudiosos), nessa matriz interessa pôr em evidência o nexo entre financeirização e processos de produção do valor que está na base do desenvolvimento-crise do novo capitalismo.

Os exemplos empíricos de terceirização da produção do valor, de sua extensão para a esfera reprodutiva, são desde já muitíssimos.[19] Na primeira fase de *outsourcing* [terceirização] empresarial, que viu emergir o trabalho atípico e o trabalho autônomo de segunda geração, a colonização capitalista da esfera da circulação segue sem pausas até transformar o consumidor no verdadeiro e próprio produtor de valor econômico. É útil, também sob o risco de simplificar a aná-

A CRISE DA ECONOMIA GLOBAL

lise, refletir sobre exemplos já paradigmáticos. Pense na Ikea,* que, depois de ter delegado ao cliente toda uma série de funções (identificação do código do artigo desejado, pesquisa do assunto, remoção das prateleiras, transporte até o carro etc.), terceiriza o trabalho de montagem da estante Billy e os custos fixos e variáveis, que acabam assumidos pelo consumidor com impostos mínimos no preço, mas com grande economia para a firma em termos de custos. Podem-se dar outros exemplos: as empresas de software, a começar pela Microsoft ou pela Google, deixam os consumidores testar as novas versões dos seus programas, a chamada *software open source*, e assim eles se tornam fruto do trabalho de melhoria executado por uma multidão de pessoas, por "consumidores produtivos".

Uma primeira consequência dos novos processos de valorização do capital é a seguinte: a quantidade de mais-valia criada pelos novos dispositivos de extração do valor é *enorme*. Ela se baseia na compressão do salário direto e indireto (pensões, amortizações sociais, rendimento das poupanças individuais e coletivas), na redução do trabalho socialmente necessário com sistemas empresariais flexíveis e reticulares (precarização, emprego temporário) e na criação de um recipiente cada vez maior de trabalho gratuito (o trabalho na esfera do consumo e da reprodução, com mais intensificação do trabalho cognitivo). A quantidade de mais-valia, isto é, de trabalho não pago, é a origem do aumento dos lucros não reinvestidos na esfera da produção, lucros cujo aumento, portanto, não gera crescimento de empregos, tanto menos salarial.

---

* Companhia multinacional de origem sueca de grande distribuição e especializada na venda de móveis domésticos de baixo custo. (*N. do T.*)

Sob esse perfil, e com referência a um debate marxista sobre as causas da crise ("La Brèche"), pode-se assim estar parcialmente de acordo com a tese de Alain Bihr, segundo o qual estamos desde já na presença de um "excedente de mais-valia"; mas, diferentemente de Bihr e Husson (já citado), isso não é resultado de uma acumulação faltante, de um não reinvestimento dos lucros em capital constante e variável. O excedente de mais-valia é, *ao contrário*, o resultado de um *novo processo de acumulação* que a partir da crise do fordismo ocorreu *na* esfera da circulação e da reprodução do capital. As objeções de François Chesnay, para o qual o excedente de mais-valia não levou apenas à busca de novas saídas de mercado, já que um número importante de multinacionais americanas e europeias na verdade aumentou os seus investimentos diretos no exterior (na China, no Brasil e, com alguma dificuldade, na Índia), seriam assim ampliadas: os investimentos diretos, reflexo da típica sede de lucro do capital, não foram efetuados fora dos países economicamente desenvolvidos, *mas no seu próprio interior*, exatamente na esfera da circulação e da reprodução. E isso, quer se queira, quer não, é o êxito da longa marcha do capital contra a classe operária fordista, um êxito não necessariamente feliz para o capital em si.

Os estudos do capitalismo cognitivo, além de evidenciar a centralidade do trabalho cognitivo/imaterial na produção de valor agregado, demonstram a crescente perda de importância estratégica do capital fixo (bens instrumentais *físicos*) e a transferência de uma série de funções produtivas-instrumentais para o corpo vivo da força-trabalho.[20]

A economia do conhecimento contém no seu interior um curioso paradoxo. A primeira unidade de cada

A CRISE DA ECONOMIA GLOBAL

novo bem é muito custosa para a empresa, porque para conseguir produzi-la e vendê-la são necessários vultosos investimentos no plano da pesquisa. As unidades seguintes, ao contrário, custam pouquíssimo, porque se trata simplesmente de reproduzir um original, e é possível fazê-lo de modo econômico graças às vantagens derivadas da deslocalização produtiva, das tecnologias disponíveis e dos processos de digitalização. Daí as empresas concentrarem seus esforços e seus recursos na produção de ideias, tendo que enfrentar, contudo, a progressiva tendência ao aumento dos custos.[21]

Essa característica do capital cognitivo, que remete à teoria dos rendimentos crescentes, é a origem tanto de formas de terceirização de segmentos inteiros da atividade nos países com baixo custo de trabalho como de processos de criação de *escassez* (patentes, licenças, *copyright*) necessários para amortizar os custos iniciais com preços de venda monopolistas, ou como, enfim, de redução do investimento direto em bens de capital. Para reduzir os custos iniciais, além disso, a empresas "não pensam mais em adquirir bens de capital, mas sim tomar empréstimos, por meio de várias formas de contratos de *leasing*, o capital físico do qual necessitam, aliviando os custos relativos como custos de exercício, como um custo da atividade".[22]

Portanto, é a partir das características fundamentais dos processos pós-fordistas de produção que a relação entre acumulação, lucros e financeirização deve ser reinterpretada. O aumento dos lucros que alimentaram a financeirização foi possível porque no biocapitalismo o próprio conceito de acumulação do capital se transformou. Ele não consiste mais, como na época fordista, em investimento em capital constante e em capital variável (salário), mas sim de investimento em dispositivos de produção e captação do valor produzido fora dos processos diretamente produtivos. Essas *tecnologias de crowdsourcing* representam a nova composição orgânica do capital, ou seja, a relação entre capital constante difuso na sociedade e capital variável, também ele desterritorializado, despacializado, disperso na esfera da reprodução, do consumo, das formas de vida, do imaginário individual e coletivo. O novo capital constante, à diferença do sistema de máquinas (físico) típico da época fordista, é constituído, além das tecnologias de informação e de comunicação (TIC), de um conjunto de sistemas organizacionais imateriais que sugam mais-valia perseguindo os trabalhadores em todos os seus momentos de vida, resultando que a jornada de trabalho, o tempo de trabalho vivo, se alonga e se intensifica. O aumento da quantidade de trabalho vivo não só reflete a transferência dos meios de produção estratégicos (o conhecimento, os saberes, a cooperação) no corpo vivo da força de trabalho, mas permite explicar a tendencial perda de valor econômico dos meios de produção clássicos. Não é assim um mistério se o recurso aos mercados da bolsa em todos esses anos não tenha financiado os investimentos diretamente geradores de aumento do volume de emprego e de salário, mas sim o aumento puro e simples do valor acionário. O autofinanciamento dos investimentos demonstra que a alavanca da acumulação tem a ver com a financeirização como dispositivo de produção e captação de valor no interior da sociedade.

O aumento dos lucros nos últimos 30 anos é, assim, imputável a uma produção de mais-valia *com* acumulação, ainda que seja uma acumulação no todo inédita, por ser externa aos processos produtivos clássicos. Justifica-se em tal sentido a ideia de um "devir rentista do lucro" (e em parte do próprio salário) como efeito da capitalização de um valor produzido fora dos espaços diretamente produtivos. O moderno sistema de produção assemelha-se curiosamente ao circuito econômico do século XVIII centrado na atividade agrícola e teorizado pelos fisiocratas. Nos *Tableaux économiques*, de François Quesnay (1758), o rendimento representa a cota do produto líquido gerado pelo trabalho agrícola do assalariado (incluído o trabalho do capitalista locatário, cuja renda era considerada no mesmo patamar que o salário dos seus trabalhadores, e não como lucro) e os meios de produção físicos não são nem mesmo levados em consideração. Quesnay definia os produtores de bens instrumentais (capital constante) como parte de classe *estéril*, isto é, não fabricante de produto líquido. Excluir o capital constante, os bens instrumentais, dos fatores de produção do produto líquido foi certamente um erro, como em seguida demonstraram os pais da economia política clássica na onda da primeira revolução industrial. Mas tratou-se de um erro *produtor de conhecimento*, se é verdade que a sucessiva descoberta do valor econômico do capital constante e a sua diferença qualitativa com respeito ao capital variável foram a base do salto epistemológico que marcou radicalmente a modernidade do capitalismo, ou seja, a *separação* entre capital e trabalho, a *autonomização* recíproca de ambos os "fatores de produção", bem como a alavanca de *desenvolvimento-crise* do capitalismo nascente.

Poder-se-ia dizer que as formas de vida que inervam o corpo social são o equivalente da terra na teoria da renda de

Ricardo. Só que, diferente da renda ricardiana (absoluta e diferencial), a renda atual é assimilável ao lucro exatamente *em virtude* dos mesmos processos de financeirização. A financeirização, com as lógicas que lhe são específicas, em particular a autonomização da produção de dinheiro por meio de dinheiro em processos diretamente produtivos, é a outra face da terceirização da produção de valor típica do biocapitalismo. Ela não contribui só para produzir aquela demanda efetiva necessária para a *realização* da mais-valia produzida, não só o que cria aquela massa de rendimentos e de dívidas sem os quais o crescimento do PIB seria modesto e estagnante. A financeirização *determina* de modo fundamental as contínuas inovações, os contínuos saltos produtivos do biocapitalismo, e o faz impondo a todas as empresas, cotadas ou não na Bolsa de Valores, e à sociedade inteira, a sua lógica hiperprodutivista centrada na primazia do valor acionário. Os saltos produtivos determinados pela financeirização efetuam-se sistematicamente por meio da "destruição criativa" do capital e de crises cada vez mais frequentes e próximas, crises nas quais o acesso à riqueza social, depois ter sido requerido instrumentalmente, acaba a cada vez destruído.

A partir da crise do fordismo nos anos 1970, as bolhas especulativas acabam, assim, interpretadas como momentos de crise no interior de um processo de longa duração de "colonização capitalista" da esfera da circulação. Esse processo é *global*, ou seja, explica a globalização como processo de subsunção de porções crescentes de periferias socioeconômicas locais e globais segundo a lógica do biocapitalismo financeiro. A passagem do imperialismo ao império — ou seja, de uma relação dependente entre desenvolvimento e subdesenvolvimento, na qual as economias do Sul funcionam essencialmente como saídas externas de mercado e de fontes de matérias-primas baratas para a globalização imperial, na qual há menos a dicotomia entre dentro e fora — acaba também ela inscrita na lógica capitalista de externalização dos processos de produção do valor. *A financeirização representa a modalidade adequada e perversa da acumulação no novo capitalismo.*

4. UMA CRISE DE GOVERNANÇA GLOBAL

Iniciada em agosto de 2007 com a explosão dos empréstimos *subprime*, a crise financeira parece cada vez mais uma crise de longo prazo, pontilhada por crises do crédito, falências bancárias, contínuas intervenções de autoridades monetárias que não se arriscam a incidir na estruturalidade da crise, medidas de recuperação econômica cada vez mais custosas, riscos de insolvência para cada país, pressões deflacionistas e possíveis retornos violentos da inflação, aumento do desemprego e redução das rendas. Para todos os efeitos, esta crise é *histórica*, no sentido de que contém em si todas as contradições que têm se acumulado no curso da gradual financeirização da economia, iniciada com a crise do modo fordista de acumulação.[23]

Contudo, a crise atual encontra na crise asiática de 1997-1999 o seu momento de determinação e aceleração. A crise asiática marca uma mudança de regime na ordem financeira internacional no momento em que os países do sudeste asiático, para sair da crise de superendividamento em dólares que havia causado a especulação imobiliária e o superinvestimento industrial em moeda local, decidem daquele momento em diante acumular reservas de divisas internacionais, para se municiar contra o risco de crises destrutivas posteriores, implícitas na instabilidade do sistema monetário e financeiro mundial. Trata-se de uma mudança radical de modelo econômico, na medida em que, de um crescimento puxado pela demanda interna, os países asiáticos adotam um modelo de crescimento baseado nas exportações. Desse modo, os devedores em dólares se tornam credores, em particular dos Estados Unidos.[24]

Para acumular divisas externas, os países asiáticos adotam políticas "predatórias" no comércio internacional, recorrendo a fortes desvalorizações, a políticas de deflação competitiva e à limitação do consumo interno. Se a isso se juntar a abertura do comércio internacional em países como China e Índia, entende-se como o resultado líquido da mudança asiática foi de tipo deflativo: certamente para os salários, que de repente suportaram os efeitos da duplicação do volume mundial da força de trabalho ativa, mas deflativo também para os bens industriais de consumo produzidos e exportados pela China, e em medida menor, mas qualitativamente importante, pela Índia. A deflação salarial "foi por outro lado agravada fortemente pela irrupção de lógicas financeiras no interior das empresas do setor real da economia, por meio de procedimentos como a reaquisição de empresas por intermédio de endividamentos no efeito alavanca (o *leveraged buy-out*, ou LBO)".[25]

O risco de deflação se revela ainda mais real depois da crise da bolha da internet. De fato, a partir de 2002, o desendividamento das empresas endividadas no período de expansão da bolha internetiana (1998-2000) força o Federal

Reserve Bank (Fed) de Alan Greenspan a perseguir uma política monetária expansiva. Para evitar entrar em um círculo vicioso da deflação experimentada pelo Japão nos anos 1990, as autoridades monetárias americanas decidem manter baixas as taxas de juros (em torno de 1%) por um período particularmente longo, também porque, com as falências de empresas (Enron, para citar somente uma) ocorridas depois de 2002, a política monetária expansiva não consegue restabelecer a confiança nos mercados da bolsa. De qualquer modo, as taxas de juros reais *negativas* favorecem o endividamento privado, mas ao mesmo tempo incitam os bancos a desenvolver a panóplia de instrumentos financeiros e a securitização atualmente sob acusação (os agora famosos *toxic assets*) para aumentar o volume do crédito.

A bolha imobiliária dos *subprime* se inicia nesse contexto. As empresas conseguem, ainda que parcialmente, desendividar-se graças às taxas reais negativas, enquanto as economias domésticas americanas se endividam (frequente e prazerosamente são *requisitadas* a se endividar) de modo exponencial. O aumento do consumo por meio de dívidas agrava o déficit comercial americano e, como consequência, reforça ainda mais as políticas monetárias mercantilistas dos países asiáticos (que, como dito, esterilizam os ganhos obtidos adquirindo maciçamente dólares para evitar a valorização de suas moedas e com os *superávits* de divisas criam os fundos soberanos). A tendência deflacionista se agrava, também, porque os excedentes comerciais dos países asiáticos (apesar das medidas de esterilização) geram investimentos nos próprios países exportadores, investimentos que por sua vez melhoram a competitividade dos países emergentes não só pelo baixo custo do trabalho, mas também pela qualidade dos produtos e pelo valor agregado mais alto.

Por ser esquemática, a descrição da dinâmica que levou ao estouro da bolha *subprime* mostra que a crise amadureceu no interior de uma precisa configuração mundial do processo de acumulação capitalista. No interior dessa configuração, a financeirização permitiu ao capital global crescer graças à produção de rendas financeiras e de dívidas do consumo que deram *coerência sistêmica* as trocas internacionais. O crescimento global, em particular depois da crise da bolha da internet e do desendividamento das empresas que daí se seguiu, viu o capital reestruturar-se com processos sucessivos de externalização, a ponto de reduzir o custo do trabalho vivo com aumentos da quantidade de mais-valia não correlacionados com os aumentos proporcionais dos investimentos em capital constante. De fato, especialmente entre 1998 e 2007, as grandes empresas (S&P500) conheceram um aumento particularmente elevado da parte dos lucros não reinvestidos (*free cash flow margins*), um acúmulo de liquidez no geral paralelo ao aumento do consumo, proporcionado tanto pela redução da poupança das famílias como com recurso ao endividamento.

Como sempre, as crises do capital se desencadeiam por causa das mesmas forças que determinaram o crescimento (o típico movimento palindrômico do ciclo de negócios). Mas *esta* crise põe luz sobre algo inédito em relação às crises anteriores, a saber, a perda de capacidade das autoridades monetárias estadunidenses de gerenciar a liquidez que chega ao seu mercado, como consequência da estratégia monetária "mercantilista" posta em campo pelos países asiáticos depois da crise de 1997-1999. Essa especificidade (Alan Greenspan chamou a seu tempo de "enigma", *conumdrum*), já evidenciada por Michel Aglietta e Laurent Berrebi,[26] remete às consequências do afluxo de liquidez pelos países emergentes e pelos países produtores e exportadores de petróleo no mercado de títulos obrigacionais americanos, em particular *Treasury bonds* e obrigações de Fannie Mae e Freddie Mac. O afluxo maciço e contínuo de liquidez pelos países emergentes, de fato, *reduz* as taxas de juros a longo prazo, como os Bônus do Tesouro, e isso *apesar* das repetidas tentativas do Fed entre 2004 e 2007 de frear o aumento do volume dos créditos com o aumento das taxas de juros dirigidas a curto prazo (que de 1% saltaram para até 5,25%).

> É essa situação muito especial de curva invertida, em que as taxas de juros longos se tornaram inferiores às taxas curtas — situação atípica em um período tão longo —, que fez com que o custo do crédito ficasse mantido muito baixo por bastante tempo nos Estados Unidos, apesar de uma política monetária cada vez mais restritiva.[27]

Podendo tomar empréstimo em mercados (por atacado da moeda), os bancos têm, assim, os meios para fazer créditos pondo cada vez mais em risco as economias domésticas. Como consequência, os preços dos bens imobiliários nos Estados Unidos aumentaram até o terceiro trimestre de 2006 e até 2008 em diversos países europeus (na França aumentaram 60% a 80%, na Inglaterra e Espanha duplicaram em dez anos).

A crise de governança das autoridades monetárias estadunidenses se explica, portanto, como uma incapacidade de gerenciar os efeitos do afluxo de liquidez pelo resto do

ANDREA FUMAGALLI E SANDRO MEZZADRA (ORGS.)

mundo, sobretudo pelos países emergentes. De fato, a globalização pós-crise asiática *oculta* no interior dos países desenvolvidos o aumento do risco de crise interno ao ciclo dos negócios, porque a redução dos prêmios sobre riscos dos títulos obrigacionais (títulos de longo prazo) favorece a exposição do setor financeiro na valorização de todas as atividades patrimoniais. De novo, nesse processo é a *dimensão temporal* que é central na análise da crise. Os sinais de crise do setor imobiliário se manifestaram já a partir de 2004; tanto é verdade que o Fed iniciou a sua corrida ao aumento das taxas de juros. Mas o afluxo de liquidez do exterior frustrou as medidas de política monetária, tanto que a bolha continuou implacavelmente a inchar até agosto de 2007. Não só isso: já na metade de 2006 os preços do setor imobiliário não pararam de subir, para depois caírem no fim do mesmo ano. Porém a bolha explodiu em agosto de 2007, pois as agências de notação (*rating*) se decidiriam finalmente a desclassificar os títulos (agora podres) emitidos sobre crédito, portanto um ano depois da inversão do ciclo de negócios.[28]

A crise de governança monetária, em outras palavras, revelou a existência de uma clivagem entre ciclo econômico e ciclo monetário, no sentido de que o primeiro se desenvolve em um tempo mais curto do que o segundo. No ciclo da economia real, como em todos os ciclos de negócios, a crise começa no momento em que o aumento inflacionário dos preços (por exemplo dos bens imobiliários, mas não só) termina por induzir um aumento *decrescente* da demanda. A demanda cresce cada vez mais lentamente porque a atualização do fluxo de rendas futuras não justifica mais o aumento "irracional" dos preços dos bens sob os quais se concentra a bolha. Nos "antigos" ciclos econômicos, essa

A CRISE DA ECONOMIA GLOBAL

desaceleração habitualmente se manifestava com a chegada do pleno emprego. Para o sistema bancário isso significa uma desaceleração do ritmo de restituição dos créditos feitos na fase ascendente do ciclo. As empresas e os consumidores endividados, assim, dão sinais de dificuldade de quitar as suas dívidas, porque o volume das vendas (para as empresas) e/ou das rendas (para as economias domésticas) começa a se reduzir. Para os bancos, dos secundários aos centrais, esse é o momento de aumentar as taxas de juros.

A globalização financeira adia o acerto de contas, a inversão do ciclo, exatamente porque o volume dos créditos das empresas e dos consumidores pode continuar a aumentar, apesar dos sinais de inversão do ciclo da economia real interna (início da queda dos preços dos bens imobiliários). E apesar, também, de uma tendência do balanço de pagamentos americano que contribui para ocultar os sintomas da crise iminente. De fato, até quando o afluxo maciço das economias dos países emergentes em busca de rendimentos não elevados, mas seguros, é contrabalançado pelo fluxo de investimentos americanos diretos no exterior (que possuem rendimentos superiores aos internos e que aumentam os lucros das empresas dos EUA, sobretudo quando o dólar está baixo em relação às outras moedas), as autoridades monetárias americanas podem evitar enfrentar de frente o problema, *a todo tempo evidente*, dos desequilíbrios comerciais internacionais.

Além disso, o fosso temporal no qual se engendra a crise de governança estadunidense é a origem da transformação da crise regional em crise *imediatamente* global. Seguramente, isso é devido à disseminação dos riscos e dos títulos podres que nesse período contagia os portfólios dos bancos, seguradoras, *hedge* e *equity funds*, fundos de pensão e de investimento de todo o mundo. A bem da verdade, entretanto, trata-se de uma crise que vai muito além da difusão mundial dos títulos tóxicos, como mostra a total ineficácia de todas as medidas de intervenção tomadas até hoje pelos governos de todo o mundo para recapitalizar o sistema bancário e de seguros com injeções gigantescas de liquidez. A crise de governança monetária, pode-se então afirmar, explica *apenas* uma parte, apenas o início da crise que estamos vivendo. Prova disso é que, no pior momento da crise financeira — outubro de 2008 — contrariamente ao que todos esperavam, o dólar se *revalorizou* contra todas as outras moedas. "A anomalia é que o dólar se reforçou no curso das últimas semanas contra quase todas as outras moedas."[29] Contudo, pode ocorrer, como depois da revalorização do dólar de agosto de 2007 (em plena crise dos *subprime*), que o dólar volte a perder valor, com inevitáveis efeitos inflacionários em escala mundial (causados, como no curso de 2007- 2008, por fortes aumentos do preço do petróleo e dos bens alimentícios). O que faz supor que os desequilíbrios globais entre países estruturalmente com excesso, como os países emergentes, mas também a Alemanha e o Japão, sejam destinados a durar ainda muito tempo. "Muito tempo" significa *além* das medidas de salvamento e da redefinição das regras bancárias e financeiras que, depois da crise da internet e até o estouro da bolha *subprime*, permitiram ao fluxo de liquidez na direção dos EUA produzir aquele efeito alavanca no crédito que vimos anteriormente.

Bastaria fazer uma pergunta, apenas aparentemente provocadora: o que mais poderiam fazer as autoridades monetárias americanas e do resto do mundo? Certamente, depois

A CRISE DA ECONOMIA GLOBAL

da crise, pode-se dizer de tudo; pode-se, por exemplo, invocar (*ex post*, exatamente) políticas monetárias prudenciais, aumentos das reservas bancárias, melhores controles da qualidade dos títulos emitidos, regras mais restritas de securitização baseadas em empréstimos hipotecários *subprime* e daí por diante. Mas o que poderiam ter feito as autoridades monetárias americanas e os bancos centrais dos países emergentes, os primeiros confrontados com o risco de deflação e os segundos recém-saídos da crise de 1997-1999? A resposta é: nada de diferente do que fizeram. Basta dizer que, se o Fed tivesse aplicado uma política monetária mais restritiva para conter ou diminuir o déficit externo da balança corrente, o resultado teria sido uma recessão nos Estados Unidos e, como consequência, também nos países emergentes. Além de tudo, como o Fed poderia justificar uma política monetária restritiva quando o problema não era a inflação, mas sim a deflação?

É só o caso de recordar que uma característica peculiar do capitalismo financeiro moderno e da política monetária que lhe é própria é a impossibilidade de gerenciar o exterior quando acontece algo no interior do ciclo econômico-financeiro. As análises teóricas de André Orléan, Michel Aglietta, Robert Shiller, George Soros, Frédéric Lordon, para citar os melhores, mostram como, para interpretar o comportamento dos operadores financeiros com base em modelos de *Value-at-risk*, é impossível distinguir entre funções cognitivas e funções manipulativas, entre racionalidade econômica e comportamento mimético da multiplicidade dos atores. A teoria neoclássica das expectativas racionais baseada na informação perfeita e transparente dos mercados está há tempos ultrapassada, porque remove um fator central dos mer-

ANDREA FUMAGALLI E SANDRO MEZZADRA (ORGS.)

cados financeiros, ou seja, a intrínseca *incerteza* que o caracteriza, uma incerteza baseada menos na dicotomia entre economia real e economia financeira, entre dentro e fora do sistema econômico global. Há uma particular fraqueza ontológica nos modelos de cálculo das probabilidades utilizados para avaliar os riscos que são devidos à natureza *endógena* das interações entre os operadores financeiros.[30] O que explica os "erros de avaliação" do risco não tanto, ou não só, como erros imputáveis ao conflito de interesses escandalosamente típico das agências de *rating*, mas como expressão da impossibilidade (ontológica) de estabilizar as regras ou metarregras com poder de disciplinar os mercados segundo princípios considerados racionais (como tentado com Basileia I e Basileia II).

Pode-se defender a tese de que a crise de governança tem sua origem em uma dupla *resistência*: por um lado, a resistência dos países emergentes contra cada tentativa de mantê-los em uma posição subalterna em relação aos países desenvolvidos, uma resistência que os levou a modificar o modelo de crescimento depois da crise asiática. O modelo asiático *export-oriented* de fato transformou o acúmulo de poupanças não reinvestidas internamente em *rendimento financeiro* realizado com o sequestro de liquidez na direção do exterior; por outro lado, a resistência das economias domésticas americanas, que desempenharam o papel da *renda social*, uma espécie de "dentro e contra" a financeirização da economia. Por um certo período as famílias americanas atuaram, ainda que de forma financeiramente instável, no terreno dos direitos de propriedade social, o direito à casa e ao consumo (endividado) de bens e serviços. E isso, é bom lembrar, em um período de desinvestimento estatal em setores

A CRISE DA ECONOMIA GLOBAL

fundamentais como a educação e a formação profissional, um desinvestimento que causou o aumento impressionante do custo da educação, forçando as famílias a se endividar para poder colocar os próprios filhos para estudar. O *deficit spending* privado, longe de ser o reflexo de uma inclinação bem americana de viver além dos seus próprios meios, é um fenômeno que tem as suas raízes na guinada liberal do início dos anos 1980 e na crise do *Welfare State* [Estado de bem-estar social] que daí se seguiu.

5. CENÁRIOS GEOMONETÁRIOS

A crise é a modalidade capitalista de reportar à ordem econômica a dimensão social, e potencialmente política, das resistências amadurecidas na fase ascendente do ciclo. Todavia, esta crise estourou com base em um tal emaranhado de contradições e de rigidez em escala global que dificilmente medidas de intervenção keynesianas em escala regional conseguirão resolver. É então evidente que a saída da crise é possível somente se as medidas de recuperação econômica estiverem inscritas em estratégias geopolíticas ou geomonetárias precisas.

Os cenários a médio prazo (de cinco a dez anos) extrapolados da crise atual são essencialmente três:

> O primeiro, baseado no par Estados Unidos-China (Chimérica), portanto sob um pacto entre dólar e yuan. O segundo expande o jogo com a Rússia e as potências econômicas eurocidentais, com Alemanha e França à frente, vinculadas por um acordo especial entre Eurolândia e

rublo (Eurrússia). Assim determinando, em paralelo ao eixo sino-americano, as premissas de um super-Bretton Woods, um acordo de 360 graus entre todas as maiores potências. O terceiro cenário é o aumento dos desequilíbrios (a começar pelo enlouquecimento da maionese veterocontinental e dos conflitos em curso), até tornar ingovernável o sistema. As catástrofes se juntam, para daí por diante reproduzir o agosto de 1914, desta vez nuclear e em escala planetária.[31]

Todos esses cenários são baseados na inevitabilidade do declínio da hegemonia americana, o declínio do *império sem crédito*, fórmula com a qual se descreve o paradoxo da potência máxima mundial que é no seu conjunto o máximo devedor global. É lícito duvidar da hipótese "autoevidente" do declínio americano, se é verdade que a crise está golpeando de modo particularmente grave os países asiáticos, a China e Cingapura, o Japão e a Coreia do Sul,[32] enquanto os Estados Unidos continuam a ser, por mais paradoxal que possa parecer, o único porto seguro para poder investir a poupança.

A crise atual amadureceu no interior de uma complexa ordem geomonetária que viu uma multiplicidade de atores ligados um ao outro por interesses autorreferenciais. A China pode sustentar que os americanos deveriam poupar mais, mas só até quando a maior poupança não prejudicar as suas exportações para os Estados Unidos. E os americanos podem requisitar aos chineses, como fizeram mais vezes no passado e cada vez mais timidamente procuram ainda fazer, revalorizar a sua moeda e aumentar o consumo interno, mas se guardando bem de frear a compra de Bônus do Te-

A CRISE DA ECONOMIA GLOBAL

souro por parte dos chineses. Por outro lado, esta crise já está provocando uma forte redução do fluxo líquido de capitais privados na direção dos países emergentes (que em 2009 não vai superar 165 bilhões de dólares, menos da metade dos 466 bilhões de 2008 e um quinto dos capitais afluídos em 2007). Da parte deles, as medidas de estímulo fiscal e de salvamento dos bancos falimentares ocidentais só podem gerar o *crowding out* dos mercados emergentes, além de tudo aumentando o serviço de suas dívidas públicas. O que, seja dito de passagem, pode estimular alguns países asiáticos a tentar se proteger aumentando ainda mais as suas reservas em moeda e investindo as suas poupanças na dívida das economias mais desenvolvidas, reiterando, de tal modo, a dinâmica que favoreceu a explosão do crédito nos Estados Unidos.

Logo, não é o declínio do império americano que força a tentar a via da cooperação internacional para melhor gerenciar os desequilíbrios globais, mas sim o fato de que esta crise é destinada a durar muito tempo sem que nenhum país seja capaz de assumir o papel de guia da economia mundial. Como dizia David Brooks em um artigo no *Herald Tribune* de 2 de agosto de 2008, no sistema global moderno o que paralisa o capitalismo é a impossibilidade de decidir. A dispersão do poder "deveria em teoria ser uma boa coisa, mas na prática multipolaridade significa poder de veto sobre a ação coletiva. Na prática, este novo mundo pluralista deu origem à globosclerose, a incapacidade de resolver um problema depois do outro". Em outros termos, a crise minou pela raiz o próprio conceito de hegemonia econômico-política unilateral e multilateral, o que força a explorar novas formas de governança mundial.

O primeiro passo nessa direção é o de assegurar aos países emergentes que, em caso de crise de liquidez, eles não serão abandonados à própria sorte. A oferta, em outubro de 2008, por parte do Fed, de linhas de crédito a quatro países emergentes, ainda que os destinatários dispusessem de abundantes reservas, é interpretada como uma inovação em tal direção. O objetivo é o de melhor coordenar as medidas de política econômica para reorientar os fluxos de capital de modo a estimular a demanda interna dos países emergentes, sem de qualquer modo comprometer os equilíbrios monetários entre o dólar e outras moedas. Considera-se que essa estratégia *inclui* os países da zona europeia, dado que a Alemanha também está com excedente comercial e assim tem todo o interesse em perseguir políticas de recuperação da demanda interna para contrastar com a queda da demanda externa.

Observe-se, enfim, que a implementação dessa estratégia geopolítico-monetária vê para o momento o Fundo Monetário Internacional (FMI) desempenhar um papel de todo marginal. As somas em jogo vão bem além das disponibilidades financeiras do FMI. É fato que, no médio-longo prazo, alguma reinvenção operacional do FMI se revelará necessária, pelo simples motivo de que os Estados Unidos não podem garantir no médio prazo a assistência aos países emergentes com linhas de crédito "cautelares". A construção de um super-Bretton Woods e do FMI como seu novo braço armado, invocado várias vezes de modo superficial pelo presidente francês, Nicolas Sarkozy, deve levar em conta uma característica do FMI que resume o núcleo da política neoliberal americana das últimas décadas. Trata-se da inscrição, desejada fortemente pelos EUA, nos estatutos do FMI, da obrigação de uma convertibilidade em conta capital (uma convertibilidade a que Keynes, durante os trabalhos preparatórios para os acordos de Bretton Woods, tinha se oposto com todas as suas forças) onde anteriormente havia apenas a convertibilidade em conta-corrente.

A diferença entre as duas noções é, portanto, essencial. Na segunda, enfatiza-se os fluxos de divisas que são a cobertura de transações reais, de comércio de bens e serviços, de fluxos turísticos, ou que ainda correspondam ao repatriamento de rendas dos migrantes. Na primeira noção, todas as operações de portfólio e todos os instrumentos possíveis de especulação são autorizados.[33]

A ideia de um super-Bretton Woods seria, assim, a de remover dos estatutos aquela convertibilidade em conta capital, que nos anos 1980 representou o pressuposto dos processos de liberalização dos mercados internacionais e do acúmulo dos desequilíbrios globais que geraram repetidamente as crises financeiras dos últimos 30 anos. Hoje o mesmo FMI reconhece que essa liberdade de movimento dos capitais contribuiu, e não foi pouco, para a desestabilização do sistema das trocas comerciais e dos fluxos financeiros internacionais. Todavia, a remoção da obrigação de convertibilidade em conta capital dos estatutos de um hipotético novo FMI, que teria como objetivo fundamental o de restabelecer a *soberania econômica* das nações e a simetria das relações de troca garantidas por um sistema monetário supranacional, teria como consequência inevitável bloquear o dispositivo que assegurou, com um acúmulo impressionante de contradições e distorções financeiras, o desenvolvimento e a afirmação do biocapitalismo. Só para começar, os Estados Unidos não poderiam mais se beneficiar do afluxo maciço de liquidez dos países emergentes que, como visto, permitiu ao capital estadunidense fazer explodir o consumo por meio de dívidas das famílias americanas. De qualquer modo que se avalie a hipótese de um novo Bretton Woods, é certo que uma reforma em tal sentido teria efeitos espetaculares em um modelo de sociedade que, depois de ter desmantelado o *Welfare State*, fez do consumo e do endividamento o motor do seu próprio funcionamento.

> O ponto de ruptura entre os partidários da velha desordem monetária e os partidários de uma verdadeira reconstrução do sistema monetário financeiro se concentrará em duas questões: o controle dos capitais e das formas de protecionismo que permitem evitar a importação dos efeitos depressivos das políticas de alguns países.[34]

Nessa perspectiva, não iminente mas real, coloca-se a possibilidade ao menos de sair *politicamente*, além de economicamente, da crise em curso. O bloqueio da acumulação capitalista em escala global acaba reinterpretado à luz dessas forças contraditórias, de um lado com a possibilidade de que esta crise dure muito tempo, ou de qualquer modo seja seguida sistematicamente de crises similares e, de outro, com a possibilidade de que para sair da crise o sistema monetário internacional acabe redefinido em nome das soberanias nacionais e da simetria das trocas comerciais.[35]

Nesse meio-tempo, é politicamente sábio acompanhar o quanto do novo *New Deal* a administração Obama conseguirá realizar. Entre as diversas medidas do plano de recupe-

A CRISE DA ECONOMIA GLOBAL

ração da economia interna, há uma em particular que agora merece ser observada. Trata-se da proposta do *Helping Families Save their Homes in Bakrupcy Act*, uma lei que autoriza os juízes de falências a modificar os empréstimos devidos pelos proprietários insolventes de casas.[36] Se passasse, essa medida representaria um precedente histórico, dado que os empréstimos para residências são os únicos que não podem ser modificados nas cortes de falência. E constituiria também uma medida financeira no todo inovadora com respeito a todas as outras intervenções, até agora no geral fracassadas, em socorro do sistema bancário e de seguros. A constituição de uma caixa de refinanciamento hipotecário das famílias americanas é de fato a única medida *técnica* para conferir um valor aos títulos derivativos que hoje entopem o sistema bancário mundial, e além de tudo é uma medida de intervenção sem efeitos imediatos nos déficit públicos, sendo o refinanciamento lastreado nos 30 anos de contrato dos empréstimos. Salvar as famílias para salvar os bancos, em outros termos. Ou melhor, partir de baixo para reformar o sistema monetário.[37]

Como sempre, o nosso *New Deal* parte desses estímulos de baixo, dessas resistências no plano da renda social que colocaram em crise o capitalismo financeiro, representando nesse meio-tempo o pressuposto para sua superação. Os tempos de uma nova mobilização no terreno da renda social são os longos tempos da reconquista de uma governança à altura das contradições, uma governança que institui o direito ao comum, o direito de morar nele.

Notas

1. Stephen Roach, "US not Certain of Avoiding Japan-Style 'Lost Decade'", *Financial Times*, 14 de janeiro de 2009.
2. "The Aftermath of Financial Crises", dezembro de 2008, www.economics.harvard.edu/faculty/rogoff/files/Aftermath.pdf.
3. "Emerging Markets: Stumble or Fall?", *The Economist*, 10 de janeiro de 2009.
4. M. Aglietta, *La crise: pourquoi en est-on arrivé là? Comment en sortir?*, Paris, Michalon, 2008, p. 118.
5. Paul Krugman, "Il piano Obama non basta", *La Repubblica*, 10 de janeiro de 2009.
6. *Ibidem*.
7. "Do not Squander America's Stimulus on Tax Cut", *Financial Times*, 16 de janeiro de 2009.
8. Chris Giles, David Oakley e Michael Mackenzie, "Onerous Issuance", *Financial Times*, 7 de janeiro de 2009.
9. Michel Husson, "Les enjeux de la crise", *La Brèche*, novembro de 2008.
10. Luciano Gallino, *L'impresa irresponsabile*, Turim, Einaudi, 2005.
11. Giovanni Arrighi, *Adam Smith a Pechino. Genealogie del ventunesimo secolo*, Milano, Feltrinelli, 2007, pp. 159-60.
12. Para um glossário dos títulos securitizados e dos instrumentos financeiros derivativos, ver Charles R. Morris, *Crack. Come siamo arrivati al collaso del mercato e cosa ci riserva il futuro*, Roma, Elliot Edizioni, 2008.
13. Jacques Sapir, *L'économie politique internationale de la crise et la question du "nouveau Bretton Woods": leçons pour des temps de crise*, mimeo, sapir@msh-paris.fr.
14. A. Illuminati, *Spinoza atlantico*, Milano, Edizioni Ghilbi, 2008, p. 15.
15. Sandro Mezzadra, *La "cosiddetta" accumulazione originaria*, in AA.VV., *Lessico marxiano*, Roma, Manifestolibri, 2008.
16. Jeff Howe, *Crowdsourcing. Why the power of the crowd is driving the future of business*, Nova York, Crown Business, 2008.

A CRISE DA ECONOMIA GLOBAL

17. Andrea Fumagalli, *Bioeconomia e capitalismo cognitivo*, Roma, Carocci, 2007.

18. Vanni Codeluppi, *Il biocapitalismo. Verso lo sfruttamento integrale di corpi, cervelli ed emozioni*, Turim, Bollati Boringhieri, 2008.

19. Marie-Anne Dujarier, *Le travail du consommateur. De McDo à eBay: comment nous coproduisons ce que nous achetons*, Paris, La Découverte, 2008.

20. Christian Marazzi, "Capitalismo digitale e modello antropogenetico del lavoro. L'ammortamento del corpo macchina", *in* J.L. Laville, C. Marazzi, M. La Rosa, F. Chicchi (orgs.), *Reinventare il lavoro*, Roma, Sapere, 2000, 2005.

21. Vanni Codeluppi, *op. cit.*, p. 24. A esse respeito, ver o trabalho fundamental de Enzo Rullani, *Economia della conoscenza. Creatività e valore nel capitalismo delle reti*, Roma, Carocci, 2004.

22. Jeremy Rifkin, *L'era dell'accesso. La rivoluzione della new economy*, Milão, Mondadori, 2000, p. 57.

23. Para uma análise da desregulamentação do sistema bancário, também ela iniciada nos anos 1970, ver Barry Eichengreen, "Anatomy of the financial crisis", *Vox*, http://www.voxeu.org/index.php?q=node/1684.

24. M. Aglietta, *op. cit.*, pp. 33-37.

25. Jacques Sapir, *op. cit.*, p. 5.

26. M. Aglietta, L. Berribi, *Désordres dans le capitalisme mondial*, Paris, Odile Jacob, 2007.

27. M. Aglietta, *op. cit.*, p. 39.

28. Para verificar essa reconstrução da crise pós-asiática, ver "When a flow becomes a flood", *The Economist*, 24 de janeiro de 2009.

29. Barry Eichengreen, *op. cit.*

30. Ver André Orléan, "La notion de valeur fondamentale est-elle indispensable à la théorie financière?", *Regards croisés sur l'économie. Comprendre la finance contemporaine*, 3 de março de 2008.

31. "L'impero senza credito", *Limes*, 17 de outubro de 2008.

32. "Asia's suffering", *The Economist*, 31 de janeiro de 2009.
33. J. Sapir, *op. cit.*, p. 3.
34. *Ibidem*, p. 32
35. Martin Woolf, "Why president Obama must mend a sick world economy", *Financial Times*, 21 de janeiro de 2009.
36. "Top 10 business battles", *BusinessWeek*, 2 de fevereiro de 2009.
37. Frédéric Lordon, *Jusqu'à quand? Pour en finir avec les crises financières*, Paris, Raison d'Agir, 2008.

2. Crise econômica global e governança econômico-social

Andrea Fumagalli[*]
Tradução de Pedro Barbosa Mendes

---

[*] Economista e professor da Universidade de Pavia, Itália.

INTRODUÇÃO

A crise financeira é agora uma pálida recordação. Não porque tenha terminado, mas porque se transformou imediatamente em crise econômica *tout court*. A atual crise econômica global evidencia de modo sistêmico e estrutural a incoerência do mecanismo de governança da acumulação e da distribuição que o capitalismo cognitivo foi capaz de criar até agora. Desse ponto de vista, trata-se não de uma crise de saturação, mas, acima de tudo, de uma crise do crescimento. É uma crise mais de distribuição de que de acumulação. Tal como a de 1929.

Como já foi dito, nos encontramos diante de uma crise sistêmica. Uma crise do sistema que não é derivada do passado, mas que provém, acima de tudo, do futuro. O que está de fato em crise é a tentativa de regulação social e de distribuição que foi dada implicitamente pelo novo paradigma do capitalismo cognitivo. Mais precisamente, seria melhor falar de "não regulação", uma vez que a dinâmica do capitalismo cognitivo foi estabelecida no início dos anos 1990 não sob intervenções discricionárias e institucionais de política econômica, mas sobretudo sob a mão "muito visível" do mercado. Aquilo a que assistimos é, portanto, a crise da governança do mercado e das suas hierarquias.

Como já foi discutido em outros textos,[1] o capitalismo cognitivo se estrutura como um regime de acumulação baseado em três pilares:

1. o papel dos mercados financeiros como motores da acumulação pelo lado do financiamento dos investimentos e como núcleo sobre o qual se movem os mecanismos de distribuição de renda (processo de financeirização como controle biopolítico da vida);

2. o papel da geração (aprendizagem) e difusão (rede) do conhecimento como fonte principal de valorização capitalista em escala global, que leva à redefinição da relação entre trabalho vivo e trabalho morto (processo de acumulação cognitivo-imaterial como expropriação da cooperação do "comum", *general intellect*, aliás);

3. a desagregação da força de trabalho em escala internacional, na sequência do estabelecimento do valor das diferenças das subjetividades individuais em um contexto de divisão cognitiva do trabalho (processo de precarização e de controle dos excedentes cognitivos).

Essas três inovações, resultantes da crise conflituosa da relação capital-trabalho no interior do paradigma precedente, industrial-fordista, definiram uma nova via de acumulação, projetada para recriar as condições de valorização monetária em uma óptica prevalecente de curto prazo com efeitos não sustentáveis a médio-longo prazo.

Diferentemente do paradigma fordista anterior, alteram-se as coordenadas espaço-tempo.

No que diz respeito ao tempo, redefine-se a relação entre o curto e o longo prazo ou modificam-se os tempos da acumulação: a passagem a formas de valorização imateriais reduz drasticamente o tempo necessário ao processo de acumulação e, por conseguinte, reduz a possibilidade de intervenções corretivas.

No que diz respeito ao espaço, os processos de globalização e financeirização tendem a redefinir as novas estruturas hierárquicas internacionais, em um contexto em que a capacidade de intervenção autônoma em nível nacional é fortemente condicionada pelo surgimento de poderes supranacionais (crise do Estado-nação).

1. A DINÂMICA ESPAÇO-TEMPORAL DA CRISE ECONÔMICA

1.1. A dialética curto-longo prazo

Um dos fatores que melhor sintetizam a complexidade da atual crise econômica global é a contradição que nasce a partir da dialética entre curto e longo prazo. A dinâmica dos mercados financeiros é uma dinâmica cada vez mais de curto e curtíssimo prazo, condição necessária para que o vórtice das trocas não possa mais se sedimentar em valores reais, mas permaneça sempre no plano das trocas simbólicas. Essa dimensão temporal, todavia, é incompatível com a dimensão temporal dos sujeitos que dela participam. O motivo é banal: a possibilidade de obter mais-valia no curto prazo não permite, de fato, garantir a segurança de todo o ciclo de vida. Se durante o capitalismo industrial-fordista o investimento financeiro podia ser motivado pela intenção de retorno a médio-longo prazo — em consonância com a duração de vida e na medida para garantir, em média, uma renda constante — no capitalismo cognitivo os mercados financeiros representam também o lugar da especulação imediata e só aqueles que têm uma carteira de títulos muito ampla podem aspirar a ter rendimentos (ganhos de capital) mais constantes; mas isso é uma prerrogativa de poucos.

Essa dicotomia entre curto e longo prazo remete a um segundo elemento contraditório, relativo ao desmantelamento do *welfare*. É notável como os mercados financeiros desempenham hoje o papel da seguridade social (sem nenhuma garantia), que na época fordista era desempenhado pelo Estado nacional (com elevada garantia). Parte crescente da renda do trabalho é canalizada para a bolsa de valores, a fim de assegurar rendimentos futuros e presentes suficientes para fazer frente e obter serviços sociais, que não são mais garantidos de forma gratuita e universal, mas que exigem cada vez mais uma participação das despesas pessoais (*workfare*).

A necessidade de aumentar os "poucos clientes" para a aquisição de bens primários (como a casa e, posteriormente, as hipotecas) também para os grupos sociais de renda incerta e, portanto, com maior risco de insolvência confirma essa tendência. A hipoteca é um investimento de longo prazo, embora "garantida" por títulos derivativos com vencimentos no curto, curtíssimo prazo. Eis que a dicotomia curto-longo prazo volta à cena.

A contradição insanável entre curto e longo prazo incide de maneira forte e negativa sobre a possibilidade de efetuar intervenções de suporte e de governança institucional.

1. Uma queda média de 1% no índice das principais bolsas de valores implica a destruição de liquidez de cerca de 1,45 trilhão de dólares. A partir de outubro de 2007, por exemplo, o índice Dow Jones perdeu 43% de seu valor.[2] Em média, o Banco de Pagamentos Internacionais (BIS) estima em 580 trilhões a destruição de liquidez. Para se ter uma ideia: o

A CRISE DA ECONOMIA GLOBAL

patrimônio imobiliário total do mundo é estimado em 75 trilhões; o Produto Interno Bruto de todo o planeta não ultrapassa 50 trilhões, embora seja verdade que se trata de um valor "nominal". Mas o próprio BIS (em setembro 2008) recorda que isso se traduz em uma retração da economia real, em consequência da desvalorização ocorrida, de cerca de 11 trilhões de dólares, um montante equivalente ao PIB dos Estados Unidos[3] e a 20% do PIB mundial.[4] Essa destruição de dinheiro e de riqueza real ocorreu em um intervalo de 12 meses, ou seja, um período extremamente curto para um declínio da riqueza de tão grande medida e cujos resultados começam a ser sentidos hoje de forma dramática na dinâmica do PIB. As medidas empreendidas até agora pelos Estados e pelos bancos centrais dos EUA e da Europa (as áreas mais afetadas pela queda dos índices das bolsas) levaram a uma injeção de liquidez de cerca de 5 trilhões de dólares.[5] Uma operação que só começará a produzir efeitos a partir do segundo trimestre de 2009, em um contexto de uma possível (nova) queda dos índices das bolsas. É impossível, portanto, intervir ao mesmo tempo em que a crise financeira ataca. A destruição de liquidez viaja a uma velocidade que é estruturalmente superior àquela necessária para sua reconstituição. E mesmo a rápida e imediata emissão de liquidez não é capaz, no curto prazo, de fazer frente às expectativas negativas e à crise de confiança dos mercados financeiros. O risco é que, com o tempo necessário para curar a doença, o paciente morra. Isso deu origem a um problema estrutural de *timing*.

2. O segundo problema que envolve dialética temporal tem a ver com a contradição entre o processo de acumulação de valor, graças à exploração e à expropriação do *general intellect* e sua imediata valorização pelos mercados financei-

ros. Com o advento do capitalismo cognitivo, o processo de valorização não se realiza imediatamente ao tempo da produção. No paradigma industrial-fordista, a medição material da produção era de certa forma definida pelo conteúdo de trabalho necessário para a produção da mercadoria, mensurável com base na materialidade da própria produção e de (seu) tempo necessário. Com o advento do capitalismo cognitivo, o valor do imaterial se torna valor do conhecimento, dos afetos e das relações, do imaginário e do simbólico.[6] O resultado dessa transformação biopolítica é a crise da medida tradicional do valor-trabalho e, consequentemente, do conceito de lucro, como era caracterizado no fordismo (diferença entre receitas e custos). No momento em que a acumulação se socializa, a medida da valorização, inerente ao "comunismo do capital",[7] tende a realizar-se no capital cotado na bolsa (ou seja, entre o valor futuro esperado e aquele atual): ocorre que a exploração da cooperação social e do *general intellect* incide na determinação da dinâmica dos valores das ações. O lucro se transforma, assim, em rentismo e os mercados financeiros estão se tornando o local de determinação do valor-trabalho, que se transforma em *valor-finança*.[8] A crise financeira atual, no entanto, explicita como essa possível unidade de medida é tudo menos precisa. Sua crise é resultado também da contradição entre curto e longo prazo: um curto prazo que ia descontando imediatamente o valor futuro resultante da expropriação do *general intellect* e um longo período que em vez disso define o tempo necessário da produção e da difusão do próprio *general intellect*.

3. O terceiro nível da contradição temporal do capitalismo cognitivo aponta, por outro lado, para o desempenho profissional. Trata-se da contradição entre a necessidade de

A CRISE DA ECONOMIA GLOBAL

desenvolvimento da cooperação social e do trabalho em equipe como condição para melhor explorar a economia dinâmica da aprendizagem e do trabalho em rede (fatores de crescimento da produtividade social que está na base do processo de acumulação) e a exigência de um controle imediato (de curto prazo) sobre o próprio processo de trabalho e sobre o conhecimento (direitos de propriedade intelectual). É sobre esse par dialético que ocorre a produção de mais-valia, o processo de exploração no capitalismo cognitivo e a consumação de novas formas de alienação. É onde se define a nova relação capital-trabalho em suas manifestações reais. Por um lado, cobra-se participação, relação e comunhão de interesses na produção da empresa; por outro, a precariedade das relações individuais, a ansiedade, a insegurança e a frustração psicológica e existencial que dela derivam. De um lado, a oferta de trabalho e processos de aprendizagem e formação profissional a médio-longo prazo; do outro, um estatuto contratual de duração mais ou menos imediata.

A crise da dialética de curto-longo prazo se refere da impossibilidade de se controlar e regular os mercados financeiros ou a acumulação capitalista. Atualmente, essa contradição pode ser utilizada pela multidão no plano de abertura de novos cenários de conflito. Nos concentraremos sobre essas questões posteriormente. Por ora, pretendemos salientar que esse problema estava presente já durante a crise de 1929. Nela, era o Estado que intervinha como agente econômico supraindividual em uma posição que formalmente era externa ao mercado, a fim de compensar a diferença de tempo que a crise tinha criado entre a fase de acumulação da produção e a fase de realização. A ênfase de Keynes na prevalência do curto prazo em detrimento do longo prazo tinha

ANDREA FUMAGALLI E SANDRO MEZZADRA (ORGS.)

como finalidade garantir a possibilidade de uma política econômica de sintonia fina, visando a "defender o presente do futuro".[9] Se na crise de 1929 a dicotomia curto-longo prazo era totalmente interna ao ciclo de produção, entre a acumulação e a realização, conforme apontamos, hoje ela é totalmente interna aos mercados financeiros globais.

O papel do Estado (em conjunto com a emergência da guerra), então, foi suficiente para reconstruir a dialética temporal do ciclo de produção entre endividamento e valorização, graças ao papel de fiador da política econômica nacional e ao estabelecimento de regras precisas no âmbito dos pagamentos internacionais. A autonomia do Estado-nação nos acordos de Bretton Woods de 1944 (e, portanto, dentro de uma precisa hierarquia internacional) permitiu a estabilidade necessária ao processo de acumulação fordista, enquanto neutralizava de modo eficaz o risco de instabilidade decorrente de tensões geopolíticas internacionais.

Hoje, nos encontramos em um contexto em que todos os mecanismos de controle e de regulação internacional são evitados, como formas hierárquicas, para permitir o desenvolvimento de um sistema de acumulação cognitiva que baseia sua capacidade de crescimento na financeirização global e na internacionalização seletiva da produção.

1.2 A dialética geoeconômica internacional

A crise do paradigma industrial-fordista rachou as estruturas hierárquicas internacionais definidas após a Segunda Guerra Mundial e sancionadas por Yalta e por Bretton Woods. A reação capitalista à crise dos anos 1970, fomentada tanto pelos movimentos sociais no Ocidente quanto pelos processos de libertação política e econômica de muitos países do Terceiro Mundo, levou a uma mudança estrutural da divisão internacional do trabalho. À tradicional divisão smithiana do trabalho, típica da produção taylorista, se juntou, e em parte a substituiu, uma nova divisão do trabalho, baseada nos diferentes níveis de acesso às diversas formas de conhecimento (divisão cognitiva do trabalho). Isso ocorreu graças à introdução cada vez mais maciça de um novo paradigma tecnológico, baseado nas tecnologias de informação e comunicação (TICs). Além da redução dos custos de transporte, assistiu-se também à explosão de formas de comunicação reais e virtuais que influenciaram profundamente a organização da produção e do trabalho em escala global.

Durante a década de 1980, ainda na presença de Estados-nação capazes de dirigir a política econômica por meio da implementação de sistemas nacionais de inovação, assistimos ao desafio tecnológico japonês aos EUA. Na década de 1990, após a primeira Guerra do Golfo, a fim de confirmar a supremacia militar dos EUA depois da queda do Muro de Berlim e a implosão do bloco soviético, o processo de financeirização toma impulso e as políticas de *outsourcing* e de deslocalização redesenham as estratégias de produção das grandes empresas multinacionais do Ocidente. A abertura de novos mercados de trabalho no Sudeste asiático e na América Latina, impulsionada por políticas neoliberais do Fundo Monetário Internacional (FMI) e do Banco Mundial, por meio dos Planos de Ajustamento Estrutural (os famigerados SAP), proporcionou uma expansão maciça da base de produção para além das fronteiras nacionais. Numa primeira fase, que marca o restabelecimento da liderança tecnológica dos EUA por meio da *net economy*, as principais cadeias produtivas internacionais estão firmemente sob controle ocidental. O processo de forte concentração de ambos os fluxos, tecnológico e financeiro, é mais uma vez conduzido pelos Estados Unidos. No decorrer dos anos 1990, a crise financeira de 1997 (causada pela desvalorização do bat tailandês) — ao contrário da crise dos anos 2000 — reforça a posição de hegemonia financeira das bolsas anglo-saxãs. Mas trata-se de uma ilusão efêmera. No mesmo momento em que o capitalismo cognitivo, impulsionado pelos mercados financeiros, se impõe como paradigma de acumulação e de valorização tendencialmente hegemônico, novas contradições explodem em seu interior.

A necessidade de ampliar mercados para o Leste, a inclusão da China na Organização Mundial do Comércio (OMC) e a recente autonomia das bolsas orientais após a crise de convenção da internet que atingiu os mercados financeiros em março de 2000 levaram a uma redefinição ainda mais acentuada dos controles hierárquicos de produção tecnológica. Os EUA começaram a perder o seu monopólio de controle tecnológico, e os sistemas produtivos chinês e indiano, aos quais se junta o brasileiro, minaram a liderança tecnológica ocidental no setor nevrálgico das TICs. Em referência à China, no relatório da Organização para Cooperação e Desenvolvimento Econômico (OCDE) *Reviews of Innovation Policy: China. Synthesis Report*, de maio de 2007, está escrito que:

> Nos últimos anos, tem havido um aumento espetacular na China de exportações de alta tecnologia. Sua participação no total das exportações aumentou de 5% no início da década de 1990 para mais de 30% nas exportações em 2005. Essas estão fortemente concentradas em duas categorias de produtos: máquinas de escritório e

A CRISE DA ECONOMIA GLOBAL

TV, rádio e equipamentos de comunicação; as exportações de alta tecnologia de produtos tais como os farmacêuticos são relativamente fracas. Desde 2004, a China é o maior exportador mundial de mercadorias TIC (p. 15).

A mesma dinâmica se repetiu com Índia e Brasil, ainda que em menores proporções. Resulta daí que os EUA estão perdendo a hegemonia tecnológica que estava na base do crescimento econômico-financeiro dos anos 1990.

O deslocamento do eixo produtivo tecnológico do Ocidente para o Oriente e para o Sul é por si só um fator de instabilidade econômica e política de grande importância. Não se trata de um processo de substituição da hegemonia tecnológica de um território por outro, mas acima de tudo de um declínio do unilateralismo tecnológico. A presença simultânea de vários polos tecnológicos deve ser analisada também em relação aos outros dois pilares do poder internacional: o controle dos fluxos financeiros e o poder militar. Até esta última crise, não havia dúvidas de que a hegemonia financeira ainda estava firmemente nas mãos das bolsas de valores anglo-saxãs, a tal nível que elas podiam afetar não só outros grandes centros financeiros mundiais, mas também as decisões de política monetária do Federal Reserve Bank (Fed), do Banco Central Europeu (BCE) e do Banco do Japão. A isso se somava o pleno controle sobre os organismos econômicos mundiais, do Fundo Monetário Internacional (FMI) ao Banco Mundial, enquanto o poder de influência americano sobre a OMC já tinha visto seu declínio a partir do fracasso das rodadas de Cancún e de Doha.

No entanto, ao longo dos anos 2000, essa hegemonia financeira tem sofrido com os potenciais reveses, por um lado, da perda parcial de controle sobre a liquidez internacional oficial (aquela que não é gerada pelos mercados financeiros, mas pelas reservas) e, por outro, da crise de confiança na bondade da política externa e militar americana, na sequência do impasse da guerra no Iraque.

Quanto ao primeiro ponto, deve-se ressaltar que ao déficit estrutural da balança comercial americana se somou um déficit público interno que faz dos EUA um dos países mais endividados do mundo. Em primeiro lugar, isso levou a uma desvalorização do dólar que, embora controlada pelo Fed, favoreceu um efeito de substituição do dólar por outras moedas valiosas (principalmente o euro) na composição das reservas internacionais. Em segundo lugar, o déficit da balança comercial americana se transformou em superávit na balança comercial dos países recém-industrializados, que, assim, se tornaram credores líquidos em relação à economia americana. Isso levou a um paradoxo. Os Estados Unidos detinham a hegemonia financeira internacional, mas possuíam uma dívida líquida com o mundo. Em outras palavras, eram sobretudo os países recém-industrializados que financiavam o crescimento da economia americana, comprando, por um lado, títulos das dívidas pública e externa emitidos pelos EUA e, por outro, títulos em bolsas de valores dos EUA, sobretudo por meio da criação de fundos soberanos.[10] Esse circuito financeiro não podia durar muito. E, de fato, não durou. Desse ponto de vista, a crise financeira é resultado também do atrito criado dentro de um império que já não pode definir um comando único e central. Os diferentes polos geoeconômicos (um centro de hegemonia financeira a oeste e o deslocamento do baricentro tecnoprodutivo para o leste) podem coexistir apenas por um período limitado de tempo e como resultado de condições que compensem a instabilidade.

A CRISE DA ECONOMIA GLOBAL

O monopólio da força militar é certamente um deles. Mas até que ponto ele desempenha um papel eficaz de dissuasão e de poder de interdição? Os EUA ainda detêm tal monopólio, mas a situação de crise que estão enfrentando na segunda Guerra do Golfo e no Afeganistão parece sugerir que esse monopólio se assemelha cada vez mais a uma arma sem corte, embora formalmente ainda esteja firme em suas mãos. Após a derrota do unilateralismo *neocon* do par Bush-Cheney e a chegada de Obama à Casa Branca, o machado de guerra parece ter sido novamente enterrado (embora certamente não tenha sido banido). A estratégia de governança perseguida pelos EUA — ou, ao menos, a tentativa atual — ditada forçosamente também pela crise econômica global parece levar em conta o multilateralismo geoeconômico e geopolítico que caracteriza a economia global atualmente. Os EUA parecem reconhecer o Império. A tentativa de golpe, por ora, fracassou.

2. A GOVERNANÇA EM ATO

A estratégia institucional posta em prática até o momento pelos principais atores econômicos institucionais (organismos internacionais, bancos centrais e Estados nacionais) parece avançar em três linhas principais.

1. Intervenções de governança conjuntural destinadas a reduzir o efeito dominó da crise financeira sobre a economia real. Na maioria dos casos, trata-se de intervenções para sustentar a liquidez dos bancos centrais e intervenções do credor de última instância destinadas a realizar resgates por meio dos gastos públicos. Essas intervenções não se destinam a incidir de modo estrutural sobre as formas de valorização e sobre a

ANDREA FUMAGALLI E SANDRO MEZZADRA (ORGS.)

natureza da crise. Seu objetivo principal não é resolver os fatores da crise, mas acima de tudo dar sinais que melhorem o clima de confiança. A sua eficácia é quase nula.

2. Ações de governança econômica que partam do reconhecimento do fracasso da capacidade de autorregulação dos mercados. A intenção é criar as condições para um processo de controle dos mercados financeiros em nível internacional com intervenções de natureza mista público-privadas para criar um novo Bretton Woods.

3. Intervenções de governança política internacional destinadas a reduzir as tensões geoeconômicas e redefinir um novo modelo geopolítico internacional que, de alguma forma, leve em conta a nova divisão cognitiva internacional do trabalho. Poderíamos falar, a esse respeito, de uma nova Ialta para a estrutura geopolítica internacional.

Em relação ao primeiro nível, não há muito a dizer. Os termos do debate em curso dizem respeito aos seguintes pontos:[11]

- O *perímetro da regulamentação*, ou a individuação daquela parte do sistema financeiro e creditício que possui uma grande responsabilidade na crise (*shadow banking system*), composto pelo conjunto dos operadores financeiros que não eram regulamentados (na ilusão de que isso poderia trazer inovações benéficas para o sistema econômico).

- A *dimensão macroprudencial*: uma análise do risco agregado no nível do sistema, e não de cada operador, tem-se revelado insuficiente e as (poucas) análises realizadas foram conduzidas apenas em publicações, e não para mudar políticas.

A CRISE DA ECONOMIA GLOBAL

- A dimensão de *alavancagem* (*leverage*) e, consequentemente, os riscos que isso implica: deve-se melhorar, sobretudo, a capacidade de avaliá-la e de avaliar seus efeitos sobre os mercados financeiros.
- A *transparência na avaliação do risco e na valorização dos instrumentos financeiros*: o sistema de preços de mercado, de avaliações com métodos internos e daquelas feitas pelas agências de *rating* tem-se revelado insuficiente.
- A *governança e o sistema de subsídios*, que sempre favoreceram os objetivos de curto, curtíssimo prazo, a custas daqueles de médio e longo.
- A *cooperação entre as autoridades de supervisão europeias* e de instrumentos comuns para lidar com situações críticas. A crise financeira tem evidenciado, mesmo em um contexto de espaço monetário europeu único, como as intervenções anticrise foram desenvolvidas principalmente sobre base nacional e sem a coordenação adequada.

Os estudiosos estão perfeitamente de acordo sobre os pontos ora mencionados. No entanto, esses elementos parecem totalmente inadequados para a compreensão das causas reais da crise. Em relação à situação europeia, os documentos oficiais se limitam a propor ações que partam da necessidade de limitar os danos que a parte "ruim" dos mercados financeiros causou. Tanto assim que os pedidos de intervenção se limitam a propor os seguintes instrumentos:

- *Transformação dos comitês de supervisão em agências europeias*. Mas salientando desde já o risco de politização delas,[12] em detrimento do princípio de total autonomia, não só do BCE, mas também das agências de *ratings* e de controle dos mercados financeiros. Confundem-se, assim, a causa e o efeito. É a própria autonomia total dos mercados financeiros que operam no curto ou curtíssimo prazo que entra em choque com a necessidade de regulação deles. Na realidade, autonomia e regulação são incompatíveis.

- Criação de funções de *lead supervisor*, a quem é confiada a responsabilidade da supervisão pelo "país de origem" do banco, mas que colide com a capacidade de intervir em países estrangeiros e com a vontade política de cuidar dos interesses de todos os países envolvidos, e não apenas o de "origem". A vontade "política" de manter os mercados financeiros autônomos no âmbito de uma responsabilidade nacional é, portanto, incompatível com a necessidade de iniciar uma coordenação entre os estados nacionais europeus.

- *Criação de uma autoridade europeia de supervisão.* Deve-se notar, a esse respeito, que essa instituição exigiria uma alteração no Tratado da União Europeia ou, pelo menos, uma decisão unânime do Conselho da União Europeia. Está, portanto, em contradição com os fundamentos ideológicos de moldes monetaristas e neoliberais que têm estado por trás do processo de unificação monetária europeia a partir do Tratado de Maastricht.

Para além das declarações de fachada, as ações de regulação dos mercados financeiros não têm capacidade de ser eficazes enquanto se agir a partir da perspectiva de manutenção

A CRISE DA ECONOMIA GLOBAL

da autonomia dos bancos centrais, na ausência de uma coordenação internacional em nível mais alto. Trata-se de um tipo de governança que poderíamos definir como "pequena cabotagem", incapaz de chegar ao cerne do problema. Nem poderia fazê-lo sem arranhar aqueles fundamentos sobre os quais está enxertado o novo paradigma do capitalismo cognitivo. Ainda mais em um período como este, quando o espaço para uma reforma "tecnocrática" é quase inexistente.

Certamente de maior alcance e eficácia, pelo menos durante esta fase conjuntural, são as intervenções de caráter não regulativo, mas principalmente as relacionadas com a emissão de liquidez, seja por meio de políticas monetárias expansionistas (redução das taxas de juro e emissão de moeda nova) ou de políticas de *deficit spending* [déficit orçamentário] reconhecidamente keynesianas. É curioso que essa perspectiva seja fortemente defendida também pelas instituições monetárias internacionais (FMI e Banco Mundial), que até recentemente advogavam políticas econômicas de sentido oposto, dirigidas à total desregulamentação dos mercados e à desconstrução do papel econômico do Estado.

A esse respeito, é necessário enfatizar que:

- A política de redução das taxas de juro tem menor eficácia em um contexto de financeirização global e em uma situação de risco de deflação. A possibilidade de que estimule os investimentos se choca com a atmosfera de expectativas negativas do lado da demanda. Por outro lado, a possibilidade de que as baixas taxas de juro possam de alguma forma estimular a procura por títulos e restabelecer a confiança nos mercados financeiros é dificultada pela escassez de liquidez internacional. É, na verdade, a lógica autorreferencial dos mercados financeiros que prevalece nas decisões sobre as políticas monetárias, cada vez mais submetidas às condições impostas pelo biopoder das finanças.

- Estruturalmente, as políticas de *deficit spending* não são capazes de injetar liquidez suficiente no sistema.[13] Paul Krugman[14] argumenta que os quase 900 bilhões de dólares do programa de apoio à economia americana não são suficientes para cobrir o fosso que separa o efeito recessivo sobre o PIB de sua potencial recuperação.

- Em um contexto de acumulação cognitiva impulsionada pelos mercados financeiros e que foge ao controle das políticas econômicas nacionais, a utilização de políticas keynesianas (e seu resgate) não é mais suficiente. É preciso ir além disso em direção a uma governança internacional capaz de propor uma política econômica supranacional, realmente global.

Em publicações recentes, tem-se falado bastante nesse objetivo, a criação de um Bretton Woods II. Fala-se de Bretton Woods, naturalmente, porque se pensa que existem as condições para poder repetir essa experiência. Analisemos melhor essa questão. O acordo de 1944 se baseava essencialmente em duas condições: a existência de Estados-nação capazes de controlar sua própria moeda por meio do respeito ao regime de câmbio fixo[15] e o dólar como garantia da relação com o ouro, o último elemento que fornecia uma medida material e quantitativa do valor da moeda.[16]

Atualmente, ambas essas condições não estão mais presentes. A financeirização da economia acabou com a sobera-

A CRISE DA ECONOMIA GLOBAL

nia da política econômica nacional e o valor das moedas depende cada vez mais da dinâmica das convenções hierárquicas definidas, de tempos em tempos, pelas relações internacionais em nível imperial. O dinheiro acabou por se desmaterializar totalmente, tornando-se apenas uma moeda-símbolo. Sua medida é, nesse sentido, uma convenção, resultado de relações sociais e internacionais, fruto do conflito entre renda capitalista e renda proveniente da cooperação social, entre produção de valor de uso e produção de valor de troca. A variabilidade inerente à atual crise econômica também teve o efeito de minar a estrutura convencional que está na base de algumas moedas nacionais. Dois casos são emblemáticos, nesse sentido, apesar de sua diversidade: Islândia e Zimbábue. No primeiro caso (Islândia), o colapso dos índices financeiros e a falência de algumas instituições de crédito particularmente ativas no processo de securitização de derivativos levaram a uma desvalorização da moeda nacional (a coroa islandesa) de quase 30% em cinco meses, minando o nível de confiança, criando uma crise política e exigindo uma mudança para o euro, praticamente renunciando à soberania nacional. No segundo caso (Zimbábue), diante de uma crise econômica e humanitária que resultou de um processo de instabilidade política, o Banco Central nacional renunciou ao direito de *seignoriage* (monopólio estatal sobre a emissão de moeda), parando a impressão de dinheiro. Trata-se, naturalmente, de casos muito diferentes, mas semelhantes pela perda da soberania monetária. A história ensina-nos que tais situações podem ocorrer devido à perda da independência nacional. Hoje, pela primeira vez na história, soberania monetária e soberania territorial não são mais dois lados de uma mesma moeda.

ANDREA FUMAGALLI E SANDRO MEZZADRA (ORGS.)

A condição para um novo Bretton Woods é a existência de uma estrutura hierárquica unilateral estável, a qual é definida pelo reconhecimento de uma única convenção de acumulação e de exploração, aceita, pela força ou pela persuasão, em nível mundial. Em outras palavras, a questão que colocamos é se é possível uma governança unilateral do império, que é, por definição, multilateral e multipolar. Uma possível solução para esse paradoxo é a criação de uma nova Ialta. A nova configuração global possível, capaz de afirmar o capitalismo cognitivo por meio dos mercados financeiros, passa, em primeiro lugar, pela possibilidade de controlar e definir a trajetória futura da nova divisão cognitiva do trabalho de forma consistente e sem ambiguidades no contexto internacional.

Os acordos de Ialta 1945 foram o resultado de um conflito global de grandes proporções. Eles assinalavam o pacto entre os vencedores da Segunda Guerra Mundial com o objetivo de delinear as fronteiras dos respectivos processos de acumulação sobre uma base nacional. Devemos esperar que ocorra uma nova catástrofe bélica?

Atualmente, não há previsão de uma nova catástrofe bélica, até porque a política externa da atual administração americana parece mais orientada a desenvolver um processo de diálogo. No entanto, isto não nos deve fazer esquecer do fato de que, na fase do capitalismo cognitivo, o silêncio das guerras comerciais conta mais do que o fragor das armas. E é, de fato, por esse motivo que se considera a possibilidade de definição de uma nova Ialta. À diferença de 1945, hoje as relações internacionais são ditadas mais pela dinâmica das variáveis geoeconômicas do que pelas puramente geopolíticas. Hoje em dia, Ialta e Bretton Woods não podem prescin-

A CRISE DA ECONOMIA GLOBAL

dir uma do outro: uma não pode existir sem o outro, justamente porque há menos autonomia econômica no nível do Estado-nação. E essa é uma consequência do advento do "império".

A esse respeito, o secretário do Tesouro dos EUA, Tim Geithner, afirmou, em um documento apresentado ao Congresso por ocasião da posse do governo Obama, que a moeda chinesa era "manipulada",[17] o que significa que as autoridades monetárias chinesas mantêm o yuan artificialmente baixo para penetrar no mercado americano. Na realidade, o yuan chinês se valorizou quase 20% em relação ao dólar após o seu lançamento em julho de 2005. No entanto, essa valorização surtiu pouco efeito sobre o déficit da balança comercial americana, confirmando que o déficit tem raízes estruturais no sistema de acumulação americano e não depende da simples dinâmica das taxas de câmbio. No entanto, poucos dias depois, 53 membros do Congresso americano assinaram uma carta para pedir ao governo federal que todo subsídio público seja "condicionado à criação de empregos americanos na América, não de postos de trabalho chineses na China"; no fim do mês de janeiro, a Câmara dos Representantes inseriu no plano Obama, em questão, algumas cláusulas *buy american* para as indústrias siderúrgica e têxtil.[18]

Tendências corporativistas e protecionistas já estão em vigor não apenas no que diz respeito à livre circulação de mercadorias, mas também no que diz respeito ao mercado de trabalho.[19] É óbvio que é sobre o eixo China-EUA que se joga a possibilidade de uma série de acordos multipolares relativos à constituição de uma nova Ialta e de um novo Bretton Woods.

3. O CONFLITO LATENTE ENTRE GOVERNANÇA ECONÔMICA E GOVERNANÇA SOCIAL

Escrevemos que, no capitalismo cognitivo, a governança econômica era baseada na dupla função dos mercados financeiros de financiar a expropriação do *general intellect* e, ao mesmo tempo, de executar a função de distribuição e de prover a seguridade social individual por meio dos rendimentos.

A governança social, por outro lado, é garantida na base por uma via de mão dupla: chantagem e consenso. A chantagem se baseia na precarização da vida e da renda, resultados da individualização da relação de trabalho. O consenso, ao contrário, na ilusão do "individualismo proprietário".

Até 2008, a governança social coincidia com a governança econômica. Consequência da mediação conduzida pelas políticas de negociação com os sindicatos e pela cooperação política, baseada em duas condições principais. A primeira, necessariamente limitada no tempo, é ditada pela capacidade redistributiva, ainda que distorcida, e pelo papel de multiplicador do crescimento desempenhado pelos mercados financeiros. A segunda se baseia na possibilidade, contraditória em si mesma, de controlar o *general intellect* (por meio das novas formas de propriedade intelectual) e, ao mesmo tempo, de valorizá-lo não apenas como valor de troca, mas também como momento de crescimento da criatividade e da cooperação social.

Nesse sentido, a governança social do capitalismo cognitivo está relacionada, por um lado, com a possibilidade de que os mercados financeiros se expandam de maneira ilimitada (e, portanto, cresçam), a fim de garantir a ilusão do *individualismo proprietário* graças a uma difusão maciça de renda por meio do endividamento; por outro, com a existência de um

A CRISE DA ECONOMIA GLOBAL

viés para a cooperação social que não peça nada ou muito pouco em troca e, especialmente, que seja caracterizada por uma espécie de autocontrole daquela excedente de criatividade não funcional aos mecanismos de valorização capitalista.

Até agora, essas condições foram impostas com violência,[20] mais pela chantagem do que pelo consenso, com políticas emergenciais e de segurança, com a fragmentação da força de trabalho, com as políticas de controle do simbólico e do imaginário, com o medo permanente da guerra.

Mas isso não foi suficiente, e quando, com a crise financeira, a ilusão do *individualismo proprietário* se dissolveu na triste realidade do *individualismo devedor*,[21] até a governança social dos conflitos latentes foi colocada sob forte pressão.

Em outro lugar,[22] foi discutido se seria viável a instituição de um novo *New Deal* adequado aos processos de valorização do capitalismo cognitivo, como nova face da governança social. A resposta é negativa, não tanto no plano da teoria, mas sobretudo no da política.

De um ponto de vista teórico, na verdade, existem condições para escapar da atual crise sistêmica. Tratar-se-ia de operar sobre a própria estrutura do mecanismo de valorização dirigido pelos mercados financeiros. Mais especificamente, no plano da acumulação, deve-se reconhecer que, no capitalismo cognitivo, a fonte de (mais) valia deriva da exploração da economia de aprendizagem e da rede. O trabalho cognitivo-relacional, ou o biotrabalho (a vida posta para trabalhar, para além do tempo oficialmente reconhecido pelo direito privado), representa o centro em torno do qual se movem tanto a acumulação quanto a distribuição. A dinâmica dos mercados financeiros se apresenta orgulhosa como a valorização bioeconômica. Em última análise, o não reconhecimento do valor do biotrabalho é o fator central da crise de governança do capitalismo cognitivo. Para remediar essa situação, seria suficiente atuar em três níveis:

- Do lado da acumulação, definir a cooperação social produtiva inerente à aprendizagem e às relações com instituições do comum, com base na formulação de um "direito comum", que limite os processos de expropriação privada do conhecimento;
- Pelo lado da distribuição, o estabelecimento de uma renda de existência como remuneração (e não assistência) do *general intellect* socialmente difuso;
- Do lado das políticas de bem-estar, a definição de um *welfare* do comum, que suporte a prestação de uma renda de existência e seja garantida pelas instituições do comum durante o ciclo de desenvolvimento do *general intellect*. É, na realidade, na reformulação de um *welfare* adequado às novas formas de acumulação que se pode abrir um novo tipo de vertente social capaz de determinar as bases do bem-estar comum (*common-fare*).[23]

Está em jogo a dialética entre a tentativa capitalista de capturar a renda que se origina na cooperação social e a reapropriação da renda do comum por parte da multidão.

Esses não parecem ser pontos de mediação política. A governança econômica é teoricamente possível, com a condição de se renunciar à governança social.

A introdução de um *basic income* como remuneração direta da produtividade do *general intellect* incide sobre a possibilidade de o comando econômico capitalista atuar no controle do processo de trabalho. Garantir a todos os residentes uma renda incondicional que remunere a cooperação social que ultrapassa as formas atualmente reconhecidas de prestação de trabalho tradicional diminui a chantagem do emprego que surge da necessidade de se obter uma renda para viver. Como já afirmava Marx,[24] a chantagem é um dos instrumentos de dominação de uma classe sobre a outra. Assim, não é mais possível manter a governança social do trabalho, possível atualmente graças à condição de precariedade e de proletarização do trabalho, no âmbito daquilo que chamamos de via dupla da chantagem e do consenso.

Do mesmo modo, do lado da acumulação, a necessidade de uma capacidade de trabalho baseada na circulação livre e produtiva dos saberes como condição para restabelecer um mecanismo de acumulação viola um dos fundamentos do sistema capitalista, a saber, o princípio da propriedade privada dos meios de produção (ontem, as máquinas; hoje, *também* o conhecimento).

A governança econômica leva, assim, à possível superação da estrutura de acumulação capitalista: isto é, abre o caminho para o desenvolvimento de formas pós-capitalistas de produção social. Em outras palavras, a reforma do processo de acumulação, determinada pelas razões que estão na base da presente crise, implica a renúncia a se implementar práticas de governança social. Não há mais espaço para uma política reformista.

É sobre essa contradição insanável que pode e deve investir a cunha da mobilização social da multidão.

Esse é o verdadeiro significado do lema: "Nós não pagaremos pela crise!"

Notas

1. Cf., por exemplo, L. Bazzicalupo, *Il governo delle vite*. *Biopolitica ed economia*, Roma/Bari, La Terza, 2005; C. Vercellone (org.), *Capitalismo cognitivo*, Roma, Manifestolibri, 2006; A. Fumagalli, *Bioeconomia e capitalismo cognitivo*. *Verso un nuovo paradigma di accumulazione*, Roma, Carocci, 2007.

2. O índice Dow Jones atingiu seu valor máximo em 9 de outubro de 2007, com 14.164 pontos. Ao fim de janeiro de 2009, seu valor era de 8.077 pontos. Se observarmos o andamento das principais Sociedades de Intermediação Mobiliária (SIM) e institutos financeiros que gerem patrimônio dos fundos de investimento e de pensão, teremos dados ainda mais catastróficos. No período que vai de junho de 2007 ao fim de janeiro de 2009, Morgan Stanley perdeu 67,3% do valor de seu próprio capital social, RBS 95,8%, Deutsche Bank 186,6%, Barclays Bank 92,3%, Crédit Agricole 74,6%, Unicredit 72%, UBS 69,8%, Goldman Sachs 65%, J.P. Morgan 48,5% e Credit Suisse 64%.

3. Cf. M. Whitney, "Economic Depression in America: Evidence of a Withering Economy is Everywhere", *GlobalResearch*, 2 de junho de 2008.

4. Cf. http://www.nexusedizioni.it/apri/Argomenti/Economia/sta-per-scoppiare-la-bolla-dei-derivati-di-Maurizio-Blondet.

5. Segundo o *Financial Times*, as intervenções estatais na Europa e nos Estados Unidos alcançam cerca de 2,2 trilhões de dólares e há outros 2,8 trilhões de operações conjuntas do Federal Reserve Bank (Fed), do Banco Central Europeu (BCE) e do Banco do Japão.

6. Cf. A. Gorz, *O imaterial*, São Paulo, Annablume, 2005. O autor observa que, a partir de meados da década de 1990, o valor do capital intangível (humano, cognitivo, imaterial) ultrapassa o do capital físico.

7. Escreve P. Virno: "A metamorfose dos sistemas sociais no Ocidente, durante os anos 1980 e 1990, pode ser resumida como mais relevante para a expressão comunismo do capital (...). Se o

A CRISE DA ECONOMIA GLOBAL

fordismo havia incorporado e repetido à sua maneira alguns aspectos da experiência socialista, o pós-fordismo destituiu tanto o keynesianismo quanto o socialismo de quaisquer fundamentos. O pós-fordismo, encarnado no *general intellect* e na multidão, como é, declina a seu próprio modo instâncias típicas do comunismo (abolição do trabalho, dissolução do Estado etc.). O pós-fordismo é o comunismo do capital." *Grammatica della moltitudine. Per un'analisi delle forme di vita contemporanee*, Roma, DeriveApprodi, 2002, pp. 121-122. Vide também Paolo Virno, *Virtuosismo e revolução*, Civilização Brasileira, 2008.

8. Cf. "Dez teses sobre a crise financeira", presentes neste livro, em particular a Tese nº 2.

9. Cf. A. Negri, "J.M. Keynes e la teoria capitalistica dello Stato", *in* AA.VV., *Operai e Stato*, Milão, Feltrinelli, 1972, p. 7.

10. Para um maior aprofundamento, ver a contribuição de C. Marazzi a este volume.

11. Cf. F. Saccomanni, "Nuove regole e mercati finanziari", conferência feita na Scuola Superiore della Pubblica Amministrazione, Roma, 19 de janeiro de 2009, www.bancaditalia.it/interventi/intaltri_ mdir/saccomanni_190109/saccomanni_190109.pdf. Saccomanni é o diretor-geral do Banca d'Italia.

12. Cf. F. Saccomanni, *op. cit.*

13. Devem-se ressaltar também as injeções de liquidez que derivam da economia do crime, ligada ao tráfico de armas e de drogas. Em 26 de janeiro de 2009, o Escritório das Nações Unidas sobre Drogas e Crime, dirigido pelo italiano Antonio Maria Costa, com sede em Viena, comunicou que o dinheiro proveniente das drogas se inseriu a tal ponto na economia que "há indicações de que alguns bancos se salvaram graças a esse aspecto da crise financeira global". Os lucros do tráfico de drogas, calculados em torno de 90 bilhões de dólares, são o único capital líquido disponível para adquirir propriedades imobiliárias, por exemplo. Ora, tal injeção de liquidez não pode ser considerada propriamente pública, ainda que alguns setores do Estado estejam fortemente relacionados. É digno de nota, nesse sentido, que, embora a denúncia tenha suscitado uma

grande reação, na Itália ela não apareceu em nenhum periódico. Disponível em: http://www.wikio.it/webinfo?id=88781387.

14. Cf. P. Krugman, "Wall Street Voodoo", *The New York Times*, 9 de janeiro de 2009.

15. O que significa que qualquer Estado podia dispor de reservas de moeda e ouro suficientes para resistir a eventuais ataques especulativos.

16. A paridade dólar/ouro estava fixada em US$ 35 por onça. (*N. do T.*: Cada onça equivale a 31 gramas.)

17. Cf. V. Comito, "Sindrome cinese per il piano Obama", 3 de fevereiro de 2009, http://www.sbilanciamoci.info/Sezioni/globi/Sindrome-cinese-per-il-piano-Obama.

18. Cf., *ibidem*. No momento em que escrevemos, parece que essas medidas protecionistas serão suavizadas, ao menos em parte.

19. O conflito que emergiu na Grã-Bretanha em torno do recrutamento de trabalhadores italianos para os canteiros de obras ingleses é um exemplo clamoroso.

20. Ver C. Marazzi, "A violência do capitalismo financeiro", neste mesmo volume.

21. Em relação à situação italiana, no curso de 2008, a gestão em separado de fundos de pensão e seguro registrou prejuízos de 6% (cf. F.M. Pizzuti, "Se la bolla scoppia sulle pensioni", 27 de janeiro de 2009, http://www.sbilanciamoci.info/Sezioni/italie/Se-la-bolla-scoppia-sulle-pensioni), ocasionando um endividamento das famílias, que cresceu na casa dos 30% (em dados do Banca d'Italia).

22. Cf. "Dez teses sobre a crise financeira", neste mesmo volume, em particular as teses 8 e 9.

23. A esse respeito, cf. A. Fumagalli, *Bioeconomia e capitalismo cognitivo. Verso un nuovo paradigma di accumulazione*, Roma, Carocci, 2007, especialmente cap. 9, pp. 201-228; e A. Fumagalli, "Trasformazione del lavoro e trasformazioni del welfare: precarietà e welfare del comune (*commonfare*) in Europa", *in* P. Leon, R. Realfonso (orgs.), *L'Economia della precarietà*, Roma, Manifestolibri, 2008, pp. 159-174.

A CRISE DA ECONOMIA GLOBAL

24. Em *O capital*, Marx ironizava a liberdade de vender a própria força de trabalho garantida ao trabalhador, escrevendo: "Seu proprietário não é apenas livre para vendê-la, mas se encontra antes, e sobretudo, na obrigação de fazê-lo. Por quê? Para viver". Citação feita por C. Vercellone, "Il prezzo giusto della vita", *Il Manifesto*, 24 de novembro de 2006: http://multitudes.samizdat. net/Il-giusto-prezzo-di-una-vita.

3. A crise da lei do valor e o tornar-se rentista do lucro[1]

Apontamentos sobre a crise sistêmica do capitalismo cognitivo

Carlo Vercellone[*]
Tradução de Pedro Barbosa Mendes

---

[*] Economista e professor da Universidade de Paris 1 Panthéon-Sorbonne.

INTRODUÇÃO

O presente ensaio se propõe a fornecer alguns elementos de leitura teórica da atual crise a partir da tese do "tornar-se rentista do lucro e da crise da lei do valor". De fato, na sequência da crise do modelo fordista, a mutação do capitalismo é marcada por um prepotente retorno e por uma multiplicação das formas de rentismo que caminha passo a passo com uma inversão mais geral da relação entre salário, renda e lucro. Essa evolução deu lugar a análises muito diferentes, seja do ponto de vista teórico seja no que concerne às implicações políticas.

Em particular, segundo uma abordagem muito difundida no seio das teorias marxistas, que tem suas raízes na economia política ricardiana, o rentismo é visto como um legado pré-capitalista e um obstáculo à dinâmica progressiva da acumulação de capital. Nessa base, considera-se que o verdadeiro capitalismo, puro, eficaz e progressista seria um capitalismo sem o rentismo.

Uma visão similar, que substitui o papel-chave da renda da terra pela renda do financeiro, é agora proposta para interpretar a crise sistêmica que investe o capitalismo após o estouro da bolha especulativa do *subprime* [crédito de risco], mas baseada de modo mais geral na securitização do crédito sob a forma de capital fictício. De acordo com essa análise, o sentido da crise atual seria o conflito entre a vocação rentista do capitalismo financeiro e o "bom" capitalismo produtivo, portador de uma lógica de acumulação propícia ao crescimento da produção e do emprego.

Dessa interpretação resulta agora, de forma mais ou menos explícita, como sugere a análise de numerosos economistas na França e na Itália, a proposta de uma espécie de compromisso neorricardiano entre os trabalhadores assalariados e o capital produtivo contra o poder das finanças. Esse compromisso deveria permitir restabelecer a hegemonia do capitalismo gerencialista do período fordista e, consequentemente, as condições de crescimento próximas do pleno emprego, e tudo isso num contexto de continuidade substancial do modo fordista de organização do trabalho e da regulação da relação salarial. Ao mesmo tempo, tratar-se-ia de restabelecer o bom funcionamento da *lei do valor tempo de trabalho* como norma da distribuição e da mensuração do valor, contra as distorções que as finanças ocasionaram e que foram expandindo, de forma especulativa, os preços dos ativos imateriais e materiais (como a casa) e se apropriando de uma parte desproporcional dos lucros criados na economia real.

Essa linha de leitura parece-nos errada por mais de um motivo e, em particular, por quatro razões estreitamente relacionadas:

- Engana-se sobre o estatuto do rentismo no capitalismo, julgando-o como uma categoria fora da dinâmica do capital e oposto à categoria de lucro;

A CRISE DA ECONOMIA GLOBAL

- A denúncia do forte retorno e dos efeitos perversos do rentismo é desligada da análise das alterações subjacentes que, na sequência da crise do fordismo, intervieram sob a forma de divisão do trabalho e da relação capital-trabalho. Transformações que, como veremos, estão em sua maioria relacionadas com o crescimento potencial da dimensão cognitiva e imaterial do trabalho, dimensão da qual o desenvolvimento dos serviços financeiros também é apenas um dos aspectos mais obscuros;
- Omite a importância das mudanças que determinaram o esgotamento do papel hegemônico da lógica industrial de acumulação de capital e que conduzem a uma vocação *rentière* e especulativa cada vez mais acentuada do próprio capitalismo produtivo;
- Não percebe, por fim, como sublinha fortemente Marazzi em sua contribuição fundamental a este livro, a *natureza abrangente* das finanças, a maneira pela qual ela agora *se espalha ao longo de todo o ciclo econômico*, de produção-distribuição-realização do valor, envolvendo uma multidão de sujeitos sociais e agentes econômicos e tornando cada vez mais difícil de se fazer uma distinção clara entre a economia financeira e a economia real.

Certamente, não se trata de negar aqui a relativa autonomia de que gozam as finanças e o poder sistêmico do qual dispõem. Um poder que se manifesta tanto nas fases de crescimento, quando se apropria de uma parte exorbitante dos lucros,[2] quanto na fase seguinte ao estouro de uma bolha especulativa, quando a ameaça de transformar uma crise local em crise global permite às finanças *tomar de reféns* o conjunto das instituições, obtendo dos bancos centrais e dos governos concessões formidáveis e incondicionais.

No entanto, insistir nas finanças como se fossem um poder autônomo quase absoluto que fagocitaria a chamada economia real tenderia muitas vezes a esquecer a interpenetração entre capital financeiro e capital produtivo, bem como as outras causas socioeconômicas que estão na origem das contradições e da crise da valorização do capital.

Essa visão omite, por exemplo, como a transição da crise da convenção bursátil internet para a crise da convenção bursátil imobiliária não se encontra apenas na repetição cíclica da lógica das finanças, mas assinala uma virada decisiva na dinâmica do capitalismo cognitivo. De fato, a crise de março de 2000, ligada ao colapso da Nasdaq, sanciona o fim dos mitos da *new economy*. Ela traduz os limites estruturais que o capital encontra na tentativa de submeter à lógica da mercantilização a economia do imaterial e da internet, em que o princípio da gratuidade e da auto-organização em rede continua a predominar, apesar das tentativas de criar barreiras econômicas ao acesso, bem como o reforço dos direitos de propriedade intelectual.[3] Desde que os velhos setores que eram o motor do crescimento fordista entraram em declínio e se encontram com os mercados saturados e com a concorrência dos países emergentes, assiste-se a um formidável aprofundamento das contradições subjetivas e estruturais do capitalismo cognitivo. Estas últimas estão ligadas, de fato, à impossibilidade por parte do capital de integrar a economia do imaterial e do conhecimento em uma dinâmica progressiva de crescimento na qual basear uma nova expansão dos mercados e a própria legitimidade da organização social da produção. A prova é o balanço

A CRISE DA ECONOMIA GLOBAL

globalmente falimentar da administração macroeconômica da era Bush. Os poucos anos de dinamismo econômico, após a crise da Nasdaq, foram os anos 2004-2007 (com uma taxa de crescimento de 2,8% de média anual) e dependeram quase exclusivamente de uma bolha especulativa, na qual o desenvolvimento do setor imobiliário e aquele de serviços financeiros se alimentaram mutuamente, assegurando os 40% do crescimento do setor privado americano. Ao mesmo tempo, a compressão dos salários e a explosão da desigualdade na distribuição de renda que sustentaram o desenvolvimento anormal do crédito ao consumo não podem ser pensadas como o mero resultado da ganância financeira. Elas encontram também, e sobretudo, as razões estruturais na estratégia de precarização implementada pelo capital para garantir o controle de uma força de trabalho cada vez mais autônoma em termos de organização da produção.

Em suma, a financeirização e, de maneira geral, o crescimento do papel do rentismo são, em grande parte, a consequência, e não apenas a causa, dessas contradições globais internas ao capitalismo cognitivo. A mesma consideração é válida para a compreensão da natureza e das causas do início da atual crise, que seria errado considerar — como faz a maioria dos economistas — essencialmente como uma crise de origem financeira que, por conta de suas consequências sistêmicas, acaba por envolver, em um segundo momento, a economia real. A bem da verdade, o esquema poderia ser invertido. Muitos indicadores econômicos, sociais, ecológicos de uma crise global estavam presentes bem antes da eclosão da crise financeira. Basta pensar, como havíamos antecipado, nas dificuldades inerentes ao desenvolvimento mercantil dos setores da chamada *new economy*, na crise pujante da indústria automobilística, no endividamento insustentável das famílias, para não mencionar os desequilíbrios econômicos e financeiros internacionais e a elevação espetacular dos preços das matérias-primas e dos gêneros alimentícios.

Para utilizar as categorias da escola da regulação, a crise atual não é, como em 1929, apenas uma grande crise do modo de regulação financeira do capitalismo cognitivo em relação aos fundamentos de um regime de acumulação que seria essencialmente viável. Seu desafio e a possibilidade de sair da crise não podem ser condicionados ao projeto de eventual instauração de um novo compromisso capital-trabalho e da criação de instituições capazes de limitar o poder das finanças e de restabelecer a ligação fordista entre salários e produtividade, assegurando, dessa forma, um desenvolvimento harmonioso das normas de produção e de consumo próprias a um capitalismo baseado no imaterial e no conhecimento. Retornaremos a esse ponto nas conclusões.

A hipótese que se pretende explorar neste artigo é que, em vez disso, a crise atual, sua profundidade, exprime acima de tudo o caráter inconciliável do capitalismo cognitivo com as condições sociais subjacentes ao desenvolvimento de uma economia baseada no conhecimento e necessária para a preservação do equilíbrio ecológico do planeta.

Trata-se de uma crise estrutural que envolve de maneira mais profunda a contradição entre o desenvolvimento das forças produtivas e as relações sociais de produção. Para retomar uma boa formulação de André Gorz, ela indica a maneira pela qual "o capitalismo chegou, no desenvolvimento das forças produtivas, a uma fronteira para além da qual não pode tirar plenamente o lucro de suas potencialidades sem que ele mesmo ultrapasse a fronteira de uma outra economia".[4]

A CRISE DA ECONOMIA GLOBAL

Essa contradição está estreitamente ligada à crise da lei do valor e à tendência que havíamos definido por meio da tese do tornar-se renda do lucro.

1. O QUE SE DEVE ENTENDER POR CRISE DA LEI DO VALOR?

Esta crise se apresenta sobretudo como uma crise da unidade de medida da métrica vigente que desestabiliza o próprio significado das categorias fundamentais da economia política: o trabalho, o capital e, naturalmente, o valor. De maneira ainda mais profunda, a crise da *lei do valor-tempo de trabalho* não se limita a uma crise da unidade de medida, mas corresponde a dois elementos que nos mostram, em particular nos países de capitalismo avançado, o esgotamento da força progressiva do capital e de seu caráter mais e mais parasitário.[5] O primeiro corresponde ao esgotamento da lei do valor como critério de racionalização capitalista da produção, capaz, como no capitalismo industrial, de fazer do trabalho abstrato, medido em uma unidade de tempo de trabalho simples, não qualificado, o instrumento conjunto de controle do trabalho e do crescimento da produtividade social. Esta crise está relacionada com o forte retorno e ao crescimento da potência da dimensão cognitiva do trabalho. Isso corresponde à afirmação de uma nova hegemonia dos saberes incorporados no trabalho com respeito aos saberes incorporados no capital fixo e na gestão de empresas. Nesse contexto, o lucro, como o rentismo, baseia-se cada vez mais em mecanismos de apropriação do valor que operam a partir de uma relação de exterioridade a respeito da organização da produção.

O segundo elemento consiste no esgotamento da lei do valor entendida como uma relação social que faz da lógica da mercadoria o critério-chave e progressivo para o desenvolvimento da produção de valores de uso e de satisfação das necessidades. Para compreender melhor essa afirmação, deve-se recordar como, para Marx e mesmo para Ricardo, o *valor* (das mercadorias) depende das dificuldades da produção e, portanto, do tempo de trabalho e difere radicalmente do conceito de *riqueza* que depende, em vez disso, da abundância e do valor de uso. A lógica de produção capitalista tinha alcançado, no capitalismo industrial, uma espécie de legitimidade histórica em sua capacidade de promover o desenvolvimento da riqueza produzindo uma crescente quantidade de bens com um valor unitário e os preços relativos decrescentes, satisfazendo uma quantidade crescente de necessidades, pouco importando se verdadeiras ou supérfluas. Nesse sentido, o desenvolvimento capitalista das forças produtivas e o lucro podiam ser vistos como um instrumento na luta contra a escassez. No capitalismo cognitivo, essa relação "positiva" entre *valor* e *riqueza* se partiu e evolui para uma verdadeira e própria dissociação. A sobrevivência do primado da lógica do valor de troca, como da propriedade capitalista, baseia-se, hoje em dia, cada vez mais na destruição dos escassos recursos não renováveis e/ou na criação de uma escassez artificial de recursos, e isso por meio de mecanismos nos quais o lucro se confunde com a renda.

Note-se, sem ambiguidade, que isso não significa que o trabalho já não é mais a substância e a fonte da criação do valor e da mais-valia. Significa simplesmente que a lei do valor/mais-valia e da exploração sobrevive como um invólucro, esvaziado com relação àquele que Marx, com ou sem

A CRISE DA ECONOMIA GLOBAL

razão, considerava como as funções progressivas do capital, ou seja, o seu papel ativo, demiúrgico, na organização do trabalho e no desenvolvimento das forças produtivas como um meio de combater a escassez e de passagem do *reino da necessidade para o da liberdade.*

Isso significa também que o antagonismo capital/trabalho assume cada vez mais a forma de antagonismo entre, por um lado, as instituições do comum na base de uma economia fundada no conhecimento e, por outro, daquelas constituídas na lógica de expropriação do capitalismo cognitivo. Esta lógica se desenvolve sob a forma de rentismo, rentismo de que as finanças são só uma forma de expressão, embora muitas vezes sintetize todas, transformando mercadorias fictícias em capital fictício.

Para demonstrar, tanto do ponto de vista teórico quanto histórico, a pertinência dessa tese, o restante deste artigo é dividido em duas partes.

Na primeira, retornaremos às definições das categorias de salário, rendimento e lucro. Nesta reflexão, insistiremos, tanto do ponto de vista teórico quanto do histórico, nas fronteiras flexíveis e móveis que separam a categoria de rendimento da de lucro. Para isso vamos nos basear em algumas ideias que Marx desenvolve no Livro III de *O capital*, em que esboça uma teoria do tornar-se rentista do capital, teoria que pode ser relacionada com a atualidade da hipótese do *general intellect*, dando-lhe uma nova luz.

Na segunda parte, proporemos uma linha de leitura sintética das transformações históricas da relação capital-trabalho que conduziram a um aumento concomitante da potência do rendimento e a um esfacelamento da distinção entre rendimento e lucro.

2. SALÁRIO, RENDA E LUCRO: ALGUMAS DEFINIÇÕES

Salário, rendimento e lucro são, de acordo com Marx, as três categorias principais de distribuição de renda que surgem a partir de relações capitalistas e, como tal, têm um caráter histórico. É de acordo com essa perspectiva que vamos tentar produzir aqui um instrumento conceitual para compreender a mutação da articulação salário, lucro e rendimento no capitalismo contemporâneo, aprofundando sobretudo esta última categoria.

De um ponto de vista lógico, começaremos a partir do salário. Por quê? Pela simples razão de que no capitalismo o salário designa a remuneração do trabalho produtivo, conceito com o qual se entende o trabalho que produz mais-valia e que está na base da formação do lucro e do rendimento. Observe-se também, como já assinalava Marx sobre a fábrica, que a mais-valia não deve ser pensada como a simples soma do mais-trabalho individual de cada trabalhador, mas também como a apropriação gratuita do excedente gerado pela cooperação social do trabalho. Esse elemento será essencial para a continuação da análise. Torna-se, de fato, crucial para repensar os conceitos de salário, de trabalho produtivo e de exploração em um contexto no qual essa cooperação não está mais aprisionada no interior da fábrica, mas se estende a toda a sociedade, organizando-se de maneira sempre mais autônoma em relação ao capital. Após o salário, passemos, em seguida, às categorias da renda que se apropriam do produto desse mais-trabalho, ou seja, a renda do rentista (*rente*) e o lucro.

O conceito de *rente*, em nível teórico, é muito complexo. Nos propomos a defini-lo a partir de *três elementos* estreitamente relacionados que nos permitem dar conta contem-

A CRISE DA ECONOMIA GLOBAL

poraneamente de seu papel na reprodução das relações de produção e nas relações de distribuição que são sua outra face.

O *primeiro elemento*, do ponto de vista das relações de produção, permite caracterizar a gênese e a essência do rendimento capitalista como o resultado de um processo de expropriação das condições sociais de produção e de reprodução. A formação da moderna renda fundiária coincide, de fato, com o processo dos *enclosures* (o cercamento das terras comunais), com essa primeira expropriação do comum que foi a "condição preliminar *sine qua non*" da transformação da terra e da força de trabalho em mercadorias fictícias.[6]

A partir dessa primeira observação, podemos derivar imediatamente um importante aporte teórico. A importância variável do papel da renda na história do capitalismo está intimamente ligada àquilo que, segundo K. Polany, pode ser descrito como a alternância histórica de fases de dessocialização, ressocialização e, em seguida, uma nova dessocialização da economia.

Assim, como a renda fundiária na época da acumulação primitiva, as diferentes formas tomadas pelo rentismo durante a história do capitalismo estão sempre ligadas de modo inextricável à privatização das condições sociais de produção e à transformação do comum em mercadoria fictícia. Temos aqui o *trait d'union* que engloba em uma mesma lógica desde os primeiros *enclosures* baseados na terra até os novos *enclosures* baseados nos saberes e na vida. Uma analogia similar também pode ser estabelecida entre o papel da dívida pública durante a fase inicial de acumulação primitiva do capital, à época do capitalismo mercantilista, e o papel crucial que, na atual conjuntura histórica, a privatização da moeda e da dívida pública tem desempenhado no desenvolvimento do rentismo financeiro e na desestabilização das instituições do *Welfare State*.

Apesar desses elementos de continuidade, é importante destacar uma particularidade decisiva do atual processo de dessocialização neoliberal da economia em comparação com outras fases históricas. A expropriação do comum não pode se basear hoje apenas em condições pré-capitalistas como a terra, pertencentes ao *exterior* (do capitalismo), no sentido tradicional atribuído a esse termo por Rosa Luxemburgo. O processo atual de dessocialização da economia repousa principalmente na expropriação de elementos do comum que as lutas têm construído nos lugares mais avançados do desenvolvimento das forças produtivas, colocando algumas bases institucionais e estruturais de uma economia baseada no conhecimento voltada para além da lógica do capital. Essas são as únicas que poderiam definir, pelo menos potencialmente, elementos de um *exterior* pós-capitalista. Façamos referência, por exemplo, às garantias e à *produção coletiva do homem pelo homem* assegurada historicamente pelas instituições do Estado de bem-estar social, como o sistema de saúde e os de educação e pesquisa. Voltaremos mais tarde a esse ponto, que desempenha, em nossa opinião, um papel central no forte retorno do rendimento e na caracterização dos desafios da crise atual.

O *segundo elemento* que permite caracterizar a renda é o seguinte: os recursos sobre os quais se baseia o imposto *rentier* tendem, em geral, a não aumentar proporcionalmente no nível da renda. O contrário é ainda mais verdadeiro. Em outras palavras, para utilizar uma definição de Claudio

A CRISE DA ECONOMIA GLOBAL

Napoleoni, o rendimento é "a renda que o proprietário de certos bens recebe em consequência do fato de que esses bens estejam, ou venham a estar, disponíveis em quantidades limitadas..."[7] A *rente* está ligada, em suma, à escassez natural ou, mais ainda, artificial de um recurso, isto é, a uma lógica de rarefação desse recurso, como no caso de uma posição de monopólio. Desse modo, a existência do rentismo está baseada na forma da propriedade e de posições de poder de tipo monopolista que permitam criar escassez e impor preços mais elevados do que os justificados pelos seus custos de produção, e isso graças aos artefatos institucionais, como, por exemplo, a política de reforço dos direitos de propriedade intelectual.

Por fim, o *terceiro elemento*, o rentismo capitalista (em oposição ao rentismo feudal) pode ser caracterizado como uma mera relação de distribuição, dado que não envolve mais nenhuma "função ou pelo menos não envolve, no processo de produção, qualquer função normal".[8]

Em suma, a *rente* se apresenta como um título de crédito ou um direito de propriedade sobre recursos materiais e imateriais que dá direito a um imposto sobre o valor *a partir de uma posição de exterioridade em relação à produção.*

A partir daí, passamos agora ao lucro e aos critérios que permitem distingui-lo da *rente*, critérios que são, note-se bem, muito menos evidentes do que geralmente se supõe.

Para esse fim, é útil partir do exemplo da renda fundiária, que consiste na remuneração do proprietário pela utilização da terra da qual ele é dono. Nesse sentido, segundo a concepção herdada dos clássicos, a *rente* pode ser considerada *aquilo que resta depois de terem sido remunerados todos aqueles que contribuíram para a produção.*

121

Note-se que, a partir dessa concepção, tudo depende de como se entende *contribuição para a produção* e *quem contribui para a produção*. Portanto, caso aceita a definição clássica e ainda válida de lucro, o lucro é a remuneração do capital e consiste em obter uma rentabilidade proporcional à massa de capitais envolvidos na produção. Como tal — e Smith já destacou esse ponto — o lucro não tem nada a ver com a remuneração das funções de coordenação e acompanhamento da produção eventualmente feitas pelo contratante ou pelo gestor da empresa. Baseado nisso, pode-se considerar que a remuneração do capital também é um rentismo, da mesma forma que a remuneração da terra, porque o proprietário do capital pode muito bem se satisfazer em fornecer os meios de produção sem operá-los ele próprio.[9]

Eis porque a história do pensamento econômico é atravessada desde o início por uma enorme *bagagem* teórica que visa a distinguir claramente entre *rente* e lucro. Sem nos demorarmos nessa discussão, os dois argumentos mais consistentes para fazer essa distinção nos parecem ser os seguintes:

i) o primeiro é que o lucro, ao contrário do rentismo, é fundamentalmente conservado no interior da empresa para ser reinvestido na produção. Dessa forma, o lucro desempenha um papel positivo no desenvolvimento das forças produtivas e na luta contra a escassez;

ii) o segundo diz respeito (de maneira sempre diferente do rentismo) ao caráter *interno* do capital no processo de produção como uma condição necessária para a direção e a organização do trabalho. Essa interioridade repousa na correspondência entre a figura do capitalista e a do empreendedor, ou segundo uma lógica gerencial que incorpora o capital produtivo e desempenha um papel fundamental na gestão

A CRISE DA ECONOMIA GLOBAL

da produção, inovação e expansão da capacidade produtiva. Em ambos os casos, a interioridade do capital pressupõe uma clara oposição entre trabalho intelectual (atributo do capital ou dos seus funcionários) e trabalho de execução banalizado (atributo do trabalho).

Para entender melhor esse segundo argumento, deve-se recordar como o processo capitalista de produção é, segundo Marx, a unidade contraditória de duas dimensões.[10] A primeira dimensão é o *processo de trabalho* destinado à produção de valores de uso: desse ponto de vista, a função de direção eventualmente desenvolvida pelo capital é uma função objetiva de organização da produção. A segunda dimensão é o *processo de valorização* destinado à produção de mercadorias por meio da exploração do trabalho assalariado. Desse ponto de vista, a forma de direção do capital é despótica e marcada por um antagonismo que leva o capital a reestruturar o *processo de trabalho* em função do *processo de valorização*. No capitalismo industrial e da subsunção real do trabalho ao capital, é justamente a capacidade de assegurar contemporaneamente essas duas funções que, segundo Marx, faz do capitalista um *agente da produção*, dando ao comando do capital sobre a cooperação do trabalho a aparência de uma condição objetiva e necessária de direção do processo de trabalho. Por essa razão, o lucro podia aparecer como uma categoria de distribuição interna ao processo de produção, ao contrário do rentismo, considerado como uma mera relação de distribuição.

Todavia, como se verá, o êxito dessas duas condições necessárias à distinção, ou melhor, à oposição *rente*-lucro não é outro senão o produto transitório de uma época do capitalismo, a do capitalismo industrial. Mais precisamente,

123

elas não se realizaram plenamente a não ser na idade de ouro do crescimento fordista, durante a qual tanto a lógica da subsunção real do trabalho ao capital quanto aquela da produção em massa encontraram seu êxito. Em vez disso, essas fronteiras entre renda e lucro andam se confundindo cada vez mais no capitalismo cognitivo. Mas, antes de desenvolver esse elemento de nossa análise, é útil fazer uma breve digressão teórica por Marx, quando no Livro III de *O capital* ele delineia a hipótese do capital rentista.

2.1 Do livro III de *O capital* ao *General Intellect*: a hipótese do capital rentista em Marx

Marx parece partilhar, em diversos escritos, esses dois critérios de distinção entre *rente* e lucro, e isso por duas razões principais:

a) a primeira consiste no fato de que Marx, como os economistas clássicos, na análise do capital em geral (livros I e II), parece supor que o capitalista industrial normalmente possui, ele próprio, o capital e ele mesmo dirige a própria empresa, o que era frequentemente o caso na época da redação de *O capital*. O capitalista industrial pôde assim aparecer com uma imagem oposta à do *rentier*, na medida em que é diretamente inserido em uma relação de produção e investe para desenvolver as forças produtivas (e diminuir a escassez de capitais);

b) a segunda razão, e a mais importante, é que Marx argumenta, no contexto da tendência à subsunção real, na qual, para usar suas palavras, as funções produtivas puramente despóticas e as funções objetivas da organização capitalista da produção parecem confundir-se. Essa conver-

A CRISE DA ECONOMIA GLOBAL

gência depende da maneira pela qual a incorporação da ciência no capital fixo e a separação do trabalho abstrato do de execução parecem dar à função de direção do capital um sentido objetivo, inscrito na materialidade mesma das forças produtivas.

Por isso, Marx afirma que "o capitalista e o trabalhador assalariado são os únicos dois agentes da produção", enquanto "o proprietário de terra, um agente essencial para a produção no mundo antigo e medieval, é supérfluo no mundo da indústria".[11]

No entanto, no Livro III, Marx, desenvolvendo sua análise do capital como portador de juros e de lucro da empresa, põe em causa os termos da presente oposição lucro/rendimento, assim como a identificação do conceito de *rente* unicamente com a propriedade fundiária. Marx leva seu argumento ainda mais longe e, ultrapassando seu limite, considera o tornar-se rentista do lucro e da propriedade do capital. Para tanto, introduz, antes de qualquer coisa, a distinção conceitual entre as duas determinações do capital, a propriedade e a função, distinções que se referem àquela entre os juros como renda da propriedade de capital e o lucro ativo do empreendedor que dirige a produção.

Sobre essa base, ele desenvolve então duas hipóteses complementares.

A primeira diz respeito à forma pela qual a tendência para o desenvolvimento do crédito e das sociedades de acionistas conduz a uma separação cada vez mais profunda da propriedade e da gestão do capital. Dessa forma, segundo Marx, a propriedade do capital segue um destino semelhante ao ocorrido com a renda fundiária na passagem do feudalismo para o capitalismo: é como dizer que esta se exterioriza em relação à esfera produtiva e, da mesma forma que a propriedade fundiária, a propriedade do capital retira a mais-valia sem exercer nenhuma função mais direta na organização do trabalho.

Dessa forma, "resta apenas o funcionário, e o capitalista deixa o processo de produção como um personagem supérfluo".[12] Marx opõe, assim, o papel passivo do capital proprietário ao papel ativo dos capitalistas que, após a separação da propriedade da gestão, se incorpora cada vez mais na figura dos gestores, na qual a função de gestão e exploração do trabalho toma a falsa aparência de um salário pago pelo exercício das tarefas de concepção e de organização da produção.

Temos aqui, em Marx, uma análise que, em muitos aspectos, antecipa aquela que Keynes desenvolveu durante a grande crise dos anos 1930, aludindo-se à passagem da *Teoria geral* na qual Keynes opõe a figura do empreendedor à do especulador e estende explicitamente o conceito de *rente* à propriedade mesma do capital. Nessa base, Keynes preconiza "a eutanásia dos *rentier* e, por conseguinte, a eutanásia do poder opressivo de explorar o valor da escassez de capital".[13] Na verdade, afirma Keynes: "Hoje os juros não representam a compensação de um verdadeiro sacrifício, assim como a renda da terra."[14]

Mas no Livro III, Marx, indo mais longe do que Keynes, evoca uma situação na qual o caráter *rentista* e parasitário do capital se encontra associado ao próprio capital produtivo.

A segunda hipótese diz respeito, de fato, a uma evolução da relação capital-trabalho, na qual a exterioridade da propriedade do capital em relação à produção segue passo a passo com uma crise da subsunção real ligada a um processo operário de reapropriação dos saberes.

A CRISE DA ECONOMIA GLOBAL

Nesse contexto, diz Marx, essencialmente, as funções de coordenação da produção do gestor, do funcionário do capital, tornam-se supérfluas também e, portanto, aparecem como meramente despóticas diante de uma cooperação produtiva que pode organizar-se de maneira autônoma em relação ao capital. A esse respeito, Marx cita uma passagem significativa de Hodgskin na qual esse autor — que terá uma influência crucial sobre a elaboração da hipótese do *general intellect* — recorda que "a grande expansão da educação entre os trabalhadores industriais"[15] teria tornado cada vez mais caducas as funções gerenciais e intelectuais exercidas pelos funcionários do capital.

Para concluir essa digressão, note-se que essa teoria do capital rentista, apenas esboçada no Livro III, adquire ainda mais força e pertinência teórica e histórica no momento em que a articulamos à tese do *general intellect*, e isso por duas razões principais:

— Diante da emergência de uma intelectualidade difusa, a tese (hodgskiniana) da improdutividade do capital torna-se um atributo do conjunto das funções do capital (propriedade e gestão). Nesse contexto, diz Marx, "cai a última desculpa para confundir o ganho de um empresário com o salário de administração"[16] e este "apresenta-se, também na realidade, o que é, sem dúvida, na teoria, ou seja, simples mais-valia, um valor pelo qual não é pago nenhum equivalente".[17] Em suma, o lucro vem de uma simples apropriação gratuita do trabalho, como no caso da renda, sem nenhuma função real no processo de produção.

— Em uma economia baseada no papel fundamental do saber, a lei do valor, baseada no tempo de trabalho, entra em crise. Uma das implicações dessa crise é que, na medida em que o tempo de trabalho imediato exigido para a produção está agora reduzido a um mínimo, isso pode levar a uma drástica contração do valor monetário da produção e, portanto, dos lucros que estão associados. Como resultado, o capital, em uma tentativa de manter em vigor pela força a primazia do valor de troca e proteger os lucros, é levado a desenvolver os mecanismos *rentiers* de esgotamento da oferta.

Em suma, com uma extraordinária capacidade de antecipação, a articulação da análise do Livro III (de O *capital*) com aquela dos Grundrisse apresenta, tanto em termos das condições objetivas de produção quanto das subjetivas, o inevitável tornar-se rentista do capital.

Mas mesmo Marx não realiza essa operação, porque em sua época essa hipótese tinha uma condição apenas potencial de uma tendência de longo prazo. E com razão.

Após a sua morte, apesar da turbulência e da expansão do rentismo financeiro que caracterizam o período compreendido entre a Grande Depressão do fim do século XIX e a crise dos anos 1930, o universo em que o capitalismo industrial se desenvolve permanecerá aquele do "aprofundamento da subsunção real".

3. DO CAPITALISMO INDUSTRIAL AO CAPITALISMO COGNITIVO

Nessa base, vamos agora proceder à análise da mutação da articulação salário, *rente* e lucro na passagem histórica do capitalismo industrial para o capitalismo cognitivo.

A CRISE DA ECONOMIA GLOBAL

3.1 A marginalização do rentismo no fordismo

Depois da crise de 1929, assistimos, no pós-guerra, a uma progressiva marginalização do rentismo e da hegemonia do capitalismo industrial diretamente envolvidos na criação de mais-valia. Quatro fatores essenciais explicam essa marginalização da renda na idade do ouro do crescimento fordista:

— Toda uma série de dispositivos institucionais relativos à regulamentação dos mercados financeiros, ao imposto progressivo sobre a renda e à regulação keynesiana da oferta de moeda, contribui para limitar o poder da propriedade patrimonial, favorecendo ao mesmo tempo um processo inflacionário associado às taxas de juros reais muito baixas, às vezes até negativas;

— O desenvolvimento das instituições de *welfare* permite socializar as condições de reprodução da força de trabalho e subtrai à lógica de valorização do capital e ao poder das finanças uma massa crescente de renda;

— Nas grandes empresas que movem a produção em série, o desenvolvimento de princípios tayloristas e fordistas de organização do trabalho conduz à realização da tendência de separação completa entre o trabalho intelectual e o trabalho de execução. Nessa base pode afirmar-se, em seguida, a hegemonia do capitalismo gerencial, no sentido que lhe atribui Galbraith. Com isso queremos indicar o poder de uma tecnoestrutura cuja legitimidade repousa em seu papel no planejamento da inovação e na organização da produção (em torno dos escritórios de tempos e métodos e dos laboratórios de pesquisa e desenvolvimento). O resultado é uma lógica de gestão que relega a uma posição secundária os

ANDREA FUMAGALLI E SANDRO MEZZADRA (ORGS.)

interesses dos acionistas e outras modalidades "improdutivas" de valorização do capital;

— Por fim, coerentemente com uma lógica de acumulação centrada no capital fixo, o papel dos direitos de propriedade intelectual ainda se mostra muito limitado.

Nesse contexto, a distribuição de renda vai, portanto, ser decidida em torno do conflito entre salário e lucro, e mais precisamente entre o lucro empresarial e uma dinâmica salarial que, embora cada vez mais socializada, encontra o seu impulso primário nas grandes empresas fordistas e permite um crescimento dos salários próximo ao da produtividade.

O rentismo parece relegado a um papel secundário que diz respeito, em primeiro lugar, à expansão da renda imobiliária relacionada à urbanização, e isso quase em uma lógica de oposição ao lucro.

A prova é, por exemplo, a proposta desenvolvida nos anos 1970, por Agnelli,[*] de uma aliança neorricardiana entre empregadores e sindicatos contra o rentismo imobiliário e fundiário urbano, responsável, de acordo com ele, pela inflação e pelas reivindicações salariais do *Autunno Caldo*.[**]

3.2 Retorno da força e do papel do rentismo no capitalismo cognitivo

Essa configuração inverteu-se, contudo, na sequência da crise do modelo fordista e do desenvolvimento do capitalis-

---

[*] Proprietário da FIAT, multinacional de automóveis.

[**] Outono Quente foi como ficou conhecido o período de lutas operárias pós-1968 na Itália. Esse período, iniciado no segundo trimestre de 1969, marcou a luta conjunta de estudantes e operários contra o modelo disciplinar e por mais direitos sociais. (*N. do T.*)

A CRISE DA ECONOMIA GLOBAL

mo cognitivo. Hoje assistimos, ao mesmo tempo, a uma multiplicação das formas de rentismo e a uma indistinção das fronteiras entre a renda e o lucro. Com efeito, no novo capitalismo, o lucro é cada vez mais baseado em dois mecanismos relacionados àquilo que, segundo J.M. Chevalier, poderia ser descrito como "valorização improdutiva do capital".[18]

— A primeira diz respeito ao papel central das diferentes formas de propriedade intelectual (da propriedade de ações às de patentes) e aos títulos de crédito (como, por exemplo, os títulos da dívida pública) que constituem, entretanto, direitos de cobrança de uma parte do valor criado e por criar, a partir de uma posição externa à produção.

— O segundo mecanismo consiste na substituição gradual do controle direto sobre o processo de produção pelo controle sobre o mercado, e isso pela constituição de posições de monopólio por meio da capacidade do capital de estabelecer a apropriação do valor criado fora dos limites da empresa, impondo-se como um intermediário entre trabalho e mercado, seguindo uma lógica que lembra um *putting-out system* [terceirização].

Mais importante, essa exteriorização do capital da produção afeta tanto a organização do trabalho no interior das empresas quanto sua relação com (o mundo) exterior.

Duas tendências vão no mesmo sentido dessa tese.

Por um lado, no capitalismo cognitivo, a competitividade das empresas depende cada vez mais de condições externas e da sua capacidade de capturar os rendimentos relacionados à produtividade diferencial, que emerge de um território em função de seus recursos cognitivos e da qualidade do sistema de formação e de pesquisa pública. Em suma, ao contrário do modelo industrial smithiano, baseado na centralidade da divisão técnica do trabalho na fábrica, a fonte da "riqueza das nações" se baseia cada vez mais em uma cooperação produtiva realizada fora do espaço da empresa.

Por outro lado, a principal fonte de valor reside atualmente na criatividade e nos saberes mobilizados pelo trabalho vivo, e não no capital fixo e no trabalho de execução repetitivo e despersonalizado de tipo smithiano. Na medida em que a capacidade de auto-organização do trabalho se torna cada vez mais importante, os escritórios de métodos desaparecem ou tornam-se o resíduo de uma época passada. Nesse contexto, o controle do trabalho não assume mais, na maioria dos casos, a modalidade direta de prescrição taylorista dos tempos e dos movimentos. Ele dá lugar a mecanismos indiretos centrados na obrigatoriedade dos resultados, na prescrição da subjetividade ou no constrangimento puro e simples ligado à precarização da relação salarial. O capital é, portanto, obrigado a reconhecer uma crescente autonomia do trabalho na organização da produção, mesmo que essa autonomia se limite à escolha dos meios para atingir objetivos determinados de forma heterogênea. Nesse quadro, o velho dilema relacionado ao controle do trabalho reaparece em novas formas. O capital não só se torna novamente dependente dos novos saberes dos trabalhadores, mas deve obter uma mobilização e participação ativa do conjunto do conhecimento e do tempo de vida dos trabalhadores. A *prescrição da subjetividade*, a fim de obter a internalização dos objetivos da empresa, a pressão do cliente, mas também, e acima de tudo, o constrangimento puro e simples ligado à precarização são as principais formas encontradas pelo capital para tentar responder a esse problema inédito, a fim de

A CRISE DA ECONOMIA GLOBAL

assegurar o controle de uma força de trabalho cada vez mais autônoma em relação ao capital.

Assim, a precariedade apresenta-se, em grande parte, como um fator estrutural da regulação neoliberal do trabalho cognitivo, apesar de seus efeitos contraproducentes no que concerne a uma gestão eficaz da economia do conhecimento. Esse fato contribui, em grande parte, para explicar a estagnação dos salários e do poder de compra das classes consideradas médias.[19]

Encontra-se sempre nessa lógica a explicação para a política monetária e das rendas que, descartando a hipótese de uma reforma dos mecanismos de distribuição e redistribuição, tem favorecido de forma deliberada, e com uma nítida aceleração nos EUA a partir de 2002, a explosão do crédito ao consumo e do endividamento da família. Essa escolha deve desempenhar uma tripla função do ponto de vista da regulação da relação salarial: suprir com crédito o risco de estagnação do consumo, que nos EUA, como na França, representa quase 70% do PIB. Fornecer ao capital, por meio da acumulação de juros a cargo das famílias, uma nova fonte indireta de captura da mais-valia; criar, enfim, graças à generalização do endividamento, uma subjetividade dependente e conformada ao capital, na qual a racionalidade do *homo economicus*, do *capital humano*, substitui a ideia mesma de direito social e de bem comum.

A partir dessa análise, já é possível tirar duas conclusões:

A primeira é que o próprio conceito de trabalho produtivo (de mais-valia) e, portanto, do salário e do espaço de negociação coletiva deve ser repensado, integrando um conjunto de temporalidades e de atividades que excedem o tempo oficial de trabalho realizado dentro das empresas;

ANDREA FUMAGALLI E SANDRO MEZZADRA (ORGS.)

A segunda é que as grandes empresas, conforme sublinha Paulré, se preocupam hoje principalmente com a sua arquitetura financeira e, no fim das contas, parece que se ocupam de tudo, exceto de organizar diretamente a produção. Parafraseando, então, uma expressão profética de Veblen segundo a qual "a grande empresa tornou-se hoje um lugar de negócios, e não de criação industrial",[20] o próprio lucro da empresa pode ser assimilado sempre mais a uma *rente*. Note-se também que, a partir desse ponto de vista, a financeirização não é tanto o produto de uma mudança da relação de poder entre a administração e os acionistas, mas o resultado de uma mutação endógena da estratégia de valorização do capital dos grandes grupos industriais. Tudo se passa como se ao movimento de autonomização da cooperação do trabalho correspondesse um movimento paralelo de autonomização do capital sob a forma abstrata, altamente flexível e móvel de capital-dinheiro. Essa tendência vem acompanhada ainda de uma distorção das funções tradicionais atribuídas pela *ciência econômica* aos mercados financeiros, notadamente a de assegurar uma melhor gestão do risco (!) e a de alocação ótima do capital. Em particular, contrariamente à teoria de que a bolsa financia as empresas, são as empresas que, durante todos estes anos de desenvolvimento de bolhas especulativas, têm alimentado de liquidez (dividendos, juros etc.) e de mais-valia bursátil seus acionistas, com um saldo bastante negativo.[21] Essa dinâmica é associada de maneira distinta na Europa, e em particular na França, a uma estagnação do investimento produtivo. Essa é a razão que levou alguns economistas a falar de um *tipo de lucro sem acumulação de capital*.[22] Em suma, quer se trate da lógica das finanças, quer daquela dos novos cercos aos saberes, o papel fundamental do lucro no desenvolvimento das forças produtivas, ou, ainda, na luta contra a escassez, mostra-se fortemente comprometido. Essa evolução é parte da tendência mais geral do capital de transformar o lucro em um mecanismo *rentier* de captura da mais-valia operado a partir do exterior da produção e/ou baseado na criação de uma escassez artificial de recursos.

No entanto, a esta altura da nossa reflexão e antes de entrar em uma análise mais detalhada dos diferentes tipos de *rente*, a questão que se coloca é a seguinte: qual é o papel do rentismo não só na esfera da distribuição mas também na expropriação do comum e na regulação da relação capital-trabalho no capitalismo cognitivo? Para responder a essa pergunta, é necessário ressaltar um aspecto teórico e histórico essencial. Trata-se da contradição, se não do antagonismo, entre a lógica do capitalismo cognitivo, por um lado, e a dinâmica de criação e de emancipação coletiva que está, em primeiro lugar, na origem do desenvolvimento de uma economia baseada no papel fundamental e na difusão dos saberes, por outro lado.

De fato, para nós, o ponto de partida e o motor principal da mutação atual do capitalismo não se encontram nem na financeirização nem na revolução informática, mas em dois fenômenos que estão no cerne da crise da relação salarial fordista:

— Acima de tudo, na constituição de uma intelectualidade difusa gerada a partir do desenvolvimento da escolarização de massa e do aumento do nível médio de formação. É essa nova qualidade intelectual da força de trabalho que conduziu à afirmação de uma nova preponderância qualitativa dos conhecimentos vivos, incorporados e colocados em movimento pelo trabalho, em relação aos saberes incorporados no capital fixo e na gestão das empresas.

— Em segundo lugar, nos conflitos sociais que conduziram à expansão do salário social e dos serviços coletivos de *welfare* para além da compatibilidade do modelo fordista. Essa dinâmica tem sido frequentemente interpretada como um simples fator da crise do fordismo ligada ao aumento dos custos de reprodução social da força de trabalho. Na realidade, pode-se afirmar, *a posteriori*, que ela colocou algumas condições cruciais para o desenvolvimento de uma economia baseada nos saberes.

Para compreender a importância dessa dinâmica, deve-se insistir em um fato frequentemente citado e estilizado pela teoria econômica para caracterizar o advento de uma economia baseada no conhecimento: trata-se da dinâmica histórica por meio da qual parte do capital chamado *intangível* (P&D, software, mas, sobretudo, educação, formação e saúde), incorporado essencialmente nos homens, superou a parte de capital material no estoque real de capitais e se tornou o principal fator de crescimento.

A interpretação desse fato estilizado assume três significados maiores, sistematicamente ocultados pelos economistas *mainstream*, mas, em nossa opinião, essenciais para se compreender a origem e o desafio postos pela crise atual.

O primeiro é que a tendência ao aumento da parte de capital imaterial está intimamente relacionada a fatores que estão na base da formação de uma intelectualidade difusa e à nova hegemonia do trabalho cognitivo: é esta última que explica a parte cada vez mais significativa do crescimento daquilo que é equivocadamente chamado de "capital intangível".

A CRISE DA ECONOMIA GLOBAL

O segundo significado é que o chamado capital imaterial corresponde na realidade, essencialmente, às qualidades intelectuais e criativas incorporadas e mobilizadas pela força de trabalho. Isso corresponde ao modo pelo qual, para dizê-lo como Mario Tronti, "o trabalho vivo como não capital" desenvolve agora um papel hegemônico em relação à ciência e aos saberes codificados incorporados no capital fixo. Nesse sentido, o conceito de capital imaterial é um sintoma da crise da categoria mesma de capital constante que se afirmou com o capitalismo industrial, em que C (o capital constante) se apresentava como trabalho morto, cristalizado nas máquinas, que impunha ao trabalho vivo o seu domínio. Apesar da distorção introduzida por termos como capital intelectual, capital intangível ou capital humano, esse capital não é outro senão a inteligência coletiva. Ele escapa, assim, de qualquer medida objetiva. Seu valor não é outro a não ser a expressão subjetiva da expectativa de lucros futuros estabelecida pelos mercados financeiros que se apropriam dessa forma de uma *rente*. Isso ajuda a explicar por que o valor "bursátil" desse capital é essencialmente fictício. Ele se baseia numa lógica autorreferente própria das finanças destinada, mais cedo ou mais tarde, a explodir, ameaçando o sistema mundial de crédito e o conjunto da economia e conduzindo a uma crise sistêmica. Em suma, como apontado por André Gorz, a dinâmica do capitalismo pós-fordista, caracterizada pela sucessão de crises cada vez mais graves, não é o mero produto de uma "má" regulação das finanças, mas é "a dificuldade inerente de fazer funcionar o capital imaterial como um capital e o capitalismo cognitivo como um capitalismo".[23]

Mas isso não é tudo.

Não só o capital, mas o produto mesmo do trabalho é cada vez mais imaterial e se incorpora em bens de inovação, em conhecimento, em serviços de informática que constituem as mercadorias fictícias. Por que mercadorias fictícias? Porque fogem aos critérios que definem as mercadorias tradicionais em razão de sua característica não rival, cumulativa e dificilmente *exclusiva*.

Cria-se, assim, uma situação eminentemente contraditória que, como já explicamos, está na origem da crise da *new economy* e continua a aprofundar-se. Por um lado, do ponto de vista da demanda, apesar do reforço dos direitos de propriedade intelectual, a produção imaterial não recebe, de fato, recursos mercantis suficientes para poder realmente substituir os setores tradicionais da economia em que a demanda está próxima da saturação e sempre mais submetida a uma concorrência internacional baseada nos custos. Por outro, a tentativa do capital de transformar o conhecimento em um capital e em uma mercadoria fictícia engendra uma situação paradoxal na qual, quanto mais o valor de troca do conhecimento aumenta artificialmente, mais o seu valor de uso social diminui, em razão de sua privatização e de sua escassez.[24]

Em suma, o capitalismo cognitivo não pode perpetuar-se senão bloqueando o desenvolvimento das forças produtivas e as faculdades criativas dos sujeitos por meio de uma *knowledge based economy* [economia baseada no conhecimento].

O terceiro significado é que o verdadeiro setor que movimenta uma economia baseada no conhecimento não se encontra nos laboratórios privados de P&D [pesquisa e desenvolvimento]. Esse papel fundamental, em vez disso, está relacionado à produção coletiva *do homem e pelo homem*,

A CRISE DA ECONOMIA GLOBAL

assegurada tradicionalmente pelas instituições comuns do *Welfare State* segundo uma lógica não mercantil.

Esse elemento ajuda a explicar a extraordinária pressão exercida pelo capital para privatizar os serviços públicos de *welfare*, tanto por causa de seu papel estratégico no crescimento da demanda social quanto no controle biopolítico e bioeconômico da população.[25]

Também nesse caso, como ocorre com os bens de conhecimento, a subordinação desses setores à lógica mercantil e do lucro não pode senão conduzir a uma escassez artificial de recursos, por causa da demanda solvente, e a uma desestruturação das forças criativas, na base do desenvolvimento de uma economia assentada no papel fundamental dos saberes e de sua difusão.

Três fatores tornam, de fato, no plano econômico e social, totalmente contraproducente a extensão da racionalidade capitalista da lei do valor às produções do homem pelo homem, privando-a daquela força progressista que, em alguns aspectos, tinha revelado o capitalismo industrial na produção de mercadorias materiais padronizadas. O primeiro está ligado ao caráter intrinsecamente cognitivo e afetivo dessas atividades, em que o trabalho não consiste em agir sobre a matéria inanimada, mas sobre o próprio homem em uma relação de coprodução de serviços. O segundo depende da impossibilidade de aumentar a produtividade mensurada segundo critérios quantitativos senão em detrimento da qualidade, que caracteriza a eficácia de uma relação de serviço, como, por exemplo, no setor da saúde e/ou naquele da transmissão de conhecimentos. O terceiro está ligado às distorções profundas que a aplicação do princípio da demanda solvente iria introduzir na alocação de recursos e no direito ao acesso a esses bens comuns. Por definição, a produção do comum se baseia na gratuidade e no livre acesso. O seu financiamento não pode ser representado senão por meio do preço coletivo e político representado pelos impostos, pelas contribuições sociais ou por outras formas de mutualização dos recursos.

Daí os desafios fundamentais representados, como mostram os conflitos sociais que têm atravessado nos últimos meses a Itália, a França e a Grécia, pelo embate entre a estratégia neoliberal de expropriação *rentière* do *comum* e um projeto de ressocialização da economia, baseado na reapropriação das instituições democráticas de *welfare*, e um modelo alternativo de desenvolvimento baseado na centralidade da produção do homem pelo homem.

Devemos salientar que, no futuro próximo, esse terreno de conflitos será agravado pelos custos sociais associados às intervenções públicas operadas para salvar o sistema bancário e financiar os planos de revitalização da economia. De fato, uma das principais consequências dessas medidas de intervenção foi a seguinte: a expansão da dívida privada para apoiar o consumo foi substituída pelo crescimento exponencial da dívida pública como mecanismo de socialização das perdas. Agora, se os títulos da dívida pública ainda podem ser colocados no mercado sem grande dificuldade, na medida em que aparecem como uma garantia pura e simples de liquidez, quase certamente a concorrência entre os Estados conduzirá rapidamente a uma subida das taxas de juro e do serviço da dívida.[26] Como resultado, a necessidade de aumentar significativamente a carga tributária irá servir de pretexto para recorrer a novos cortes nos gastos públicos e a novas privatizações dos serviços públicos, levando a um maior aprofundamento do processo de expropriação do comum.

A CRISE DA ECONOMIA GLOBAL

4. CONCLUSÕES

No capitalismo cognitivo, a financeirização e, mais em geral, o desenvolvimento do rentismo constituem dimensões estruturais da lógica de valorização do capital e das contradições objetivas e subjetivas que ela gera. O foco da crise foi o momento de condensação — o ponto limítrofe — do conjunto dessas contradições, tanto no plano da relação capital-trabalho quanto do antagonismo, de forma cada vez mais intensa, entre o caráter social da produção e o caráter privado da apropriação.

Nesse sentido, para retomar uma formulação de Gramsci, a crise atual é uma grande crise, um momento trágico que "consiste no fato de que o velho morre e o novo não pode ainda nascer: nesse interregno, ocorrem os mais variados fenômenos mórbidos".[27]

Mas, se nada será como antes, deve-se admitir a dificuldade de definir com precisão o cenário de saída da crise.

Ainda assim, em nossa opinião, é extremamente difícil compartilhar da hipótese sustentada agora por outros estudiosos de que a crise atual possa levar o capital a tomar consciência da necessidade de um novo *New Deal* capaz de conciliar *capitalismo cognitivo* e *economia do conhecimento*, resolvendo ao mesmo tempo os desequilíbrios inerentes à desigualdade na distribuição de renda, à insuficiência da demanda e à instabilidade das finanças.

Mais precisamente, a possibilidade de um novo *New Deal*, de um novo compromisso capital-trabalho, se choca com o muro do poder das finanças, com dois grandes obstáculos. Obstáculos que se traduzem, como vimos, no esgotamento da força progressista do capital e na crise da lei do

ANDREA FUMAGALLI E SANDRO MEZZADRA (ORGS.)

valor. O primeiro está ligado à forma como um possível reforço das proteções do *welfare* e de novos mecanismos de distribuição de renda que reduzam substancialmente o vínculo monetário da relação salarial levaria o capital a um risco maior: o de desestabilizar profundamente os próprios mecanismos de controle do trabalho cognitivo baseados na precariedade. Pode resultar daí o desenvolvimento de conflitos cada vez mais agudos que remetam não apenas ao plano da distribuição de renda, mas à questão mesma da definição da organização e da finalidade social da produção. O segundo depende da forma como, pelo menos nos países desenvolvidos, a maior parte das necessidades que o desenvolvimento da produção é capaz de satisfazer ficará fora das esferas de atividade nas quais a racionalidade econômica do capital pôde desempenhar, no capitalismo industrial, um papel progressista. A desindustrialização e a saturação dos mercados de bens de produção de massa da velha economia fordista avançam de mãos dadas com a dificuldade estrutural de submeter-se à lógica do capital aqueles bens e serviços de informação que alimentaram por um breve período a bolha especulativa da Nasdaq e os mitos da *new economy*. De maneira ainda mais importante, os setores fundamentais de uma economia baseada no conhecimento correspondem, como vimos, a atividades como a produção do homem pelo homem, às quais a lógica da mercantilização e da rentabilidade não podem ser aplicadas senão ao preço de insustentáveis desigualdades e de uma drástica redução da produtividade social dessas produções e de seus efeitos externos ao desenvolvimento eficaz de uma *knowledge based economy*.

Por essas razões, o forte retorno do Estado como regulador macroeconômico e salvador de última instância dos de-

A CRISE DA ECONOMIA GLOBAL

sequilíbrios do capital não parece ser o prelúdio de um novo *New Deal*. Essa tendência parece mais desenhar os contornos de um "socialismo totalitário do capital" a serviço da continuidade das políticas neoliberais de expropriação do comum como instrumento de expansão parasitária da esfera mercantil e da precarização da força de trabalho.

A prova é a orientação das políticas de gestão de crises e dos planos de recuperação da economia postos em prática dentro da União Europeia (EU) ou nos EUA. Independentemente de seu tamanho (embora sempre insuficientes), elas têm como denominador comum uma política social que pretende manter intactos os pilares da regulação neoliberal do mercado de trabalho e do *welfare*. O próprio Plano Obama, embora muito mais ambicioso pelo volume de recursos financeiros envolvidos, foi aprovado pelo Senado sem grande parte das medidas previstas inicialmente em favor do suporte à renda dos desempregados, à educação, à extensão do sistema de cuidados em saúde, e isso apesar do notório atraso do sistema de *welfare* americano em comparação com os modelos europeus — continental e dos países nórdicos.

A capacidade reformista do capital parece hoje enfraquecida pelos limites próprios que têm impedido o capitalismo cognitivo de restabelecer a dialética lutas-desenvolvimento que caracterizou o capitalismo industrial, em particular no período fordista. O resultado é uma situação de incerteza estrutural que ajuda a explicar a ineficácia do plano de relançamento em incidir sobre as expectativas do mercado e sobre as causas estruturais da crise.

Apesar de sua dinâmica devastadora e dos riscos de implosão envolvidos, a bifurcação histórica gerada pela crise se apresenta, portanto, como um processo complexo, aberto e profundamente conflituoso que pode dar lugar à evolução em sentido contrário. Permite, em particular, entrever um cenário alternativo que as lutas sociais, por meio de uma longa guerra de posição, poderão abrir, definindo os contornos de um modelo de sociedade e de desenvolvimento alternativo baseado em dois eixos principais.

O primeiro refere-se à reconquista democrática das instituições de *welfare*, que se baseia na dinâmica associativa e de auto-organização do trabalho que atravessa a sociedade. Isso define, tanto em termos de normas de produção como de consumo, os princípios básicos de construção de um modelo alternativo de sociedade baseado no primado do não mercantil e da *produção do homem pelo homem*. Nesse contexto, os serviços coletivos de *welfare*, em vez de ser considerados como um custo cujo financiamento se baseia em uma cobrança imposta sobre o setor privado, seriam reconhecidos como os setores motrizes de uma dinâmica de desenvolvimento baseada na produção intensiva de conhecimento.[28] É, de fato, desses setores que dependem o ritmo e a qualidade de uma lógica de desenvolvimento cuja medida é a satisfação de necessidades essenciais, que, em uma sociedade avançada que envelhece em sua evolução demográfica, assegura, ao mesmo tempo, a reprodução de uma intelectualidade e, tomando emprestada uma expressão de Christian Marazzi e Robert Boyer, a reprodução antropogenética das gerações. Além disso, saúde, educação, pesquisa, cultura orientam não só os padrões de consumo e os modos de vida da população. Constituem também um reservatório de trabalhos altamente qualificados em atividades nas quais as dimensões cognitiva e relacional do trabalho são preponderantes e em que poderiam se desenvolver novas formas de autogestão do trabalho, com base em uma coprodução dos serviços que envolva os usuários de perto.

O segundo eixo refere-se à luta para derrubar o poder do rentismo e para transformar o "socialismo do capital" em um processo de ressocialização da moeda que ponha esta última a serviço da expansão do comum e da multiplicação de formas de acesso à renda (desde os alunos até os trabalhadores temporários) à parte do trabalho assalariado e incondicional. O horizonte e o fio condutor dessa dinâmica constituinte são a médio e longo prazo a instituição de uma renda social garantida (RSG) concebida como uma renda primária, vale dizer, resultante não da redistribuição (como, por exemplo, a RMI),[29] mas da afirmação do caráter cada vez mais coletivo da produção de valor e de riqueza.

Lembramos, a esse propósito, que a proposta de uma RSG, como renda primária, repousa sobre um reexame e uma ampliação da ideia de trabalho produtivo, conduzida de um duplo ponto de vista. O primeiro se refere ao conceito de trabalho produtivo, concebido segundo a tradição dominante da economia política como o trabalho que gera um lucro e/ou participa na criação de valor. Trata-se aqui da constatação de que hoje se assiste a uma extensão importante dos tempos de trabalho não remunerados que, fora da jornada oficial, estão envolvidos direta ou indiretamente na formação do valor capturado pelas empresas. A RSG, como salário social, corresponderia, desse ponto de vista, à remuneração dessa crescente dimensão coletiva de uma atividade criadora de valor que se estende pela totalidade do tempo social, dando origem a uma enorme quantidade de trabalho não reconhecida e não remunerada. O segundo ponto de vista refere-se ao conceito de trabalho produtivo considerado como o trabalho produtor de valores de uso, fonte de uma riqueza que escapa à lógica do mercado e do trabalho assalariado subordinado. Trata-se, em suma, de sustentar que o trabalho pode ser improdutivo de capital sendo produtivo de riqueza e pode, portanto, resultar em uma renda. Note-se a relação ambivalente e, ao mesmo tempo, de antagonismo e de complementaridade que essas duas formas contraditórias de trabalho produtivo mantêm no capitalismo cognitivo. A expansão do trabalho livre anda de mãos dadas com sua subordinação ao trabalho social, que produz mais-valia por causa das próprias tendências que levam a uma erosão das fronteiras tradicionais entre trabalho e não trabalho, esfera da produção e esfera do tempo livre. A questão colocada pela RSG não é apenas a do reconhecimento dessa segunda dimensão de trabalho produtivo, mas também e, sobretudo, a de sua emancipação da esfera da produção de valor e de mais-valia. Isso permitiria recompor e fortalecer o poder de negociação do conjunto da força de trabalho subtraindo ao capital uma parte do valor capturado pelo rentismo. Ao mesmo tempo, o enfraquecimento do constrangimento monetário na relação salarial favoreceria o desenvolvimento de formas de trabalho que fogem à lógica mercantil do trabalho subordinado e a transição para um modelo não produtivista, baseado no primado das formas de cooperação não mercantis e capaz de libertar a sociedade do *general intellect* da lógica parasitária do capitalismo cognitivo e das finanças.

A CRISE DA ECONOMIA GLOBAL

Notas

1. Este texto é, em grande medida, a transcrição de um discurso feito no seminário da UniNomade, realizado em Roma, de 30 de janeiro a 1º de fevereiro de 2009. O caráter provisório da formulação destas hipóteses é óbvio: tenho a intenção de aprofundá-las no futuro próximo. Agradece-se a Hervé Baron por ter ajudado a melhorar a versão deste artigo por meio da busca de referências bibliográficas italianas para as citações de diferentes autores.

2. Basta pensar, a esse propósito, que na França anterior da crise, a taxa de retorno dos fundos das empresas não financeiras do CAC 40 era da ordem de 15-20%, enquanto a das empresas financeiras, em especial dos bancos de investimento, podia superar os 50%. Outro dado extremamente significativo, concernente aos Estados Unidos: nos anos 1970, os lucros do setor financeiro representavam cerca de 10% dos lucros das empresas. Esse percentual, em 2006, representava 40% (!) e seria bem superior se levássemos em conta também os lucros financeiros das empresas não financeiras.

3. Para uma análise da bolha especulativa da Nasdaq e a crise da *net-economy*, ver também R. Boyer, *La croissance, début du siècle. De l'octet au gène*, Paris, Albin Michel, 2002.

4. André Gorz, *L'immatériel*, Paris, Galilée, 2003, p. 84.

5. Para uma análise mais detalhada do sentido teórico e histórico da lei do valor e de sua crise, ver Antonio Negri, "Valeur-travail: crise et problèmes de reconstruction dans le postmoderne", *Futur Antérieur* 10, 1992, pp. 30-36; Carlo Vercellone, "Lavoro, distribuzione del reddito e valore nel capitalismo cognitivo, una prospettiva storica e teorica", 2008, http://www.posseweb.net/spip.php?article242; Carlo Vercellone, *L'analyse "gorzienne" de l'évolution du capitalisme*, in Christophe Fourel (org.), *André Gorz, un penseur pour le XXIème siècle*, Paris, La Découverte, 2009, pp. 77-98.

6. Cf. Karl Polanyi, *La grande trasformazione*, Turim, Einaudi, 1974, em particular a segunda parte, pp. 88-98.

7. Claudio Napoleoni, *Dizionario di economia politica*, Milão, Edizioni di Comunità, 1956.

8. Karl Marx, *Il capitale*, Roma, Newton & Compton, 1996, vol. III, p. 1.508.

9. Na verdade, Keynes, em suas observações sobre a natureza do capital, no capítulo 16 da *Teoria geral* (cf. John Maynard Keynes, *Teoria generale dell'occupazione dell'interesse e della moneta e altri scritti*, Turim, Utet, 1994, pp. 373-385), dá uma forte e original resposta a essa questão: ele considerou que o retorno sobre o capital como tal depende da escassez e, portanto, é um valor do rendimento, e Keynes articula essa afirmação com a teoria do valor trabalho dos clássicos.

10. Sobre esse ponto, cf. Karl Marx, *O capital, op. cit.*, vol. I., quarta seção, p. 237-371, em particular p. 288 e seg.

11. Karl Marx, *Storia dell'economia politica. Teorie sul plusvalore*, Roma, Editori Riuniti, 1993, vol. II, p. 35.

12. Karl Marx, *Il capitale, op. cit.*, vol. III, p. 1.177.

13. John Maynard Keynes, *Teoria generale dell'occupazione dell'interesse e della moneta e altri scritti, op. cit.*, p. 546.

14. *Ibidem*, pp. 546-547.

15. Karl Marx, *Il capitale, op. cit.*, vol. III, p. 1.178, nota.

16. *Ibidem*.

17. *Ibidem*.

18. Jean-Marie Chevalier, *L'économie industrielle en question*, Paris, Calmann-Levy, 1977.

19. O salário médio de um cidadão americano é agora mais baixo do que em 1979 e muito inferior aos 20% dos trabalhadores mais pobres. A tendência é similar na Europa. Por exemplo, na França, o poder aquisitivo do índice da bolsa aumentou 120% em 20 anos (daí a relativa importância do atual colapso), enquanto o dos salários de tempo integral ficou em 15%, sem considerar que a taxa de crescimento dos salários seria muito inferior se levássemos em conta as diferentes formas de emprego precário, que abrangem atualmente cerca de 20% da força de trabalho (provisórios, os contratos por tempo determinado, a tempo parcial etc.).

A CRISE DA ECONOMIA GLOBAL

20. Citado por S. Boutillier e D. Uzundis, *L'entrepreneur. Une analyse socio-économique*, Paris, Economica, 1995, p. 41.

21. Mouhoud El Mouhoib e Dominique Plihon, *Finance et èconomie de la connaissance: des relations èquivoques*, em relação ao seminário "Heterodoxias do Matisse", Paris, novembro de 2005.

22. Laurent Cordonnier, "Le profit sans l'accumulation: la recette du capitalisme gouverné par la finance", *Innovations*, 2006/1, n° 23, pp. 79-108.

23. André Gorz, *op. cit.*, p. 55.

24. Mostra também como os principais economistas *mainstream* reagiram com alarme à multiplicação do número de patentes que caminha junto com uma flagrante degradação de sua qualidade e reconheceram que a verdadeira fonte de inovação se encontra sempre no fundo das redes não mercantis de produção do comum.

25. Sobre a relação entre capitalismo cognitivo e bioeconomia, ver, em particular, Andrea Fumagalli, *Bioeconomia e capitalismo cognitivo*, Roma, Carocci, 2007.

26. Para uma descrição detalhada desses mecanismos macroeconômicos, ver Michel Aglietta, *La crise. Pourquoi en est-on arrivé là? Comment en sortir?*, Paris, Michalon, 2008.

27. Antonio Gramsci, Quaderni del carcere, vol. 3, Turim, Einaudi, p. 311.

28. Para uma análise mais detalhada destes pontos, ver Jean-Marie Monnier e Carlo Vercellone, "Travail, genre et protection sociale dans la transition vers le capitalisme cognitif", *European Journal of Economic and Social Systems*, vol. 20, n° 1/2007, pp.15-35.

29. *Revenu Minimum d'Insertion* ou Renda Mínima de Inserção, na França.

4. A financeirização como forma de biopoder[1]

Stefano Lucarelli[*]
Tradução de Marina Bueno

---

[*] Economista, pesquisador da Universidade de Bérgamo, Itália.

INTRODUÇÃO

A especulação é um risco recorrente nos sistemas econômicos de livre mercado. Contudo, se observarmos a crise atual tendo em conta as novidades do capitalismo, a mesma especulação pode ser analisada sob uma nova luz: esta crise não é simplesmente o resultado da loucura financeira,[2] mas está ligada, em vez disso, às especificidades próprias ao regime de acumulação. Um regime de acumulação delineia um modelo de crescimento de longo prazo. O termo, introduzido por estudiosos que se reconhecem no programa de pesquisa da chamada escola francesa da regularização, se refere ao conjunto das regularidades que asseguram uma progressão geral e relativamente coerente da acumulação de capital; permite, assim, a reabsorção dos desequilíbrios que surgem no decorrer do próprio processo de acumulação.[3]

Minha tese é de que o capitalismo contemporâneo é caracterizado por um regime de acumulação que tende a tornar cada momento específico das existências singulares parte do processo de valorização. Os meios pelos quais isso ocorre não se esgotam nas políticas econômicas de inspiração neoliberal, mas incluem também os dispositivos de comando, compreensíveis apenas se nos colocarmos na zona híbrida na qual a economia política se encontra com a psicologia social (refiro-me aos efeitos-riqueza). Para tanto, tentarei analisar a financeirização como uma prática de controle social. Parece-me, de fato, que, para compreender um regime de acumulação incapaz de construir os modos de regulação duráveis, não nos resta outra alternativa a não ser assumir um novo ponto de vista que se concentre imediatamente sobre o problema do comando e do poder. Esse novo capitalismo necessita de um controle social compatível com a sociedade democrática, na qual a ordem seja baseada na participação formal das grandes massas.[4] Uma das novidades do processo de financeirização que nos envolve é exatamente sua dimensão de massa, sua democracia formal.

Para desenvolver esse raciocínio, pegarei emprestadas algumas categorias de Michel Foucault, em particular as de biopoder e governamentalidade (§ 2);[5] adaptá-las-ei, pois, ao meu objeto de análise, concentrando-me sobre o papel que os efeitos-riqueza assumem no processo de financeirização (§ 3). Ilustrarei ainda o papel assumido pela política monetária no regime de acumulação descrito (§ 4). Referir-me-ei, enfim, ao modelo econômico americano — entendido como tipo ideal — e proporei uma leitura pessoal da crise financeira (§ 5): as raízes da crise podem ser encontradas na instabilidade própria do novo regime de acumulação, que é caracterizado por um paradigma tecnológico dominante. O novo paradigma tecnológico teve início com a crise do fordismo e da chamada divisão smithiana do trabalho. Na nova divisão de trabalho, ao longo de toda a cadeia produtiva, o conhecimento desempenha um papel-chave na redefinição da relação capital/trabalho.[6] A chamada crise dos empréstimos *subprime* é então explicada como um fenômeno endo-

A CRISE DA ECONOMIA GLOBAL

genamente produzido pela própria dinâmica do novo regime de acumulação, afirmado a partir da crise do fordismo; um regime de acumulação — é bom ressaltar — compatível somente com modos de regulação não autênticos, isto é, que não assumem o exercício do conflito como premissa necessária para um pacto social. O controle social (o biopoder) emerge, portanto, em novas e mais difíceis formas de perceber e contrastar.[7] Deixo para outro momento, no entanto, as necessárias considerações sobre as propostas de política econômica em resposta à crise.[8]

1. CATEGORIAS FOUCAULTIANAS

O termo biopoder — cunhado por Foucault no âmbito da reflexão mais ampla acerca da racionalidade política ocidental — se refere às grandes estruturas e às funções do poder; nas palavras do próprio Foucault, trata-se de uma grande tecnologia com duas faces, anatômica e biológica, que age sobre o indivíduo e sobre a espécie: a compreensão do poder não pode limitar-se aos lugares sociais específicos em que se exercita a disciplina, mas pressupõe também a análise da regulamentação das populações em sua vida cotidiana (os aspectos anatômicos e biológicos participam, portanto, de uma dimensão política). Tudo isso começou a ser descoberto no século XVIII, quando se percebe que a relação de poder com o sujeito ou, mais precisamente, com o indivíduo não pode basear-se somente na sujeição — que permite ao poder tomar do sujeito bens, riquezas e, possivelmente, também seu corpo e seu sangue — mas que o poder deve ser exercido sobre os indivíduos como uma espécie de entidade biológica, que deve ser levada em consideração se se quer utilizar a população como máquina para produzir riqueza, bens ou outros indivíduos.[9] A lógica do biopoder tem por objetivo a produção de riqueza por meio da utilização cotidiana da população, em oposição à anatomopolítica, isto é, aquela soma dos mecanismos e procedimentos limitados à disciplina dos indivíduos. Os novos mecanismos pressupõem que a população não seja percebida simplesmente como a soma dos indivíduos que habitam um território.

Como bem destacou Adelino Zanini, o que deve despertar o interesse do estudioso é a passagem da arte de governar à ciência política, de um regime dominado pelas *structures de souveraineté* [estruturas de soberania] a um caracterizado pelas *techniques du gouvernement* [técnicas de governo]. Trata-se de uma passagem que se tornou possível pelo estabelecimento do novo paradigma da *political economy*.[10] A economia política — segundo Foucault — é a ciência capaz de identificar as leis necessárias ao objetivo de governar segundo as lógicas modernas do *gouvernement de la population*: "A nova governamentalidade, que no século XVII se acreditava ser capaz de poder investir inteiramente em um projeto de polícia completo e unitário, se encontra agora na situação de ter que se referir a um campo de naturalidade, que é a economia."[11] A lógica do biopoder conduz, portanto, aos mecanismos de controle próprios daquilo que Foucault chama de governamentalidade.

> Por governamentalidade entendo três coisas. [Primeiro], o conjunto de instituições, procedimentos, análises, reflexões, cálculos e táticas que permite exercitar essa forma específica e muito complexa de poder, que

A CRISE DA ECONOMIA GLOBAL

tem na população o alvo principal, na economia política a forma privilegiada de saber e nos dispositivos de segurança o instrumento técnico essencial. Segundo, por governamentalidade entendo a tendência, a linha de força que, em todo o Ocidente e por um longo período de tempo, continua a afirmar a proeminência desse tipo de poder que chamamos de "governo" sobre todos os outros — soberania, disciplina — com o consequente desenvolvimento, por um lado, de uma série de aparatos específicos de governo e [por outro] de uma série de saberes. Enfim, por governamentalidade precisaria entender o processo, ou, acima de tudo, o resultado do processo, mediante o qual o Estado de justiça da Idade Média, tornado Estado administrativo no curso dos séculos XV e XVI, se encontrou gradualmente "governamentalizado".[12]

Foucault não desenvolve sua pesquisa na direção da história financeira e monetária. Mas uma história da governamentalidade — a meu ver — não pode ignorar os aparatos financeiros e monetários que se constituíram no século XVIII. Como demonstram alguns importantes estudos sobre a história do dinheiro, esse século representa um momento incrivelmente significativo na Europa: trata-se do momento no qual a moeda europeia se liberta de sua configuração tradicional, aquela de garantir a exatidão das contas e a estabilidade dos pagamentos integrais do Império. Até então, de fato, acontecia que

> ao príncipe cabe a necessidade de conservar um tesouro acessível a qualquer momento de necessidade, ou a necessidade que afeta a comunidade o impõe, e a isso se

157

limita a sua função regulatória. [...] A "natureza" do dinheiro se esgota na sua capacidade distributiva e é naturalmente delimitada pela medida em que os bens são presentes. Em relação a tal medida, a moeda é constantemente capaz de dar conta da presença das coisas, e não precisa mais solicitar a comprovação dessa presença: essa é, no conjunto, medida de abundância e de escassez a partir da sua natural alternância no tempo.[13]

Na modernidade — no decurso do século XVIII — a necessidade de reforço dos estados territoriais destrói os equilíbrios político-administrativos imperiais acima descritos. A exigência dominante torna-se aquela em que o dinheiro possa mudar de valor em relação às diferentes exigências que se manifestam nos Estados, isto é, a valorização do dinheiro. A "natureza" do dinheiro não é mais delimitada pela medida em que os bens são presentes, mas consiste na solicitação a enriquecer. Aproveitar o trato que reúne essa função do dinheiro e a regulamentação das populações reduzidas à produção de riquezas clarifica o significado concreto do biopoder. Para tornar-se também uma categoria política útil para a análise do atual processo de financeirização, o conceito foucaultiano de biopoder deve ser apreendido nas duas dimensões anteriormente propostas. Se o modo mais rápido para produzir riqueza abstrata, isto é, dinheiro, é tentar fazer dinheiro minimizando os riscos que se correm e os conflitos que se desenvolvem quando do se organiza a produção nua e crua das mercadorias, é racional minimizar os custos da produção, incluindo o controle dos Estados e dos bancos sobre as atividades empresariais, maximizando, assim, a possibilidade de decidir autonomamente pelo dinheiro que se tem disponível. Desse modo, se exercita um novo poder de controle sobre a população. A distribuição do risco contido na produção de dinheiro por meio de dinheiro torna-se a estratégia a ser posta em prática.

O poder que é exercido dentro de um regime de acumulação dominado pelas finanças é diferente do poder exercido sobre os próprios cidadãos de um Estado soberano. A busca pela liberdade governamental que os mercados reivindicam vai *pari passo* com a gestão das populações pela qual os Estados são responsáveis. Para que a população se torne produtora de riqueza no interior do ciclo de valorização do dinheiro, é necessária uma forma de controle social que se alimente de relações diversas, seja da relação entre o senhor e o escravo, seja da relação entre Estado e cidadãos. A minha tese é de que a financeirização representa a própria forma de controle social necessária a tal objetivo. Essa é, efetivamente, uma forma de socialização (do risco, mas também das perspectivas complementares de enriquecimento) que conduz a uma revolução do conceito de soberania. O que a financeirização põe em jogo não é mais a aplicação imediata do poder soberano, mas a direção do ajuste dos comportamentos humanos necessários para que se dê uma soberania coerente com o processo de financeirização.

2. FINANCEIRIZAÇÃO E EFEITO-RIQUEZA

Pode-se definir a financeirização, antes de tudo, como o desvio de poupança das economias domésticas para os títulos acionários.[14] A economia americana, a partir dos anos 1980, passou a ser caracterizada pelo processo de liberalização dos mercados financeiros e pela consequente explosão de novos instrumentos financeiros: concluiu-se a passagem de um keynesianismo construído sobre um pacto entre os produtores no âmbito de um sistema monetário que vincula os movimentos monetários e financeiros — já fragilizado pela declaração do presidente Richard Nixon da inconvertibilidade do dólar em ouro em 1971 — a um keynesianismo financeiro, baseado no *deficit spending* [déficit orçamentário] privado, no qual a mais ampla desregulamentação dos mercados financeiros foi acompanhada pela diminuição da renda social paga pelo *Welfare State*. Estamos diante de uma evolução da governamentalidade liberal. Em outras palavras, o keynesianismo financeiro é uma modalidade de governamentalidade liberal. A avaliação das bolsas torna-se o principal indicador macroeconômico, o cetro e a pastoral que governam tanto o investimento quanto o consumo por meio do efeito-riqueza.[15] Para uma dinâmica psicológica que valeria a pena aprofundar mas que representa uma condição necessária de estabilidade do *modelo econômico americano* (aqui entendido como tipo ideal), os efeitos-riqueza induzidos por um aumento dos valores cotados nas bolsas incidem sobre os comportamentos de consumo mais do que a riqueza esperada devido a um aumento dos salários. O modelo é de alto risco de instabilidade; o fato de que as crises financeiras se sucedem tão rapidamente nos últimos anos é uma prova. O exercício da governamentalidade liberal implica que essa forma de comando específico sobre os comportamentos dos indivíduos seja de vez relançada: a regra que se afirma consiste no passar de bolha em bolha,[16] forçando os indivíduos a acreditar que a própria riqueza depende antes de tudo dos mercados finan-

A CRISE DA ECONOMIA GLOBAL

ceiros, e não das reivindicações sobre os níveis salariais ou de outras formas de reivindicações possíveis. Seguindo a leitura aqui proposta, o efeito-riqueza representa a forma de comando típica do keynesianismo financeiro, aqui entendido como governamentalidade liberal. A dinâmica que vai do lucro ao mercado acionário e vice-versa substitui as principais decisões políticas próprias do paradigma fordista-keynesiano: a relação produtividade-salário real e aquela entre produção-consumo de massa.

O impacto do capital financeiro sobre as decisões patrimoniais torna-se a pedra angular das decisões de investimento; essas devem ter em conta o objetivo de rentabilidade fixada pelo mercado financeiro, e não só pelas variações da demanda. O consumo continua a depender do montante da tradicional renda do trabalho (o salário), mas intervém também uma variável que mede o valor dos instrumentos financeiros que as famílias possuem. Se a financeirização é muito desenvolvida, isto é, se a riqueza das famílias depende mais da renda proveniente dos mercados financeiros do que da renda do salário, a moderação salarial, favorecendo a rentabilidade das empresas, aumenta os valores acionários; pode-se, assim, criar uma dinâmica fundada sobre os efeitos-riqueza voltada para favorecer o consumo privado em presença dos salários reais decrescentes. O nível da produção é um resultado da avaliação financeira. Isso inverte as relações entre a esfera real e a esfera financeira que prevaleceram durante o fordismo: a dinâmica do mercado acionário substitui o salário como fonte de crescimento cumulativo. Essa estrutura revoluciona também os mecanismos de controle social que interessam aos indivíduos do mundo moderno.

Em outras palavras, os efeitos-riqueza que sustentam o mundo financeiro dependem do grau de subsunção não só do trabalho, mas da própria vida, nas finanças (aqui está a essência do biopoder).

Em termos macroeconômicos, essa relação de dependência se traduz na liquidez crescente que os mercados financeiros atraem a partir da poupança privada antes investida em títulos do governo. Contudo, essa liquidez crescente não é suficiente em si mesma. Existe uma segunda variável explicativa necessária para que os efeitos-riqueza persistam: é o senso comum que se afirma entre os indivíduos sobre os motivos que deveriam explicar a produção de dinheiro por meio de dinheiro e sobre a hierarquia das necessidades para manter um *status* social decente. As lógicas da valorização conduzem as transformações das relações sociais. Isso significa exatamente que a financeirização é uma forma de socialização que faz a governamentalidade liberal evoluir.

Compreende-se, assim, por que a análise da financeirização não pode limitar-se ao estudo das condições de sustentabilidade macroeconômica do sistema;[17] demanda também uma atenção particular aos confrontos dos códigos sociais pelos quais as relações humanas se vinculam reciprocamente. Convém, então, compreender essas convenções que se afirmam na população a partir do mundo dos negócios. Uma convenção fornece um sistema de avaliações *a priori*, indicando um conjunto de regras sociais capaz de tornar homogêneos comportamentos diversos dos indivíduos singulares. Pressupõe, portanto, uma teoria da imitação. É este o ponto de observação que Keynes assume para explicar a gênese das expectativas em longo prazo:

> *A priori*, não há muito a dizer sobre o estado de confiança. Nossas conclusões devem depender principal-

A CRISE DA ECONOMIA GLOBAL

mente da observação efetiva dos mercados e da psicologia do mundo dos negócios. [...] Certas categorias de investimentos são regidas pelas expectativas médias daqueles que operam na bolsa de valores, que se revelam no preço das ações, mais do que pelas expectativas genuínas de um empreendedor profissional. Como são, portanto, postas em prática essas importantíssimas reavaliações, dia a dia e, por fim, de hora em hora, dos investimentos existentes? Na prática, foi tacitamente acordado, em princípio, recorrer substancialmente a uma convenção. A essência dessa convenção — embora naturalmente essa não funcione de maneira simples — está no assumir que o estado de coisas existentes continuará indefinidamente, exceto quando existirem motivos específicos para se esperar uma mudança. [...] Não obstante, o referido método convencional de cálculo será compatível com um significativo grau de continuidade e estabilidade nos nossos negócios, até que possamos confiar que a convenção será mantida.[18]

Todavia, as análises das convenções não podem limitar-se ao mundo dos negócios. O estado de confiança definido pela avaliação convencional de fato é legitimado pela opinião pública.[19] Isso ultrapassa o mundo dos negócios, envolve as populações e as torna objeto político. Portanto, ajuda a colocar no foco o problema (foucaultiano) da governamentalidade da sociedade.

3. BOOM, BOOM, BOOM, BOOM

O regime de acumulação dominante no capitalismo contemporâneo pressupõe mais de uma mudança no seio da esfera política: as condições de crescimento dependem, antes de tudo, da aceitação de um novo modelo produtivo no qual o trabalho assume um papel diferente. Não se trata só da desestruturação do sindicato fordista; não se trata só da posição de segundo plano do salário enquanto variável macroeconômica fundamental para a acumulação e, portanto, do aniquilamento da conflitualidade inerente às reivindicações salariais. Trata-se, ao contrário, da construção de um processo de valorização no qual mudam as razões objetivamente reconhecidas que estão na base da produção de riqueza; a própria valorização passa a depender das convenções que se afirmam, antes de tudo, na comunidade financeira.

A estabilidade macroeconômica depende, em grande parte, das intervenções dos bancos centrais, que, diante de uma carência de liquidez sobre os mercados financeiros, devem ser suficientemente rápidos para prevenir uma crise financeira. Os bancos centrais reagem à demanda de liquidez, cientes de sustentar o efeito-riqueza sobre o qual se joga — em termos foucaultianos — a segurança das populações sobre o território delimitado pelos mercados financeiros.

As alavancas do poder não estão mais na concessão do crédito bancário, nem no *deficit spending*. A variável independente não é o salário, não é o lucro, mas é a taxa de acumulação da mais-valia financeira. A oferta de moeda depende do *quantum* de moeda detido pelo banco central e está ligada à reorganização da divisão do trabalho e à redefinição das relações sociais na esfera da circulação-reprodução. Em outras palavras (utilizando as categorias do grupo de trabalho *Primo Maggio** sobre a moeda), a oferta de moeda está

---

* Grupo de intelectuais neomarxistas que editavam a revista *Primo Maggio* [Primeiro de Maio].

A CRISE DA ECONOMIA GLOBAL

associada à dinâmica capital-trabalho (vivo): como os trabalhos do grupo ensinam, a política monetária representa uma modalidade de comando capitalista. Hoje, essa tarefa não é mais realizada por meio do controle da quantidade de moeda em circulação, não só em nome dos impulsos inflacionários. No mundo acadêmico e nos bancos centrais, no curso dos anos 1990, se impôs o princípio segundo o qual a credibilidade da política monetária deve se realizar por meio de um *pegging* da taxa de câmbio ou da delegação da política monetária a um banco central externo, com elevada aversão inflacionária. Esse *new consensus* impede o monetarismo de primeira geração: o principal instrumento de controle para a política monetária é a taxa de juro, não mais a oferta de moeda. Oficialmente, o papel do banco central consiste em assegurar igualdade entre a taxa monetária de juro e a taxa real de juro que regula a igualdade entre os fundos prefixados e investimentos. Quando as taxas do mercado (em termos reais) são estabelecidas abaixo da taxa natural, cria-se a inflação. Uma política monetária restritiva não teria nenhum efeito negativo e contribuiria para o controle da inflação. Na prática, para sustentar uma tentativa de acumulação da mais-valia financeira, as máximas instituições de política financeira não hesitaram em se comportar de maneira diferente:

> À frente do Federal Reserve existem ainda pessoas de bom senso que sacrificaram o próprio maximalismo filosófico, como no caso de Greenspan, em nome da preservação do sistema também com instrumentos de todo invisíveis. Mas também no campo europeu o maximalismo do estatuto do próprio BCE é substituído, de bom senso, por aqueles que administram o nosso

maior organismo monetário. Greenspan não hesitou em cortar bem 11 vezes em um ano a taxa sobre os Federal Funds, aproximando-a do nível nominal mínimo dos últimos 40 anos. E o BCE estava disposto a seguir o seu exemplo.[20]

A política monetária em um regime de acumulação impulsionado pelas finanças deve seguir as exigências da valorização, assegurar as convenções. A criação monetária influenciada pela financeirização se substancia em um processo de recuperação da rentabilidade do capital que envolve no risco financeiro a vida das pessoas. A financeirização dita os tempos da reorganização capitalista, facilitando a subsunção da circulação no interior do processo de valorização.[21] É este último o elemento que une as três fases do processo de financeirização iniciado em 1993: o boom da *new economy* (1993-2000), a reação a sua crise (2000-2003) e, enfim, a bolha imobiliária (2003-2007). Todas as três fases ocorrem no interior de um mesmo paradigma tecnológico. Por esse motivo, as *convenções* que regem a avaliação financeira não estão sujeitas a alterações radicais. As lógicas avaliativas próprias da comunidade financeira permanecem, em boa parte, as mesmas.

4. A DINÂMICA DA GOVERNAMENTALIDADE FINANCEIRA

Nos anos 1990, a financeirização, como investimento da poupança coletiva sobre os mercados de ações, gerou rendimentos adicionais. Os rendimentos são criados sobre as bolsas por meio do endividamento das empresas com o sistema bancário.[22] No período de 1993-2000, a bolsa de Nova York alcançou considerável alta (Dow Jones de 4.000 a 11.700, Standard & Poor's de 450 a 1.530): a mais-valia obtida na bolsa favoreceu o crescimento real graças à exploração do conhecimento e da produtividade da mão de obra empregada principalmente no setor *hight tech*. A avaliação dos mercados financeiros começou a depender da mudança organizativa voltada para favorecer formas de cooperação inovadoras entre trabalhadores relativamente autônomos. A dinâmica da mudança organizacional tornou-se — graças à atenção que os mercados financeiros lhe reservavam — uma nova modalidade de valorização do capital produtivo.

Afirma-se, assim, um regime de acumulação *financeled*,[23] em que a governamentalidade repousa sobre a promessa de um mundo novo, o que Christian Marazzi chamou de "convenção internet" e que passou à crônica como *new economy*. "Na segunda metade dos anos 1990, a ideia de uma sociedade digitalizada com efeitos libertadores sobre os modos de trabalhar e viver tornou-se uma convenção. Verdade ou não, não há dúvida de que essa convenção impulsionou processos de transformação real do mundo."[24] Isso é confirmado também por um importante e feroz crítico dos anos 1990, Joseph Stiglitz:

> O capitalismo moderno de estilo americano era centrado em torno daquela que seria depois chamada *new economy*, simbolizada pelos conhecidos dotcom que estavam revolucionando o modo com o qual a América — e o resto do mundo — conduzia os negócios, modificando o ritmo da própria transformação tecnológica e aumentando a taxa de crescimento da produtividade a

níveis extraordinários que não se registravam há 25 anos. [...] Em meados da década de 1990, o setor manufatureiro caiu a escassos 14% da produção total, com um percentual de empregados ainda inferior em relação à população ativa.[25]

De fato, as alavancas da inovação passam dos laboratórios de pesquisa e desenvolvimento para os corpos vivos da força de trabalho, enquanto os capitais do resto do mundo convergem sobre os títulos acionários e *bond* de empresas cotadas nas bolsas de valores dos EUA. Nesse regime de acumulação são desenvolvidas diversas formas de remuneração associada ao rentismo da empresa no seu conjunto: os *stock options* para os gestores de empresas, mas ainda os mesmos fundos de pensão ou fundos de investimento que envolvem principalmente os trabalhadores. Essas formas de remuneração fazem crescer a liquidez dos mercados financeiros, mas na ausência de uma adequada regra redistributiva, dentro de um capitalismo no qual a regra é, contudo, comandar o trabalho vivo, comprimindo os salários e conduzindo o sistema à instabilidade. É isso que ocorreu com a crise de março de 2000: além de ter distribuído de modo desigual os novos rendimentos acionários, o comando da *new economy* os criou destruindo salários e estabilidade ocupacional, em sintonia com um novo senso comum: as condições vigentes nos mercados financeiros para criar valor acionário incentivam inovações organizativas extremas, promovendo os processos de *downsizing, reengineering, outsourcing* e *mergers & acquisitions*. Assim, as finanças traduzem os processos inovadores em curso, desvalorizando o trabalho vivo. Para atrair os investidores dos mercados de ações, as empresas oferecem

A CRISE DA ECONOMIA GLOBAL

rendimentos sempre mais elevados por meio das operações de fusão e aquisições de outras empresas, comprando suas próprias ações e até mesmo trapaceando na contabilidade. Os capitais necessários a essas reestruturações indicam que o controle das trajetórias tecnológicas foi, de fato, subtraído para a remuneração da força de trabalho.

A crise de março de 2000 marca a passagem para uma maior difusão e generalização da financeirização: começa uma nova fase caracterizada por um acentuado declínio, com perdas de 40% para o Dow Jones, 50% para o Standard & Poor's e 80% para a Nasdaq. Enquanto a deflação salarial avança, também sob o efeito do exército industrial de reserva asiático (indiano e chinês), amplifica-se o *outsourcing*. A recuperação das bolsas começa em 2003. Christian Marazzi chamou tal assunto de "convenção China";[26] uma convenção — entendida em nossa opinião como uma alteração à margem da convenção internet — que se baseia na ideia de que a valorização depende do *outsourcing* em direção aos países emergentes com elevada exploração do trabalho e do ambiente, todavia dentro do mesmo paradigma tecnológico. Isso põe em movimento um mecanismo que se poderia definir como exército industrial de reserva de origem financeira.

O fato de que a crise da *new economy* não levou a uma depressão equivalente àquela dos anos 1930 depende, por um lado, da política monetária do Federal Reserve Bank (Fed) americano e, por outro, de precisas inovações financeiras. Nos dois anos seguintes à crise de março de 2000 (2001-2002), o Fed abaixou drasticamente as taxas de juros de 6% para 1%. Isso empurrou os agentes econômicos a endividar-se mais do que fosse razoável para beneficiar-se da diferença entre a rentabilidade do próprio capital e as taxas de juros. Esse incentivo ao endividamento significa que os efeitos-riqueza estão declinando de modo diferente em relação aos anos ruidosos da *new economy*: crescem os preços do mercado imobiliário e a política monetária do Fed mantém o poder aquisitivo dos consumidores americanos. As famílias americanas puderam, assim, obter do sistema bancário um crédito na prática ilimitado, dando em garantia um patrimônio imobiliário que crescia em valor. As expectativas de ganhos voltam a ser elevadas, apoiadas por uma taxa de juro real negativa. O preço das ações volta a subir em março de 2003 (às vésperas da intervenção americana no Iraque). É possível encontrar uma descrição precisa da financeirização como prática de controle social nas palavras do próprio Stiglitz:

> A manobra funcionou, mas de maneira substancialmente diversa de como a política monetária funciona habitualmente. Normalmente, na verdade, baixas taxas de juros estimulam as empresas a obter mais empréstimos para investir mais e, via de regra, a um maior endividamento correspondem *assets* [ativos] mais produtivos. Considerando, porém, que o excessivo investimento dos anos 1990 constituía parte do problema da recessão, as taxas de juros mais baixas não estimularam muito os investimentos. A economia melhorou, mas acima de tudo porque as famílias americanas foram convencidas a assumir mais dívidas, refinanciando os seus empréstimos e gastando parte de suas receitas. Até os preços das habitações aumentarem em relação às mais baixas taxas de juros, os americanos puderam fingir que não percebiam estar cada vez mais endividados.[27]

A CRISE DA ECONOMIA GLOBAL

Em outras palavras, a população está empregada na produção de riqueza (financeira), primeiro por meio da construção da *new economy*, depois — após a difusão de um novo enxame de inovações e de instintos inovadores que alimentam a euforia financeira mas que se transformam com o tempo em renda de posição para as empresas mais agressivas — reposicionando a alavanca financeira sobre o setor imobiliário depois de ter disciplinado uma sociedade eufórica por intermédio do *outsourcing* dos países emergentes com elevada exploração do trabalho e do ambiente. A política monetária facilita esse processo sem, porém, governá-lo: do segundo trimestre de 2003 a janeiro de 2007, o Fed aumentou extraordinariamente a liquidez à disposição das bolsas. Os 97% da população americana afetados pela deflação salarial — mediante a qual se percebe a desvalorização do trabalho vivo — continuam a conservar o padrão de vida por meio do aumento do preço dos imóveis, da generosidade com a qual o mercado de crédito americano funcionou e do baixo preço dos bens manufaturados importados. Todavia, essa alavanca financeira sustentou os rendimentos financeiros sem relação com a capacidade de gerar lucros na economia "real": o risco de insolvência é alto. Os créditos de mesma natureza são reagrupados e convertidos em bônus e produtos que são colocados no mercado financeiro. O risco é, assim, transferido para os titulares dessas atividades financeiras, o que aumenta a solidez dos bancos, mas é suscetível de conduzir a uma crise financeira maior. Como advertiam Boyer, Dehove e Plihon em um estudo de 2004, o fato de um pequeno número de agentes (companhias de seguro, empresas não financeiras etc.) poder assumir a maior parte do risco pode colocar em perigo o sistema financeiro caso ocorra uma brutal regressão do mercado que diminua sua liquidez.[28]

O *boom* do mercado imobiliário procede de modo paralelo à deflação salarial: depois de ter exaurido as perspectivas e as aspirações dos trabalhadores vendendo os seus títulos de ações, começa a venda de outro sonho, a casa comprada com dinheiro concedido pelo crédito, um crédito infinito e com risco de insolvência (que é parecido com os *subprimes*, empréstimos de alto risco para a compra da casa concedido às famílias com baixas garantias de renda). O fim é ainda aquele de mais uma vez alimentar os efeitos-riqueza comprimindo os salários reais. Os estudiosos, a partir dos *chief economist* das instituições financeiras envolvidas, não podem deixar de reconhecer que a crise americana é assim grave porque é parte de uma bolha imobiliária que vai tocar a parte crucial da economia dos EUA, a compra da casa. Os eventos de Fannie Mae e Freddie Mac representam uma parábola do sonho americano: uma casa a todo custo. As duas instituições, com um capital de 83,2 bilhões de dólares, garantiram — graças à ajuda federal — empréstimos de 5,2 trilhões, metade de todos os empréstimos existentes em absoluto, uma relação insustentável de um para 65.[29]

Enquanto se aumenta a subsunção da vida nas finanças, a transformação das relações sociais favorece a concentração do risco financeiro nas parcelas mais vulneráveis da população. A crise de agosto de 2007 vem após muitos anos de forte expansão do crédito imobiliário que seguiu a bolha da internet. A financeirização da economia para funcionar precisa incluir um número crescente de economias domésticas na criação de valor. Por um lado, a securitização dos *subpri-*

mes representa uma alavanca formidável para a criação de crédito. Por outro lado, a distribuição do risco na carteira de um elevado número de investidores em escala global, por meio dos mercados dos títulos de crédito, torna mais frágil as relações entre as instituições monetárias.

5. CONCLUSÕES

Esta leitura teria de ser somente uma premissa para se chegar a um esquema teórico mais completo. É preciso colocar novamente o problema, uma vez que algumas perguntas fundamentais estão ainda sem respostas certas: de onde provém o valor que se fixa nos mercados financeiros? Que nexo existe entre o trabalho vivo e a liquidez crescente capturada pelas bolsas? Qual é a dimensão política própria das finanças nesta fase do capitalismo? Essas perguntas conduzem inevitavelmente a pensar as formas de resistência em relação aos processos de financeirização. Com efeito, as análises feitas até agora apontam para a existência de um limite ao poder dos mercados financeiros que, se não for respeitado, introduz uma série de patologias macroeconômicas. Esse limite não está simplesmente no desmoronamento da demanda efetiva nem no baixo nível dos salários reais: está mais precisamente na desvalorização da qual o trabalho vivo é sujeito.[30] As categorias foucaultianas podem construir um elemento de análise importante. Por meio do seu emprego, o processo de financeirização aparece como uma prática de controle social, que subsume a vida no interior do processo de valorização, difundindo a ideologia dos efeitos-riqueza para aniquilar a conflitualidade exercida não só sobre os salários, mas também sobre os conteúdos e sobre as modalidades de produção e reprodução.[31] Sempre seguindo Foucault, chega-se então ao problema da relação que intercorre entre biopoder e biopolítica. Parece-me que a leitura que Judith Revel dá ao conceito de biopolítica indica uma direção produtiva para construir um discurso como aquele realizado até agora.

> Enquanto "biopoder" permanece sendo o termo com o qual se designa um novo investimento sobre a vida (mais uma vez: biológica, mas não só — também social, afetiva, linguística...) por parte das relações de poder, "biopolítica" parece ligar-se em Foucault a uma perspectiva de resistência, de "subjetivação" ou, ao mesmo tempo, de subtração do poder e de reinvenção — em outros locais — daquilo que é (melhor: de novas relações, de novas figuras organizativas, de novos modos de vida, de novas instituições...). Longe de ser equivalentes, os dois termos descrevem, na realidade, cada lado específico do mesmo objeto de investigação: uma nova analítica dos poderes de um lado, uma nova analítica das subjetividades resistentes de outro.[32]

A construção de uma biopolítica é determinante para o próprio funcionamento da financeirização como forma de biopoder. A possibilidade de reapropriar-se daquilo que as finanças controlam depende desse processo constitutivo, que implica novas instituições e novas práticas de democracia conflitual. Não é apenas o sistema de avaliação *a priori* sobre o qual se baseia a avaliação financeira do real (as convenções) que está em jogo, mas também "o conjunto de regras sociais capazes de tornar homogêneos os diversos comportamentos dos indivíduos singulares".

Notas

1. Este texto é uma versão revista e ampliada da apresentação realizada no seminário da UniNomade, em Bolonha, realizado entre 12 e 13 de setembro de 2008. Agradeço a todos os participantes do seminário. Agradeço também aos organizadores da conferência sobre crise financeira realizada em CSA Barattolo de Pavia em 20 de novembro de 2008, que me deram um modo de retornar sobre esses temas. Sou grato a Adelino Zanini e Hervé Baron, que contribuíram para melhorar uma versão anterior do texto. Obviamente sou o único responsável pelas teses que apresento aqui.

2. É uma crise que não se presta a ser reduzida simplesmente ao esquema clássico descrito por Galbraith, que é, contudo, necessário ter claro: "Um artefato ou um processo evolutivo, aparentemente novo e desejável — tulipas, na Holanda, ouro na Louisiana, terrenos na Flórida, os ambiciosos planos econômicos de Ronald Reagan —, atrai a conta financeira [...] O preço do objeto de especulação sobe. Títulos, terrenos, objetos de arte e outros bens, se forem comprados hoje, amanhã irão valer mais. Esse aumento e aquela prosperidade atraem novos compradores [...] inerente a tal situação é a inevitável queda final [...] Isso porque ambos os grupos participantes da situação especulativa [que têm plena confiança na ascensão do mercado e aqueles que creem perceber a atmosfera especulativa do momento] estão programados para improvisados saltos de fuga" (John Kenneth Galbraith, *Breve storia dell'euforia finanziaria*, Milão, Rizzoli, 1998, pp. 11-19).

3. De acordo com Robert Boyer, essas regularidades se referem principalmente: ao tipo de evolução da organização da produção e da relação salarial; ao horizonte temporal de valorização do capital sobre o qual são estabelecidos os critérios de gestão; aos critérios de repartição do valor produzido necessário à reprodução dos grupos sociais que participam da produção; a uma composição da demanda social

ANDREA FUMAGALLI E SANDRO MEZZADRA (ORGS.)

compatível com a evolução tendencial da capacidade produtiva; finalmente, à modalidade de articulação entre a esfera da produção capitalista e os âmbitos não capitalísticos. Os regulacionistas reconhecem, de fato, que as formas não capitalistas são relevantes na evolução e na formação própria dos diversos estratos socioeconômicos reconduzidos ao modo de produção capitalista. Cf. Robert Boyer, *Fordismo e postfordismo. Il pensiero regolazioni sta*, Milão, Università Bocconi Editore, 2007.

4. Nas reflexões que aqui apresento tenho constantemente consultado Renata Brandimarte, Patricia Chiantera-Stutte, Pierangelo Di Vittorio, Ottavio Marzocca, Onofrio Romano, Andrea Russo, Anna Simone (ed.), *Lessico di Biopolitica*, Roma, Manifestolibri, 2006.

5. A escolha por referir-se às categorias foucaultianas depende, antes de tudo, da vontade de retomar uma das direções traçadas pelo grupo de trabalho sobre o dinheiro, de *Primo Maggio*. Ver, em especial, Christian Marazzi, "Alcune proposte per un lavoro su 'denaro e composizione di classe'", *Quaderno nº 2 di Primo Maggio, Supplemento al nº 12 di Primo Maggio*, pp. 75-80. Ver também Christian Marazzi, "Commento a convenevole", *Primo Maggio*, 11, 1977/78. Marazzi, comentando talvez de modo excessivamente crítico uma importante pesquisa realizada na tentativa de construir uma nova estatística da distribuição de renda em uma economia de produção monetária, sublinhava como a crítica da economia política foi, por trás da crítica do poder, desenvolvida por Foucault: "É, de fato, mais fácil ver a simultaneidade da relação saber-poder do que aquela da relação troca-riqueza."

6. Carlo Vercellone sustentou, em diversas contribuições, como o novo paradigma tecnológico (que ele definiu juntamente com outros estudiosos do capitalismo cognitivo) finca suas raízes em três processos: a contestação da organização científica do trabalho; a expansão das garantias e dos serviços coletivos de *welfare*; a constituição de uma intelectualidade difusa como resultado da democratização do saber. Cf. Didier Lebert e Carlo

Vercellone, "Il ruolo della conoscenza nella dinamica di lungo periodo del capitalismo: l'ipotesi del capitalismo cognitivo", *in* Carlo Vercellone (ed.), *Capitalismo cognitivo. Conoscenza e finanza nell'epoca postfordista*, Roma, Manifestolibri, 2006. É, todavia, evidente que pelo menos um dos três processos denominados (a intelectualidade difusa associada à democratização do saber) seja colocado em crise pelos dispositivos de comando sobre o qual o novo capitalismo é estruturado: se assiste a processos de reforma da educação pública que empurram para baixo tanto as consciências tradicionais quanto o senso crítico dos estudantes; paralelamente se difunde uma retórica da formação permanente voltada para sustentar processos de reestruturação das empresas que raramente reforçam a capacidade de inovação do sistema econômico. Em outros termos, "o investimento que garante a reprodução do capital fixo humano é reduzido em consequência do desmantelamento do Estado social e do aumento dos custos da educação". O resultado paradoxal é "o aumento da importância estratégica do trabalho cognitivo social e a concomitante piora das condições de vida dos próprios *knowledge workers*". Cf. Christian Marazzi, "L'ammortamento del corpo-machina", *Posse. La classe a venire*, novembro de 2007, www.posseweb.net. Torna-se legítimo perguntar: até que ponto pode durar essa exploração constante das consciências qualificadas que são sedimentadas graças a determinados fatores institucionais (a democratização do saber)? Isto é, sob quais condições a consciência pode continuar a representar um fundamental elemento de valorização no capitalismo contemporâneo?

7. Em outras palavras, como sustentou Zanini em um seminário anterior da UniNomade: "A 'fase' que tem duração de pelo menos 15 anos é caracterizada por políticas de regulação 'para baixo' do valor da força de trabalho. Sobretudo nos países fortes, a produção de saber e de inovação por meio da precarização é o sinal distintivo dessa nova fase." Cf. Adelino Zanini, "New Deal e democrazia conflittuale", *in* AA.VV., *Guerra e democrazia*, Roma, Manifestolibri, 2005.

ANDREA FUMAGALLI E SANDRO MEZZADRA (ORGS.)

8. Para além das contribuições de Andrea Fumagalli e de Christian Marazzi neste mesmo volume, cf. André Orléan, "Beyond trasparency", 18 de dezembro de 2008, www.eurozine.com; Dmitri B. Papadimitriou e Randy Wray, "Time to Bail Out: Alternatives to the Bush-Aulson Plan", *Policy Note of The Levy Economics Institute of Bard College*, 6 de novembro de 2008; Pavlina R. Tcherneva, "Obama's Job Creation Promise: a Modest Proposal to Guarantee that he Meets and Exceeds Expectations", *Policy Note of The Levy Economics Institute of Bard College*, 1º de janeiro de 2009, http://www.levy.org; Martin Wolf, "Why Obama's Plan Is Still Inadequate and Incomplete", *Financial Times*, 13 de janeiro de 2009; Martin Wolf, "Why President Obama Must Mend a Sick World Economy", *Financial Times*, 21 de janeiro de 2009.

9. Ver a conferência "Les mailles de pouvoir" feita por Michel Foucault em 1981; os passos parafraseados no texto são citados em Adelino Zanini, "Invarianza neoliberale", *in* Sandro Chignola (ed.), *Governare la vita. Un seminario sui Corsi di Michel Foucault al Collège de France (1977-1979)*, Verona, Ombre Corte, 2006, p. 122.

10. *Ibidem*, p. 124.

11. Michel Foucault, *Sicurezza, territorio, popolazione. Corso al Collège de France (1977-1978)*, Milão, Feltrinelli, 2005, p. 258.

12. *Ibidem*, p. 88.

13. Massimo Amato, *Il bivio della moneta. Problemi monetari e pensiero del denaro nel Settecento italiano*, Milão, Egea, 1999, p. 20.

14. Christian Marazzi, "La monnaie et la finance globale", *Multitudes*, 32, março de 2008, pp. 115-127. Na realidade, a definição da palavra financeirização é problemática. Ver a contribuição de Bernard Paulré, neste volume.

15. Por efeito-riqueza entende-se geralmente a modificação da pergunta agregada induzida pela variação no valor real da riqueza que ocorre como resultado de mudanças no nível dos preços. Quando se refere ao mercado acionário, tem-se um efeito-riqueza positivo se os movimentos no nível dos preços

A CRISE DA ECONOMIA GLOBAL

das ações são associados a movimentos nas taxas de juros: uma queda nas taxas de juros aumenta a valorização dos títulos representativos do capital e, portanto, a riqueza percebida em seu conjunto. Os economistas neoclássicos, nos anos da grande crise, recorreram amplamente aos efeitos-riqueza para sustentar a existência de mecanismos automáticos capazes de garantir o pleno emprego a longo prazo. O fato de me referir a esse conceito não significa absolutamente que assumo o ponto de vista neoclássico. Creio, ao contrário, que o modelo americano se regeu sobre os efeitos-riqueza, primeiro ligados aos títulos tecnológicos, depois ao imobiliário, em um contexto de baixas taxas de juros, e que essa prática de controle social seja dirigida à garantia de uma política de pleno emprego.

16. A feliz expressão é de Michel Aglietta, "Le capitalisme de bulle en bulle", *Le Monde*, 5 de setembro de 2007. Aglietta escreve que se passa de bolha em bolha porque o sistema não é dotado de nenhum freio interno. Também no momento em que os preços perderam totalmente cada relação com os valores fundamentais prevalece a lógica do curto prazo. Os gestores dos fundos, os intermediários e os gestores de empresas construíram um mecanismo de remuneração e de incentivos que responde a essa lógica. Portanto, é a própria organização das finanças que causa as sucessivas bolhas!

17. Acerca da crise, Riccardo Bellofiore e Joseph Halevi avançaram em diversos fóruns uma leitura sobre alguns aspectos fundamentais, propondo uma atualização da hipótese de instabilidade financeira de Hyman P. Minsky. Para dar conta das novidades do capitalismo contemporâneo, os dois autores dão novas vestes à hipótese minskyana, segundo a qual o capitalismo tende a fazer degenerar a estabilidade em instabilidade, posto que os operadores são incentivados a passar de posições financeiras cobertas a posições financeiras especulativas e ultraespeculativas: "O raciocínio deve ser capaz de explicar tanto o desenvolvimento (instável) quanto a crise (sistêmica) do 'novo capitalismo'. Deve-se, além disso, integrar Minsky em uma leitura

renovada marxista dos processos capitalistas centrada na produção de mais-valia." Ver Riccardo Bellofiore, "La crisi del neoliberismo reale", *Critica Marxista*, 6, novembro-dezembro de 2008, pp. 18-28. Essa leitura oferece sobre o plano macroeconômico indicações essenciais e riquíssimas. No entanto — como os próprios autores reconhecem — a hipótese da instabilidade financeira se rege bem somente sobre o plano microeconômico, "mas isso não garante de fato a sua ocorrência em nível macroeconômico". É verdade que a explosão da dívida em respeito aos fundos próprios hoje é dada na realidade sobre um plano macroeconômico, mas nas análises de Bellofiore-Halevi os dois fenômenos aparecem divididos: carecem de macrorreferências, a que os dois autores explicitamente aspiram. Embora aqui, como em outros escritos em parceria com Halevi — por exemplo, "Finanza e precarietà. Perché la crisi dei subprime è affar nostro", *in* Paolo Leon e Riccardo Realfonzo (ed.), *L'economia della precarietà*, Roma, Manifestolibri, 2008 —, Bellofiore dê importância ao tema do trabalhador "traumatizado, poupador, 'maníaco-depressivo', consumidor 'endividado'"; esse tema assume o significado de uma representação abstrata de "três faces do conjunto das 'famílias', portanto também do mundo do trabalho". Bellofiore não explicou ainda se essa abstração deve ser lida marxistamente como um processo de abstração real. Como nos parece que ele lê a relação capital-trabalho de modo unidirecional: do capital ao trabalho. O excedente próprio do trabalho vivo — que é a relação média entre dinheiro e capital — não vem, no fim das contas, reconhecido, legitimando de tal modo somente a produção do capital! O problema reside na irrelevância que — segundo esses autores — têm aqueles comportamentos subjetivos (e cooperativos) dos quais, em última análise, dependem tanto a sustentabilidade do regime de acumulação quanto o possível exercício de um conflito. De fato, também os comportamentos de classe se constituem a partir da experiência subjetiva. Portanto, na minha perspectiva, para estudar os aspectos qualitativos que emergem na esfera da circulação-reprodução, tento ter em conta as

A CRISE DA ECONOMIA GLOBAL

subjetividades. Nesse sentido, deve ser interpretada a centralidade que atribuo aos efeitos-riqueza.

18. John Maynard Keynes, *Teoria generale dell'occupazione, dell'interesse e della moneta*, Turim, Utet, 2006, pp. 281-283.

19. Esse é o principal limite dos trabalhos de André Orlean — um limite provavelmente ultrapassado. Cf. André Orlean, *Le pouvoir de la finance*, Paris, Odile Jacob, 1999; cf. também André Orlean, "La notion de valeur fondamentale est-elle indispensabile à la théorie financière? L'apport de l'approche conventionnaliste", 7 de janeiro de 2008, www.pse.ens.fr/orlean/.

20. Assim escrevia em 13 de maio de 2002 Marcello De Cecco sobre "Negócios e finanças", artigo publicado em Marcello De Cecco, *Gli anni dell'incertezza*, Roma-Bari, Laterza, 2007. Sobre *new consensus*, ver o capítulo 3 de Marc Lavoie, *L'économie postkeynésienne*, Paris, La Découverte, 2004.

21. Desenvolvem-se, em outras palavras, verdadeiras e peculiares formas de apropriação disso que surge como simples valor de uso.

22. É preciso também ter em conta o desinvestimento no capital físico que liberou liquidez dos processos produtivos. Essa liquidez foi utilizada para aumentar o valor de capital social: "Se o aumento de liquidez, resultante da redução dos investimentos em capital fixo, se acrescenta ao aumento do endividamento das empresas com o sistema bancário, entende-se como a financeirização da economia (pagamento de dividendos, juros, fusões e aquisições, *buyback* das ações já emitidas) foi uma extraordinária transferência de riqueza para a classe dos investidores acionistas e para os gestores de empresas que geriam os processos de financeirização." Cf. Marazzi, "L'ammortamento del corpo macchina", *op. cit.*

23. Segundo a definição proposta por Robert Boyer.

24. Christian Marazzi, "La frontiera interna dell'Impero", *Il Manifesto*, 11 de novembro de 2000.

25. Joseph E. Stiglitz, *I ruggenti anni Novanta. Lo scandalo della finanza e il futuro dell'economia*, Turim, Einaudi, 2003, p. 4.

26. Christian Marazzi, "Dietro la sindrome cinese", *Il Manifesto*, 1º de julho de 2004.

ANDREA FUMAGALLI E SANDRO MEZZADRA (ORGS.)

27. Joseph Stiglitz, "Le colpe di Greenspan", *La Repubblica*, 10 de agosto de 2007.

28. Robert Boyer, Mario Dehove e Dominique Plihon, "Contemporary Financial Crises: Between Newness and Repetition", *Issues in Regulation Theory*, abril de 2005. Como nota Marazzi, na sua contribuição neste mesmo livro, a crise maior que estamos vivendo se inicia a partir da degradação dos títulos emitidos sobre o crédito de parte das agências de *rating* em agosto de 2007, um ano depois da inversão do ciclo dos negócios!

29. Ver o exemplo de Allen Sinai, economista-chefe da Decision Economics, de Nova York, em entrevista a Eugenia Occorso, *La Repubblica*, 21 de agosto de 2008, p. 21.

30. Antonio Negri colocou uma pergunta que aqui considero necessário retomar: a financeirização com a qual temos de lidar hoje é o instrumento técnico que tem por fim a anulação de cada possibilidade de acumulação da potência revolucionária do trabalho cognitivo e/ou da experimentação autônoma das capacidades comuns de gestão? Cf. Antonio Negri, *Fabbriche di porcellana*, Milão, Feltrinelli, 2008.

31. Convém, no entanto, considerar que os efeitos-riqueza são um fenômeno complexo: a irracionalidade que sustenta o *boom* financeiro, como resposta a uma convenção que se dá no paradigma tecnológico do capitalismo cognitivo, reúne em si o desejo de um modelo antropogenético no qual seja reconhecida a potência produtiva da intelectualidade difusa fora de uma lógica de exploração. Sobre o modelo antropogenético, cf. o capítulo 8 de Robert Boyer, *The Future of Economic Growth: As New Becomes Old*, Cheltenham, Edward Elgar, 2004.

32. Judith Revel, "Biopolitica: politica della vita vivente", *Posse, La classe a venire*, novembro de 2007, www.posseweb.net. As modalidades de construção da biopolítica estão todas a ser inventadas. No entanto, não podem excluir a definição de formas de criação monetária que abrem espaços de democracia e de valorização não capitalista do trabalho vivo. Parece-me urgente, nesse sentido, uma retomada do tema da renda de existência a partir, porém, de uma cuidadosa comparação com os estudiosos

A CRISE DA ECONOMIA GLOBAL

dos regimes monetários complementares. Cf. Luca Fantacci, *La moneta. Storia di un'istituzione mancata*, Pádua, Marsilio, 2005; cf. Massimo Amato, "Le radici di una fede. Per una storia del rapporto fra moneta e credito", *in Occidente*, Milão, Bruno Mondadori, 2008.

5. No limiar do capital, às portas do comum: notas à margem sobre as ambivalências do capitalismo biopolítico

Federico Chicchi[*]
Tradução de Deserée Tibola,
Paulo Fernando dos Santos Machado,
Leonardo Retamoso Palma e Lúcia Copetti Dalmaso,
do coletivo de tradutores independentes Attraverso

---

[*] Sociólogo, professor da Universidade de Bolonha, Itália.

1. PREMISSA: REFLEXÕES E PROPOSTAS DE TRABALHO A PARTIR DA RECENTE CRISE DOS MERCADOS FINANCEIROS

É oportuno dizer, antes de mais nada, que as argumentações que se seguem aspiram a propor-se como uma tentativa parcial, e de forma alguma definitiva, de apreender algumas questões relevantes concernentes às ligações *saber-poder* do capitalismo contemporâneo. Mais especificamente, estamos interessados em focalizar a atenção e, portanto, em mostrar as ambivalências que a recente crise do capitalismo financeiro mundial evidencia no próprio corpo do capitalismo pós-fordista.

Em primeiro lugar, e com esse objetivo, pensamos ser útil salientar como nas últimas décadas o ritmo cada vez mais premente das crises econômicas, de um lado, e a complexidade das tramas com que elas se articulam e repercutem nos corpos sociais, do outro, mostram também, e mais uma vez, a capacidade do capital de produzir, no interior de uma edulcorada mas ao mesmo tempo venenosa e violenta mistura de poderes, uma estratégia de *management* com suas intrínsecas ambivalências internas. A estrutura do capitalismo é necessariamente dinâmica; o desvelamento — cuja primeira intuição é certamente marxista — desse paradoxo permite mostrar, e portanto compreender, como a *crise* é o motor do funcionamento do seu processo de acumulação. Em outras palavras — e como, aliás, o operaísmo mais sagaz já tinha esclarecido —, é a *resistência* (a luta de classe) — que se produz desde baixo contra os dispositivos de captura das forças de valorização,[1] a oposição social à sua *tradução* em porções e formas mensuráveis no pano de fundo antropológico do individualismo proprietário — que deflagra um processo de progressivo refinamento, desvio, aprofundamento e alargamento dos seus horizontes de crescimento. O fato de que o necessário processo de acumulação não seja linear e raso, mas, ao contrário, denso, recortado e de certa forma também perigoso para sua hegemonia, não parece, até aqui, ter prejudicado tanto assim a capacidade estrutural do capital. Pelo contrário, de certa forma, quanto maiores foram as ambivalências internas em sua composição, maiores pareceram ser os espaços de valorização que se produziram a seu favor. De fato, o capital é uma estrutura social e como tal funciona porque é *problemática*.

Poderia ser útil lembrar aqui, de modo instrumental e apenas no interior de um fugaz parêntese da nossa argumentação, a lição deleuziana sobre o paradoxo intrínseco das estruturas, contida num dos seus trabalhos mais belos: a *Lógica do sentido*. Há sempre uma *excedência* a ser posta em jogo, uma discrasia, um compartimento vazio entre a série significante e a série significada que compõe e faz funcionar uma estrutura (nesse sentido, sempre definível como uma relação aberta entre duas séries). Não existe, não pode existir, uma estrutura que se dê como *totalidade* fora de uma relação topológica e temporalmente nunca fechada de modo definitivo, uma forma que coloca historicamente de uma vez por todas os valores em uma série finita, em uma *medida* ordenada e quantitativa do ser. A ontologia é, e não pode ser senão desmedida, desvio, movimento. *O vivente existe segundo o devir*, como diz Simondon. A identidade e a medida são, portanto, nesse sentido a sua perversão ou, mais precisamente, a sua patologia paranoica, o seu sintoma. A exploração (da *força-valor*), a sua declinação social, é o sintoma do capital e ao mesmo tempo é o ponto de ligação de seu funcionamento (acumulativo) e o ponto no interior do qual mobiliza as energias políticas para provocar o seu colapso funcional.

A crise atual, que se manifesta, sobretudo, mas não apenas, por meio da crise das instituições da finança internacional, é, porém, uma crise que apresenta características de uma radicalidade inédita. Ela parece minar as raízes do próprio substrato no qual a estrutura social e econômica do capitalismo amarrou e amarra as suas práticas ordinárias de funcionamento. De fato, ela bagunça, desestabiliza e deslegitima o fulcro no qual se realiza a forma da troca mercantil, a própria forma do vínculo social da modernidade: a moeda como *unidade de cálculo* das relações sociais de débito-crédito.[2] A lição keynesiana, antes, e a regulacionista, depois, de fato nos ensinam como a moeda pode ser considerada como a instituição fundamental do sistema econômico moderno. "A moeda, como operador do valor, é a instituição normativa por excelência, uma vez que o pagamento é prescritivo."[3] A moeda, para poder manter a sua função hegemônica de *grandeza* generalizada da relação social, o seu papel de equivalente geral operacionalizado por meio do dinheiro, deve então repousar sobre uma estrutura fiduciária extraeconômica que lhe pré-exista e que, por meio de instituições, regule/governe a relação social.

ANDREA FUMAGALLI E SANDRO MEZZADRA (ORGS.)

Ela é logicamente anterior às relações mercantis, porque é a própria condição de possibilidade e a base de avaliação destas. Ela provém da soberania. É o centro de uma crença comum dos indivíduos nas relações mercantis, porque a moeda é aquilo que confere a eles a sua pertença em termos econômicos.[4]

A profunda crise da estrutura institucional das finanças no capitalismo contemporâneo poderia então acionar a crise da *moeda* (da sua forma de valor baseado na medida) e, portanto, também a crise das formas sociais econômicas no interior das quais é hoje gerida a relação de poder monetário. A crise das "instituições da moeda" é hoje de fato generalizada e transversal, diz respeito a praticamente todas as organizações/instituições que presidem a gestão da relação econômica.

Parece-nos que esse seja um aspecto manifesto e hoje visível da crise (e a ele estão dramaticamente se somando os efeitos mais duros da crise econômica, como o crescimento do desemprego e da pobreza e o aumento da desigualdade na distribuição da riqueza etc.). A perda de confiança nas instituições do capitalismo neoliberal nos parece, portanto, inevitável. Se, por um lado, mostra vividamente e com urgência a oportunidade política para imaginar uma radicalmente nova arquitetura institucional para organizar a produção da riqueza social, põe também o problema do risco de uma nova *grande transformação* (no sentido de Karl Polanyi), caracterizada por uma deriva autoritária e violenta do poder, ainda hoje, apesar de tudo, hegemônico e chamado por meio do Estado para tentar restaurar a confiança na moeda/medida.

Então, tudo isso constitui uma nova e extraordinária *densidade de contradições* no interior da estrutura capitalis-

A CRISE DA ECONOMIA GLOBAL

ta. Os nexos de saber-poder do capital, que se organizam para capturar, curto-circuitando-as, as potências valorizantes do *general intellect* (intelectualidade, mas também afetividade de massa), nas *prisões* do proprietário e no induzido impulso aquisitivo, são colocados duramente à prova. Os *intervalos* que podem ser evidenciados no interior do círculo vicioso da produção *fetichista* da vida em mercadoria/medida mostram-se agora, nesse sentido, também como uma inédita oportunidade política (obviamente a ser construída ainda) de subtração ao seu comando. O curto-circuito entre subjetivação e assujeitamento parece finalmente mostrar a sua violência dispositiva/apropriativa, até agora fenomenologicamente opaca à maioria. Nessa perspectiva, a crise financeira, a percepção difusa da sua gravidade social, é então somente um ulterior desvelamento da precedente crise, nesse ponto definitiva, do compromisso fordista entre capital e trabalho[5] como *regulador*-chave da produção de valor, e que tinha instituído, até o fim do século passado, o tema do progresso como cifra simbólica de legitimação social do crescimento a qualquer custo.[6] Nesse sentido, os processos de precarização e fragmentação do instituto moderno do trabalho, que caracterizaram as economias mundiais nas últimas décadas, são apenas a primeira camada de uma crise sistêmica que o capital tentou gerir a seu favor, primeiro descarregando sobre o trabalho os custos da crise do regime de acumulação fordista (socialização dos riscos de empresa) e depois reorganizando-se dentro de um novo modelo de poder e de aprofundamento da exploração que individua os componentes de valorização não mais no *tempo de trabalho*, mas diretamente nas qualidades *específicas* (materiais e sobretudo imateriais) do *bios* e dos territórios sociais (bioeco-

191

nomia). A (ilusória) produção financeira de riqueza (*efeitos-riqueza*) foi, nesse sentido, o ponto de chegada de um dos seus principais dispositivos operacionais de regulação pós-fordistas.

Para orientar a análise e o antagonismo no capitalismo contemporâneo, à luz da crise econômica em ato, pensamos ser útil considerar e, portanto, tentar desenvolver três principais esquemas interpretativos. O primeiro, de ordem epistemológica e metodológica, refere-se à necessidade de abandonar o paradigma centrado nas categorias de análise do moderno. Estas últimas, baseadas em uma típica forma "dialética" e "discreta", mostram toda a sua insuficiência heurística e interpretativa. Trabalho/consumo, trabalho produtivo/trabalho improdutivo, *rente*/lucro, salário/renda, subjetivação/assujeitamento etc. são todas formas conceituais hoje atravessadas por inéditas complexidades, e sua emergência empírica é indubitavelmente caracterizada por uma progressiva coalescência e curto-circuitação interna. Em síntese, uma análise eficaz do capitalismo contemporâneo deve ser colocada para além (mesmo que não completamente fora) do paradigma da economia política. Como Claudio Napoleoni já tinha intuído no fim dos anos 1970, a análise do valor (valor absoluto) não pode mais estar inserida dentro do paradigma da economia política, clássica ou neoclássica que seja. Em especial, as aporias da teoria do valor, de matriz ricardiana e marxista, tinham, principalmente e apesar da tentativa de Sraffa, já se tornado manifestas e insuperáveis, se enquadradas no interior de um esquema de investigação totalmente interno à gramática econômica. Parece-nos que o que o autor demonstra na sua elogiável, mas de certa forma oscilante, tentativa de salvar o marxismo dentro do tema da alienação

A CRISE DA ECONOMIA GLOBAL

(da inversão sujeito-objeto) e da exploração, classicamente baseada na produção/apropriação de um excedente, é exatamente a necessidade de ler e de desconstruir o problema econômico no interior de um dispositivo mais elástico e menos linear, assim como de certa forma é o filosófico.

> Ou seja: se continua sendo verdade que a sociedade burguesa é caracterizada pela redução de qualquer realidade à economia, da qualidade à quantidade, por outro lado não é verdade que as modalidades dessa redução possam ser argumentos da ciência econômica; essa permanece definida (e delimitada) como análise do reificado, enquanto deve necessariamente evitar a análise do processo de reificação.[7]

A segunda questão, estreitamente correlacionada com a primeira, é de mérito e diz respeito à necessidade de pensar a crise do capitalismo financeiro inserida em uma fase de crise geral do modo de produção capitalista. Nesse sentido, acreditamos que seja necessário tomar nota de que a modalidade de produção do valor e com ela as subjetividades do valor mudaram profundamente (da fábrica à fábrica social) e que com elas mudaram as estratégias dispositivas de exploração que tornam possível e sustentável o processo de acumulação. Nesse sentido, estamos profundamente convencidos de que, para ler a fase que está em curso, seja necessário mencionar as análises que descrevem o constituir-se de um capitalismo cognitivo[8] (baseado em uma economia do conhecimento e da comunicação/cooperação social) e, sobretudo, o mostrar-se de uma arquitetura de acumulação do capital definível como *bioeconômica*. O terceiro e último ponto refere-se à urgência

ANDREA FUMAGALLI E SANDRO MEZZADRA (ORGS.)

e à oportunidade de organizar uma nova prática de movimento antagonístico que estabeleça como sua primeira *missão* produzir um léxico político (e diríamos também "antropológico") novo, capaz de compor no fundo da produção um *telos* (do) comum para orientar a *potência* do seu devir geral. Nesse sentido, a questão política central resulta ser a *criação* de "modos de vida" capazes de exprimir tal necessidade, que é em primeiro lugar, ao nosso ver, a produção de uma nova *ética* do comum,[9] que é e deve fazer-se sociabilidade.

Estendemo-nos no interior dessa premissa, esquecendo-nos apenas instrumentalmente do tema específico para cuja discussão aqui fomos convidados, porque pensamos ser realmente importante ressaltar que, para compreender e agir politicamente dentro da crise atual do capitalismo, seja necessário ter bem claro que é preciso fazê-lo, epistemológica e metodologicamente, por fora das formas interpretativas (e binárias) do moderno, muito vinculadas a uma lógica linear que não compreende o peso dos paradoxos da contemporaneidade. Importa-nos, ainda mais, ressaltar que se cada estrutura apresenta um ponto cego que torna articulável a relação social, um ponto jamais assimilável, sob pena de lhe custar inevitável e progressiva autodestruição, cada crise de uma estrutura que pretende funcionar mostra-se, também, como uma *radicalização* de suas internas e insolúveis ambivalências. A crise como densificação das ambivalências torna-se (banalmente pode tornar-se) então uma oportunidade política que insiste e deve insistir na inédita visibilidade de um *novum* que se mostra subitamente sob uma nova luz de possibilidade e praticabilidade. Quando as impossibilidades da *estrutura a dominante* se tornam fenomenologicamente mais visíveis e delas se tem experiência, aumenta em sentido

A CRISE DA ECONOMIA GLOBAL

contrário a possibilidade de colocar em jogo um novo (contra)poder (um novo saber) dentro do plano desgastado de sua hegemonia. Em nossa opinião, está em jogo, dentro do espaço aberto da recente e já definida pela maioria como crise financeira de época, a própria sobrevivência do regime de acumulação pós-fordista.

2. A TEXTURA BIOECONÔMICA DO CAPITALISMO CONTEMPORÂNEO

É oportuno ressaltar como o mercado financeiro não é interpretável meramente como um dos mecanismos de regulação do novo regime de produção da riqueza proprietária, mas foucaultianamente deve ser também, e sobretudo, considerado como um dispositivo de *saber-poder* que exercita uma ação invasiva de captura das condutas, das emoções, das orientações, em poucas palavras: das *vidas* dos *indivíduos sociais*, imersos, muitas vezes contra a vontade, na instabilidade crescente e radical do ambiente econômico pós-fordista. Em outras palavras,

> com a financeirização entra-se propriamente no campo do *bios*. O que está em jogo com o investimento nos mercados bursáteis? Está em jogo a nossa vida futura, a nossa renda futura, a nossa aposentadoria, a possibilidade de viver dignamente uma vez saídos do mercado de trabalho para entrar na aposentadoria e não só: está em jogo, pela primeira vez de modo peremptório e explícito, o *bios,* e este por meio da financeirização da economia e, por intermédio dela, da sociedade.[10]

ANDREA FUMAGALLI E SANDRO MEZZADRA (ORGS.)

A economia financeira pós-fordista exerce, nesse sentido, um *biopoder* sobre os comportamentos dos homens. Ela tenta fabricar e dispor, no interior do seu campo de funcionamento, sujeitos dóceis, "obedientes, assujeitados a certos hábitos e regras",[11] de modo que se prestem para ser utilizados como *força-valor*, para ser transformados e aperfeiçoados para maximizar e explorar melhor os seus recursos, as suas forças e energias valorizantes.

O *efeito-riqueza* que os mercados bursáteis e financeiros produzem (com uma perigosa dilatação *ad libitum* da relação débito-crédito), como uma espécie de ilusório *seguro* social ao estilhaçamento do modelo de proteção social fordista, gera, na sua frenética e imediata desejabilidade, um novo impulso aos processos de acumulação do capital (é aquilo que Christian Marazzi definiu como *privatização do deficit spending keynesiano*). Tal dispositivo cria novas riquezas (principalmente para quem controla aqueles saberes), novas ilusões (para quem se deixa subjetivar naqueles dispositivos) e novas pobrezas/expropriações (sofridas por quem está excluído daqueles saberes), mas, sobretudo, confunde e reendereça os interesses da força de trabalho assalariada para dentro do próprio corpo do capital, fragmentando-a e enfraquecendo-a politicamente. "A constante transposição do capital na força de trabalho, da qual falávamos anteriormente, significa, na realidade, que a contradição que antes era entre capital e trabalho agora está diretamente presente no nosso corpo; é difícil nesse sentido encontrar algo fora desse espaço da financeirização."[12] É exatamente nessa perspectiva que os mercados financeiros globais podem ser descritos como elementos-chave de um capitalismo que se faz *bioeconômico*.[13] Entendendo-se, em uma primeira aproximação, com esse conceito, o subs-

A CRISE DA ECONOMIA GLOBAL

tancializar-se de uma economia que se mantém por meio da exploração biopolítica, direta e invasiva, das *qualidades* valorizantes da espécie humana, compreendidas na sua generalidade. Para analisar inteiramente esse aspecto, em nossa opinião tão relevante, é necessário articular o tema do *paradigma bioeconômico* no interior de duas questões a ele consubstanciais e que os desdobramentos do processo de financeirização da economia tornam particularmente evidentes. Primeiro: a produção de um laço social *esquizofrênico*, no qual a relação indivíduo-sociedade aparece desequilibrada de modo patológico no polo individual da relação constitutiva do social,[14] tornando politicamente mais difícil a promoção de ações coletivas antagonistas não locais e de alcance geral; segundo: a superação da *esfera produtiva* marxista como espaço exclusivo de produção de valor (que se acompanha, na analítica econômica, da progressiva confusão entre *rente* e lucro).

A primeira questão diz respeito, então, ao tema social da *financeirização* do capitalismo contemporâneo, no sentido de que ela

> funciona como dispositivo de agregação dos processos de individuação, uma espécie de "comunismo do capital", de extensão da "propriedade dos meios de produção" para a força de trabalho empregada. O capital financeiro, como capital social cotado na bolsa, apresenta-se como "representante coletivo" da multidão dos sujeitos que povoam a sociedade.[15]

Em tal modo se reconstrói — acrescentaríamos, paradoxalmente — o rarefeito âmbito *público* da sociedade pós-industrial, diretamente no seio da somatória dos interesses particulares (financeiros) dos indivíduos, espaço, então, de todo interno à lógica privatista e proprietária do capital. Tal aspecto assume, porém, uma relevância, poderíamos dizer, também "antropológica", porque age, alterando-a, sobre a própria qualidade do laço social. O capitalismo pós-fordista induziria o sujeito a se representar, ilusoriamente, como suficiente a si mesmo, mônada conclusa e autossuficiente, operador único do seu destino pessoal, desconhecendo a necessária e imprescindível conexão do eu com o *pré-individual* (e o *transindividual*) para a produção da própria autonomia, mostrando de tal modo os traços típicos de uma inclinação clínica de tipo *esquizofrênico*. Em outros termos, a progressiva desconexão do sujeito de sua dimensão sócio-histórica, a sua redução à própria individualidade circunstancial, provocaria o risco de uma separação (*Spaltung*) narcisista do *trabalho vivo* (o trabalho que se faz empreendimento individual, capital humano) da esfera pública, excluindo a dobra da *subjetividade* da prática de construção participada e constituinte do *sentido* do mundo que se habita. Eis que se esclarece, portanto, o paradoxo do sujeito, assim como o capitalismo pós-fordista se preocupa em defini-lo, no interior de seus mais recentes dispositivos de poder: representar e reconhecer legitimidade ao indivíduo enquanto desconectado de sua própria existência social (privado da *práxis* e fragmentado na sua ilusória liberdade egocêntrica) para compreender e assumir no seu código estrutural de produção aquelas mesmas capacidades sociais de valorização, antes negadas e ocultadas ideologicamente.[16] A *subjetividade*, desorientada e mutilada em seu lado social e político, desconectada da "propriedade" do seu intrínseco *fazer social* (cooperar) e, portanto, submetida aos imperativos sistêmicos, começa a girar sobre si mesma no vértice mortífero do consumo dos *gadget* e da sua ilusória

A CRISE DA ECONOMIA GLOBAL

liberdade aquisitiva. Certamente esse cenário, o de uma subjetividade tornada esquizofrênica pela constituição do capitalismo bioeconômico e cognitivo, não diz toda a "verdade". Ele aprofunda apenas uma perspectiva da questão, aquela do poder que procura a *impressão* do sujeito nas malhas da medida do valor, não aquela da subjetividade como perspectiva de resistência e insurgente desmedida. "Todavia — para usar em nosso propósito as palavras de Antonio Negri — a ilusão capitalista é forte, e a eficácia de seu comando é ainda mais forte".[17] Devemos levar isso em conta.

O segundo elemento de reflexão a respeito da natureza bioeconômica do capitalismo contemporâneo diz respeito à progressiva superação da esfera da produção como lugar exclusivo e *teatro* da *valorização* capitalista. Nesse mesmo sentido, mas de uma perspectiva diferente, poderíamos dizer que a *financeirização mostra o tornar-se rentista do lucro*.[18] O tema é complexo e controverso, mas central. Apenas esclarecendo os percursos sociais dos novos processos de produção do valor é de fato possível compreender plenamente as transformações contemporâneas do capitalismo e as dinâmicas de poder sobre a vida e a ele consubstanciais. Não podendo, porém, enfrentar aqui a questão, dada a economia deste trabalho, limitamo-nos a ressaltar como os dualismos produção/circulação e produtivo/reprodutivo na definição e, logo, na produção do valor tenham hoje, no desdobrar-se do capitalismo cognitivo, estruturalmente explodido. Para dizê-lo com as muito eficazes palavras de Antonio Negri, podemos notar

> que a taxa de mais-valia, ao nível da subsunção real da sociedade/trabalho no capital, é a expressão exata do

grau de exploração, não somente da força de trabalho (do operário), por parte do capital (do capitalista), mas também de todas as potências comuns da produção social que estão compreendidas na força de trabalho social.[19]

A perspectiva política da multidão, a construção de inéditas formas sociais do seu organizar-se como *potência subjetiva* e de seu expressar-se como novo cenário em devir da vida em comum, não pode prescindir da especificação do papel central do *operário social* e da *metrópole* no interior da nova cadeia de produção de valor. Com um aviso, porém: "Quando se diz produção, não se fala mais somente de uma realidade econômica, mas fala-se principalmente de uma realidade biopolítica. O operário social age, dessa forma, dentro da produção biopolítica."[20] O ponto de ruptura, o intervalo entre subjetivação e assujeitamento, o movimento *de êxodo* que vai reatualizando continuamente, está, a nosso ver, ligado por um fio duplo à inversão do sinal negativo e parasitário da renda na direção de uma imediata instituição de uma disponibilidade "positiva" de riqueza comum. Trocar o sinal da renda, então. Esse é o desafio político que nos espera.

3. CONCLUSÕES: UMA ONTOLOGIA DO COMUM COMO PANO DE FUNDO NECESSÁRIO DO ANTAGONISMO INSURGENTE

Seria um erro ler o capitalismo contemporâneo unicamente como o capitalismo dos mercados financeiros. Ele é muito mais. A financeirização é um dispositivo interno e coerente

A CRISE DA ECONOMIA GLOBAL

com o seu movimento, uma instituição de regulação da sua mais ampla organização estrutural pós-fordista. O capitalismo contemporâneo é o capitalismo de uma economia que tenta instituir-se sem nenhuma mediação (jurídica ou política que seja) como textura *unívoca* do sentido e que coloca os sujeitos e as suas condutas cooperativas e biopolíticas diretamente no centro do seu imperativo de acumulação. O capitalismo que organiza as excedências de valor e as potências da cooperação social (do comum produtivo), não as governando, mas inserindo-as dentro de um variado e complexo dispositivo de *controle* que ele mesmo produz, *impressiona* a vida na medida monetária. Tal "mecanismo" de invasiva subsunção do *fazer social* no capital não necessita mais ser instituído dentro do *tema* do trabalho; funciona imediatamente dentro e fora dele, no consumo, nos cuidados, nas relações, nas linguagens, nos afetos. Poderíamos dizer, com uma provocação retórica, na atividade humana *sans phrase*.

Em conclusão e à luz do que afirmamos até agora, são duas, então, as questões políticas que aguardam uma articulação urgente. Existe uma atualidade de riqueza social emergente que é continuamente produzida com extraordinária potência valorizante. Ela é o fruto de um saber social e multitudinário que encontra suas infraestruturas nas tecnologias da comunicação (as *redes*) e da mobilidade (*medium* de programação potencialmente ilimitada e reflexiva do conhecimento e do trabalho vivo). Esses lugares são, para dizê-lo em síntese, os lugares do *fazer* das redes sociais e da criatividade *metropolitana*. A *rente* é o instrumento econômico que hoje o capital usa para ocultar a *especificidade* desses lugares e, dessa forma, para colocá-los em valor dentro da medida contábil da sua acumulação. Mudar o sinal do rentismo

ANDREA FUMAGALLI E SANDRO MEZZADRA (ORGS.)

quer dizer produzir um movimento de apropriação e distribuição multitudinária dessa riqueza, mostrar a insuficiência "ética" do dispositivo proprietário para poder compreendê-la e desenvolvê-la, quebrar o jogo no qual a potência do fazer comum está submetida por meio das e com as formas de poder do capital.

Para que isso possa acontecer, é necessário operar um investimento político que vá na direção de imaginar e construir inéditas *formas* de democracia que instituam e tornem praticável um espaço social e antropológico novo (metaestável) no qual os *indivíduos sociais* possam se reconhecer, compartilhar, enfrentar o aberto e dar tempo social às suas múltiplas singularidades. As lutas que nestes anos se produziram e se produzem, na proximidade das subjetividades cooperativas e das suas infraestruturas, prevalentemente em relação à defesa de suas particulares e/ou corporativas instâncias territoriais, produzem *intervalos*, colapsos parciais e locais do dispositivo de captura do capital (que, como vimos, funciona por curto-circuitação do *novum* valorizante). O problema político (e a tática que deve derivar dele) é então fazer entrar em ressonância entre si tais insurgências de subtração biopolítica, permitir a multiplicação e, assim, a generalização, em uma escala ética mais alta e compositiva, das biopolíticas afirmativas e das "condições de comunhão" que ali se produziram.[21] Devemos, então, levantar a questão sobre como constituir as condições para "tornar possível a lenta invenção do comum como espaço sempre reelaborado das subjetivações e dos modos de vida".[22] Somente na construção progressiva e contingente de uma arquitetura social do comum que se faz fenomenologicamente *real* é possível, de fato, imaginar uma subjetividade que tem a força ética e po-

A CRISE DA ECONOMIA GLOBAL

lítica de subtrair-se contemporaneamente ao *gozo* persuasivo e mortífero e ao *comando* também violento e repressivo que o capitalismo contemporâneo continua jogando e exercitando sobre os nossos corpos e as nossas vidas.

Notas

1. Neste sentido, Jean-François Lyotard associava ao capitalismo o tema da decadência: "(...) o capital não conhece *uma* crise, ele mesmo não está em decadência, mas é o seu funcionamento que pressupõe e comporta *a* decadência, ou se se prefere, *a* crise. Ou melhor, a crise é uma *condição da sua possibilidade de funcionamento*". Jean-François Lyotard, "Piccola messa in prospettiva della decadenza e di alcune lotte minoritarie da condurre", *in* AA.VV., *Politiche della filosofia*, Palermo, Sellerio, 2003, p. 96. Também nos parecem interessantes, e em linha com essas argumentações, ainda que desenvolvidas no interior de uma outra perspectiva de interpretação, as reflexões de Luc Boltanski e Eve Chiappello, *Le nouvel esprit du capitalisme*, Paris, Gallimard, 1999.

2. "Na medida em que a relação débito-crédito é marcada por uma dissimetria instável — diante da *efetiva* posição de *força* do credor subsiste sempre, também, a sua *potencial fraqueza*, devida ao risco, em si fundamentalmente imprevisível, de uma insolvência estrutural dos devedores como 'classe' e, portanto, a sua força de pressão de 'última instância' — ela põe em jogo *relações de confiança* que não podem ser simplesmente o fruto de um cálculo econômico de conveniência, mas devem ser *previamente acionadas* e, nesse exato sentido, instituídas. Na medida em que, na sua dissimetria, a relação devedor-credor é fundamentalmente incerta e, portanto, *arriscada*, devem ser postos em prática procedimentos, literalmente rituais, feitos para

ANDREA FUMAGALLI E SANDRO MEZZADRA (ORGS.)

estabilizar um *regime de confiança* no qual somente tais relações podem ter um desenvolvimento ordenado." Massimo Amato, "Le radici di una fede. Per una storia del rapporto fra moneta e credito" *Occidente*, Milão, Bruno Mondatori 2008, p. 21.

3. Michel Aglietta, "Regolazione e crisi del capitalismo", *in* Michel Aglietta e Giorgio Lunghini, *Sul capitalismo contemporaneo*, Turim, Bollati Boringhieri, 2001, p. 16.

4. *Ibidem.*

5. "É neste nível de *crise* da relação entre capital e trabalho — de crise da separação clássica entre forças produtivas e relações de produção, além da consequente crise da governabilidade da sociedade civil — que entra em jogo a financeirização do capital." (Christian Marazzi, "Socialismo del capitale", *in* AA.VV., *Lessico Marxiano*, Roma, Manifestolibri, 2008, p. 164.)

6. Cf. Federico Chicchi, *Lavoro e capitale simbolico. Una ricerca empirica sul lavoro operaio nella società post-fordista*, Milão, Franco Angeli, 2003.

7. Claudio Napoleoni, "L'enigma del valore", *in Dalla Scienza all'utopia*, Turim, Bollati Boringhieri, 1992, p. 128.

8. Sobre esse tema vejam-se, dentre outras, as recentes contribuições de Carlo Vercellone sobre o tema, em Yann Moulier Boutang, "Financiarisation et capitalisme cognitif. Le sens et les problèmes d'une liaison", in Gabriel Colletis e Bernard Poulré (coord.), *Les nouveaux horizons du capitalisme: Pouvoirs, valeurs, temps*, Paris, Economica, 2008, pp. 277-294.

9. Cf. Judith Revel, "Identità, natura, vita: tre decostruzioni biopolitiche", *in* Mario Galzigna (org.), *Foucault oggi*, Milão, Feltrinelli, 2008, pp. 134-149.

10. Christian Marazzi, "Il corpo del valore: bioeconomia e finanziarizzazione della vita", *in* Adalgiso Amendola, Laura Bazzicalupo, Federico Chicchi e Antonio Tucci (orgs.), *Biopolitica, bioeconomia e processi di soggettivazione*, Macerata, Quodlibet, 2008, p. 139.

11. Michel Foucault, *Sorvegliare e punire. Nascita della prigione*, Turim, Einaudi, 1976, p. 140.

12. Christian Marazzi, "Il corpo del valore", op. cit., p. 139.

A CRISE DA ECONOMIA GLOBAL

13. Sobre o conceito de economia, ver em especial os ensaios de Laura Bazzicalupo, *Il governo delle vite. Biopolitica e economia*, Bari, Laterza, 2006; Andrea Fumagalli, *Bioeconomia e capitalismo cognitivo. Verso un nuovo paradigma di accumulazione*, Roma, Carocci, 2007; Federico Chicchi, "Bioeconomia: ambienti e forme della mercificazione del vivente", in Adalgiso Amendola, Laura Bazzicalupo, Federico Chicchi e Antonio Tucci (org.), *Biopolitica, bioeconomia e processi di soggettivazione, op. cit.*

14. Ver a propósito e para um aprofundamento, Federico Chicchi, "Capitalismo lavoro e forme di soggettività", *in* Jean-Louis Laville, Michele La Rosa, Christian Marazzi e Federico Chicchi, *Reinventare il lavoro*, Roma, Sapere 2000, 2005, pp. 149-185.

15. Christian Marazzi, "Socialismo del capitale", *op. cit.*

16. Naturalmente isso abre, num longo período, o problema do risco de interrupção dos próprios processos de reprodução dos recursos de valorização. Talvez essa seja a mais densa contradição intrínseca ao capitalismo pós-fordista.

17. Antonio Negri, *Fabbrica di porcellana. Per una nuova grammatica politica*, Milão, Feltrinelli, 2008, p. 68.

18. Carlo Vercellone, "Trinità del capitale", *in* AA.VV., *Lessico Marxiano, op. cit.*, pp. 181-196.

19. Antonio Negri, "Poteri e sfruttamento: quale nuova articolazione in una prospettiva marxiana?", disponível em: http://seminaire. samizdat.net/2005. A nosso ver, o artigo é de extraordinário interesse.

20. Antonio Negri, *Dall'operaio massa all'operaio sociale*, Verona, Ombre Corte, 2007, p. 11.

21. Sobre este tema, e em especial sobre a relevância política das lutas em defesa do Valle di Susa, queremos assinalar a sugestiva contribuição de Emanuele Leonardi, "Il movimento No-Tav in Valle di Susa; dispositivo-grandi opere e fermento soggettivo", *in* Adalgiso Amendola, Laura Bazzicalupo, Federico Chicchi e Antonio Tucci (orgs.), *Biopolitica, bioeconomia e processi di soggettivazione*, op. cit., pp. 415-424.

22. Judith Revel, "Identità, natura, vita", op. cit., p. 147.

6. *New economy,* financeirização e produção social na web 2.0

Tiziana Terranova[*]
Tradução de Julio Valentim

---

[*] Socióloga, professora da Universidade de Nápoles, Itália.

Desde a década de 1990, a partir da decisão de suspender a proibição do uso comercial da internet e com a introdução do protocolo web, o encontro entre a *new economy* — da qual o famoso "pontocom" foi expressão — e o capital financeiro é um encontro feliz. É uma economia da abundância de capital e da nova cultura do trabalho que se desenvolveu nestes breves anos que vão da metade da década de 1990 ao *crash* de maio de 2001 e que tem como protagonista uma geração de pessoas com 20 a pouco mais de 30 anos, em sua maioria americanos e norte-europeus, que fundaram toda uma série de microempresas naqueles espaços vazios, fronteiriços, abertos a partir da comercialização da internet. Nessa atmosfera de corrida do ouro, essa nova geração americana e norte-europeia é literalmente investida por enormes fluxos de capital, numa espécie de aposta generalizada que leva a massa de investidores a financiar pesadamente uma multidão de microempresas baseadas, principalmente, na venda de produtos e serviços online.[1]

Os capitais investidos por essa jovem força de trabalho são utilizados para financiar uma cultura do trabalho muito diferente da anterior. Em todos esses anos, mesmo sob a pressão do movimento contracultural ligado à invenção do computador pessoal, foi aberta uma polêmica com o modelo

ANDREA FUMAGALLI E SANDRO MEZZADRA (ORGS.)

de trabalho informático corporativo *à IBM* (paletó e gravata, o hino da *corporação* cantado de manhã em coro, a empresa como uma família[2]). Os jovens empresários e trabalhadores das "pontocom" usam esses capitais para financiar a cultura do trabalho lúdico, em que persiste, no fim das contas, a clássica divisão de gênero no trabalho (com os homens responsáveis pela maior parte do planejamento e as mulheres pela concepção e pelas relações sociais), mas em uma atmosfera informal, que prolonga a suave heterossexualidade da vida universitária (como os romances de Douglas Coupland, em especial *JPod*[3]).

Enquanto a atmosfera do lugar de trabalho se torna lúdica e informal, o salário como renda fixa é complementado por uma participação na renda variável proveniente dos ganhos obtidos na cotação da bolsa. Pulverizados no poderoso fluxo de um capital financeiro em mutação, parece importar a poucos que o ritmo do trabalho digital se torne intenso e cativante, como o de um videogame, que a relação de comando se mascare sempre sob uma perversa dinâmica interpessoal (um exemplo disso pode ser visto no mascaramento do verdadeiro "chefe" no filme *O grande chefe*, de Lars Von Trier, de 2006) e que os salários da maioria dos trabalhadores *dos novos meios de comunicação* sejam muito inferiores aos dos empregados dos meios de comunicação mais tradicionais.[4] Sob a pressão da financeirização, esquizofrenicamente, emerge uma cultura de trabalho que absorve a recusa do trabalho e a transforma em uma nova modalidade de trabalho que, como notou Andrew Ross, acolhe parcialmente as exigências de liberdade e informalidade que emergiram de um ciclo de lutas anterior, que importa do trabalho acadêmico e universitário a dissolução parcial da

A CRISE DA ECONOMIA GLOBAL

fronteira entre o tempo de vida e de trabalho e fomenta, em muitos casos, um empreendorismo que combina autoformação e autoexploração.[5]

No *crash* de maio de 2001, a chamada bolha "pontocom" se esvazia drasticamente e, por um momento, parece que a *new economy*, esse sonho de uma liquidez financeira difusa capaz de sustentar um novo modo de trabalhar e produzir, se esvai. Trata-se da destruição do *general intellect*, como sustenta Franco Berardi, em favor de um retorno a uma economia de guerra, em sua nova inflexão policial e securitária, catalisada pelo 11 de setembro?[6]

No entanto, o *crash* de 2001 não marca tanto o fim da *new economy* quanto a sua recalibração. O processo de financeirização segue investindo na internet, mas em novas bases. Trata-se, no discurso de gurus da *new economy*, como Tim O'Reilly, de remodelar os investimentos por meio de uma seleção e uma individuação das novas tendências culturais e tecnológicas e do novo modelo econômico capaz de constituir uma *nova new economy* da rede.[7] Chega da simples remediação de modelos econômicos importados da velha economia; trata-se agora de refletir sobre quais são os modelos econômicos de inovação na web. A senha da *new economy* pós-*crash* é a "web social", ou web 2.0. As empresas da web 2.0, diz O'Reilly, possuem algo em comum. O seu sucesso é baseado em sua capacidade de atrair multidões de usuários que criam um mundo de relações sociais a partir de plataformas/ambientes disponíveis e de sites como Friendster, Facebook, Flickr, Myspace, Second Life e Blogger. No entanto, destaca O'Reilly, a web 2.0 não está limitada a essas novas plataformas, ela também está em aplicações como o Google, na medida em que se pode controlar e valo-

ANDREA FUMAGALLI E SANDRO MEZZADRA (ORGS.)

rizar a atividade de "navegação" dos usuários; ou outra aplicação que assegure uma autorização de extrair o valor excedente das ações conjuntas, como linkar um site, assinar um post em um blog, modificar um software e assim por diante. Mesmo a Amazon, que à primeira vista parece uma simples remediação de livraria, sobreviveu ao *crash* das pontocom porque, segundo O'Reilly, adotou um modelo de web 2.0. A Amazon.com não se limita a vender livros, mas organiza a publicação de comentários escritos por usuários sobre os livros à venda e usa algoritmos que monitoram as seleções e as compras dos usuários, que são capazes de agrupar e linkar publicações relacionadas e, em seguida, oferecer "sugestões" para os visitantes do site.

A web 2.0 é um modelo vencedor para os investidores, na medida em que controla, incorpora e valoriza o trabalho social e tecnológico dos usuários. O limite da inovação do processo de valorização capitalista da *new economy* é a marginalização do trabalho assalariado e a valorização do "trabalho livre", que para os usuários é um trabalho não remunerado e não comandado, que, no entanto, é controlado.[8] Trata-se de atrair e de individuar não apenas o "trabalho livre", mas também diferentes formas de mais-valia possíveis e capazes de capitalizar o desejo difuso de socialização, de expressão e de relação.[9] Nesse modelo, a produção de lucros para a empresa é por meio da individuação e captação de uma mais-valia "lateral" (a venda de publicidade, a propriedade e venda de produtos de dados da atividade de usuários, a capacidade de atrair investimentos financeiros com base na visibilidade e no prestígio de novas marcas globais, como Google e Facebook). Em muitos casos, a mais-valia reside na redução dos custos do próprio trabalho, na medida em que eles são "terceirizados"

A CRISE DA ECONOMIA GLOBAL

para os usuários (tais como a avaliação e o beta-teste de jogos ou a assistência técnica aos usuários).[10] Na Itália, por exemplo, a empresa de telefonia móvel "3" terceiriza a assistência técnica para uma *comunidade* de especialistas que respondem a perguntas dos usuários.[11] Em troca de sua participação, os usuários-colaboradores recebem algum tipo de retorno mais ou menos imaterial (fazer parte de uma *comunidade* ou de uma *rede social* ou, muito mais material, ter acesso a crédito e a vários produtos gratuitos).[12]

A web 2.0, portanto, em sua versão empresarial, parece se deslocar por um terreno que é comum a um outro movimento das redes informáticas, o movimento da produção social, ou *peer to peer* (p2p). O movimento *peer to peer* explora a possibilidade de criar uma economia baseada no mecanismo da produção social na rede que é independente dos mecanismos de valorização do capital, mas não necessariamente antagônica à produção social valorizada pela organização capitalista da web 2.0. O p2p sustenta que é possível implementar formas de cooperação voluntárias organizadas em rede capazes de dar vida a uma nova economia participativa fora do regime jurídico da propriedade individual.

A ideia de evolução é central em algumas formas de discussão e exposição dos princípios do p2p e é frequentemente colocada numa explícita polêmica com uma interpretação antagonista da produção social de matriz marxista.[13] A razão evolucionista é preferível àquela antagonista e é usada para argumentar que é possível pensar a economia como um sistema ecológico, o que permitiria, pelo menos num primeiro momento, a coexistência de diversas formas de organização da produção e da valorização da cooperação social, que podem coexistir lado a lado, pelo menos até o dia em que o sucesso do p2p tornar obsoletas outras formas de organização econômica.[14] O movimento p2p pretende também desenvolver instrumentos financeiros autônomos (tais como a rede de doadores, por exemplo) ou até mesmo a produção de novos tipos de moedas capazes de fornecer a remuneração daqueles que vêm participando.

A estratégia parece ser, portanto, uma "fuga" parcial da economia capitalista, que não exclui a coexistência e o parasitismo, mas capaz de se aproveitar até mesmo de momentos de "crise" como o atual para impor a efetividade dos seus modelos. Uma crítica que se pode fazer ao p2p, de alguma forma relacionada com a recusa do conflito como um elemento determinante da relação do p2p com a economia capitalista, é que ele tende a produzir um modelo dos mecanismos de cooperação social que é paradoxalmente pobre do ponto de vista da concepção da interação entre as subjetividades envolvidas. Isso se traduz às vezes, como no caso exemplar de um texto muito citado e apreciado pelo p2p, *A riqueza da rede: a produção social transforma o mercado e aumenta a liberdade*, do jurista Yochai Benkler, em uma reabilitação da ideia de uma mão invisível do mercado da economia clássica, que neste momento se torna a mão invisível da cooperação social milagrosamente capaz de assegurar a harmônica produção de bens comuns a partir do jogo de interesses individuais.[15]

1. AS RESPONSABILIDADES DA INTERNET E AS FINANÇAS DOS MODELOS

O problema (e o recurso) chave da *new economy* é, portanto, a cooperação social, uma cooperação que atravessa mui-

A CRISE DA ECONOMIA GLOBAL

tos graus de socialidade e atividade, a partir do nível mais "baixo", constituído da simples ação cumulativa de clicar em um site ou carregar material multimídia, para finalmente atingir aquele mais "alto", da produção de software *open source* [livre].[16] Nesse sentido, é possível identificar uma linha abstrata que atravessa a *nova new economy* da web 2.0 e a financeirização de massa das décadas de 1990 e 2000. O que parece resultar fundamental nas teorias e reflexões sobre a nova economia da rede e do financiamento de micro-operadores é o problema da multiplicação de interações e as escolhas individuais capazes de produzir mais-valia. Tais interações se estendem para fora da capacidade de comando do capital, mas ainda estão dentro de uma lógica de controle mais ou menos experimental.

E é significativo que, nos dias mais quentes da crise financeira que afetou as bolsas globais em outubro de 2008, a revista *Newsweek*, em um editorial intitulado "O primeiro desastre da era da internet" acenda um refletor sobre a internet e as redes de computadores em geral, acusando-as de estar entre os maiores responsáveis pela catástrofe.[17] Vale a pena relembrar que essa é a argumentação segundo a qual o editorial da *Newsweek* atribui à internet a responsabilidade pela crise financeira. O editorial move um ataque explícito ao presidente do Federal Reserve Bank dos EUA, Alan Greenspan, que, antes da crise pontocom de 2001, tinha sustentado que a internet tinha transformado as finanças, tornando possível a "realocação do risco", por meio da criação, do cálculo e da troca de produtos financeiros complexos sobre uma base global.[18] A *Newsweek* critica Greenspan por não ter previsto como a multiplicação dos produtos financeiros (tais como os famosos *subprimes* [créditos de risco]) teria criado problemas no que diz respeito à avaliação de títulos, desencadeando uma procura por dinheiro em espécie que dispensava qualquer avaliação racional dos títulos mobiliários e acendia, assim, o pavio da futura crise de crédito.

Para a *Newsweek*, a verdade é que a internet havia derrubado os custos de transação, mas também tinha "contaminado" o capital financeiro, na medida em que o havia injetado promiscuamente em um novo tipo de socialidade, aquela da Web 2.0. A web 2.0 não é explicitamente citada no artigo, mas é significativo como a crítica feita pela *Newsweek* à internet repete aquilo que se tornou um lugar-comum da crítica à web 2.0, que é o fato de que ela leva muitas vezes à produção de mundos fechados, de *câmaras de eco*, ou "câmaras de reverberação", ou seja, lugares onde é possível confrontar apenas com afins, fechando-se para as relações com pontos de vista diferentes do narcisismo de grupo.[19] É dentro dessas "câmaras de reverberação" que o editorial da *Newsweek* identifica os locais de agregação de "construtores de novos produtos exóticos para o mercado de desvio de 688 trilhões de dólares".[20]

Além disso, em vez de tornar os mercados mais democráticos e transparentes, a internet criou também uma "neblina de dados", que teria ajudado alguns trapaceiros de Wall Street a desviar o rumo da economia global tão facilmente como jogar um videogame. Se a crise financeira da era pontocom acabou por ser uma crise da adolescência da internet, agora se trata da "primeira crise financeira da idade madura da internet — uma crise causada em grande parte pelas tecnologias estreitamente conectadas que sustentam o sistema financeiro e a nossa sociedade inteira".[21]

A CRISE DA ECONOMIA GLOBAL

A internet teria levado a uma intolerável multiplicação do número de agentes econômicos, cujo comportamento agregado carece daquela racionalidade intrínseca que permitiria ao mercado avaliar corretamente o valor das empresas. Por outro lado, a facilidade com que se tornou possível comprar e vender ações teria exponencialmente multiplicado o número de transações que se tornaram praticamente desconhecidas e, consequentemente, aumentaram a volatilidade dos mercados. Essa interação com a tela foi identificada por um dos principais estudiosos dos mercados financeiros, Karin Knorr Cetina, como um componente fundamental do mercado financeiro, o que o distingue fundamentalmente de outros modelos de mercado, como os da antropologia do dom e aqueles baseados na produção de bens de consumo.[22] Os mercados financeiros seriam, então, baseados em um determinado regime visual, em que o mercado se torna "plenamente visível na tela — como um conjunto de preços sujeitos a trocas rápidas, intercambiáveis, inteiramente contextualizados", que age por meio da complexa série de instrumentos financeiros. Como resultado, o mercado financeiro produz, para Knorr Cetina, uma "intersubjetividade global que deriva da característica desses mercados como reflexivamente observados pelos participantes nas telas de seus computadores em uma imediata sincronicidade e continuidade temporal".[23]

Essa intersubjetividade global veiculada pelas telas dos computadores teria dado vida, segundo o editorial da *Newsweek*, a um "sistema bancário obscuro" que, em 2007, era tão grande quanto aquele tradicional. O que se afirma no mercado financeiro dos anos 2000 é uma intersubjetividade não apenas global, mas também porosa com relação à cultura da web 2.0, inserida nas redes sociais do Facebook, influenciada pela avaliação dos "blogueiros" mais famosos, que se comunica por meio de ferramentas de "mensagem instantânea", como o MSN, usado para completar transações financeiras. Para a *Newsweek*, a internet tem permitido a proliferação da "invenção" de instrumentos financeiros, da mesma forma que tem facilitado a inovação tecnológica e, ao mesmo tempo, faz das finanças dos derivados uma espécie de cruzamento entre a "fofoca e o videogame. Conversas triviais no MSN podem se transformar em transações. Tudo é esmagado no mesmo plano, a tagarelice sobre o tempo que faz operações de 100 milhões de dólares. Que diferença faz quando tudo parece o mesmo e é assinado por uma face sorridente?"[24]

A *Newsweek* conclui sustentando a necessidade de um nível adicional de inovação tecnológica, desejando a criação de uma nova interface para os operadores financeiros da web, um tipo de painel eletrônico, com mostradores capazes de sinalizar por meio de um sistema de cores (curiosamente semelhante ao sistema de alerta concebido pelo governo Bush para advertir a população do risco de ataques terroristas) que facilitaria a avaliação dos mercados financeiros.[25] Em suma, um novo protocolo web para as finanças, apto a tornar a comunicação transparente e a disciplinar de alguma forma, por meio de uma avaliação correta, a euforia irracional dos operadores financeiros.

A proposta de criar um "painel financeiro" para a web disciplinaria as transações financeiras de massa, tornando-as transparentes por meio de nova mediação tecnológica e neutralizando aquela perigosa convergência entre a web social do Blogger, Facebook, MSN e MySpace e as finanças. O "painel" seria agregado, então, a outro modo fundamental no qual o computador se torna parte da montagem do mer-

A CRISE DA ECONOMIA GLOBAL

cado financeiro, e que é ligado à necessidade de construir um "senso" de mercado que possa tornar, de alguma maneira, globalmente compreensíveis e significantes as dinâmicas caóticas da interação entre os muitos, assim como ela se dá no tempo instantâneo da comunicação eletrônica distribuída. Na realidade, o "senso" de mercado é cada vez mais construído no nível da formação da opinião pública, como o senso agregado, mas, no entanto, inteligível, uma entidade ideal capaz de emitir sinais definidos sobre quais são as suas percepções, suas sensações, seus afetos. O mercado financeiro pós-crise é um mercado que, nas páginas dos jornais e nos noticiários televisivos, é capaz de emoções como medo, ansiedade, pânico, que tem confiança ou não tem confiança, que reage, depois de tudo, como um corpo único, aos sinais provenientes dos indicadores econômicos, das políticas enunciadas e do comportamento de consumo.

Para alguns operadores financeiros, esse senso global que o "painel financeiro", de um lado, e a máquina da opinião pública, de outro, tentam tirar do mercado é dado pelo uso de modelos e simulações econométricas. A "gestão de risco", por exemplo, um grupo especializado de operadores financeiros com competência técnica e salários superiores àqueles dos operadores simples, faz grande uso de modelos estatísticos e de estoque de simulação importados para o campo das finanças dos matemáticos e físicos do ex-bloco soviético e da Índia, agora convertidos para a economia.[26] Trata-se, por exemplo, do Black-Scholes, que modela a evolução de produtos financeiros ao longo do tempo, ou o famoso Monte Carlo, do qual Nassim Nicholas Taleb, um professor libanês de "ciências da incerteza", da Universidade de Massachusetts (Amherst), e gestor de risco de sucesso em

Wall Street, fala na sua edição *Jogada do acaso: o papel da sorte nas finanças e na vida*.[27] O simulador de Monte Carlo, na verdade, originalmente desenvolvido por físicos de Los Alamos para o estudo das reações em cadeia no átomo, permite a simulação de uma gama de cenários ao longo do tempo, determinando uma série de "caminhos evolutivos" dentro de um "espaço-fase", que podem determinar a possível variação dos preços em mercados altamente voláteis.[28]

Inspirado no trabalho de Robert Schiller, autor de *Euforia irracional* e famoso por ter posto em dúvida, desde o início dos anos 1980, o modelo dos "mercados eficientes",[29] Taleb relaciona o andamento dos preços, isto é, a forma na qual os vários cenários ligados ao andamento dos preços possa variar segundo a simulação de Monte Carlo, a fatores estatísticos e físicos, mas também ao comportamento, à conduta e mesmo às respostas fisiológicas dos operadores da bolsa. Por exemplo, Taleb enfatiza a importância do choque emocional (*pontapés emocionais*), a oscilação das emoções e as consequentes alterações no estado químico do corpo dos operadores como um resultado da contínua exposição aos altos e baixos do mercado.

O que esses modelos, talvez em vão, tentam simular é o comportamento de uma montagem, aquela dos mercados financeiros, que engloba uma série de variáveis e culturas. A cultura da web social e da comunicação instantânea do MSN, a cultura dos físicos e matemáticos empregada na consultoria financeira, mas também aquela dos operadores financeiros de cidades globais como Londres, Nova York e Tóquio. Considere, por exemplo, a cultura da participação financeira do Centro de Londres, vizinho de lugares-chave da *new economy* londrina como Hoxton e Shoreditch. A cada dia útil,

A CRISE DA ECONOMIA GLOBAL

uma massa de homens medonhos em ternos e gravatas é despejada cotidianamente de ônibus, trens e metrôs na área em torno da estação da Liverpool Street, para retornar oito ou nove horas mais tarde e se esparramar em bares e pubs em Old Street, Brick Lane, London Bridge, Clerkenwell Road e Hoxton Square, em busca de embriaguez extrema e experiência erótica mercenária. Para aqueles que vivem em bairros adjacentes ao Centro (artistas, trabalhadores da *new economy* e minorias étnicas africanas e oriundas do Oriente Médio), os operadores do Centro são presenças particularmente ruidosas e visíveis à noite e nos fins de semana, quando se pode vê-los entrando e saindo dos clubes noturnos para circular em limusines com vidros fumê (em cujo interior se pode intuir facilmente o consumo de grandes quantidades de champanhe e cocaína) em torno dos bares de striptease de Hackney Road.[30] Juntando-se uma outra variável à fisiologia do mercado financeiro, a mais-valia de testosterona produzida por essa atividade noturna rende ainda mais eficiência ao operador financeiro,[31] de acordo com um estudo do Departamento de Desenvolvimento Fisiológico em Neurociência da Universidade de Cambridge. O que nos perguntamos aqui é qual o uso que será dado a esses elevados níveis de testosterona na nova área de negócios preferida dos operadores financeiros que perderam o emprego na sequência da crise, isto é, no ensino (superior e não superior).[32]

2. REDES CONTRA REDES E EXPERIMENTAÇÕES ÉTICO-ARTÍSTICAS

Do ponto de vista das novas tecnologias, portanto, o capital financeiro funciona como uma assemblagem de assemblagens na qual intervêm componentes técnicos, culturais, sociais e fisiológicos. Aquilo que Sandro Mezzadra definiu como o processo de captura e valorização capitalista do comum se desdobra no âmbito de uma grande formação em cujo interior se tenta produzir a impossível medição da vida biopolítica de que trata Antonio Negri. É difícil compreender quais os efeitos que eles produzem sobre essas formações e os novos esforços de regulamentação anunciados por todas as partes como antídotos para a crise financeira. No entanto, é precisamente sobre essas formações que qualquer esforço feito para evitar a dinâmica de acumulação rentista de exploração do comum deve agir.

A questão de como lutar enquanto assemblagem contra assemblagens, ou seja, a questão da guerra entre "redes", tem sido objeto nos últimos anos de numerosas reflexões, seja da parte de grupos próximos ao *establishment* militar americano, seja em termos de desenvolvimento de novas práticas políticas adequadas à sociedade das redes.[33] Em uma publicação recente, Eugene Thacker e Alexander R. Galloway propõem uma nova tática política para a era da guerra entre assemblagens ou redes, que eles chamam de *exploit*.[34] Ao definir as lutas ligadas ao desenvolvimento das redes-contra-redes como lutas protocológicas (dos protocolos que organizam e controlam as redes, ou não), Thacker e Galloway sustentam que a resistência política nas redes (tecnológicas e biológicas, ou vitais) envolve fundamentalmente a descoberta de fragilidades ou brechas nas tecnologias existentes. As práticas relacionadas à luta política de redes contra redes, assemblagens contra assemblagens caracterizadas por uma indistinção do orgânico e do inorgânico, do tecnológico e do biológico, implicam a identificação de falhas ou brechas na própria com-

A CRISE DA ECONOMIA GLOBAL

posição das redes e de suas formas imanentes de controle. "O objetivo da resistência política em redes vitais, portanto, deve ser a descoberta desses *exploits* — ou ainda melhor: identificar traços de *exploits* e perceber práticas políticas".[35] Tais práticas políticas, todavia, não são meros atos de resistência, pois permitem vislumbrar também a projeção de eventuais mudanças por meio da abertura explorada pelo *exploit*.[36] Obviamente, não se trata de declarar a obsolescência das formas de luta política mais tradicionais, mas de afirmar a necessidade de trabalhar também em outro nível, exatamente esse constituído por formas específicas de controle (e inevitáveis fragilidades) das grandes assemblagens tecnológicas e biológicas organizadas em forma de rede.

Em relação ao conceito de *exploit*, proponho aqui duas experimentações ético-artísticas que utilizam uma estratégia de parasitar formações econômico-financeiras, a fim de penetrar pelas brechas sistêmicas e causar desastres: o grupo popular de ativistas culturais conhecido como The Yes Men (um nome coletivo associado aos americanos Andy Bichlbaum e Mike Bonanno e a seus admiradores/imitadores) e o projeto Gwei (Google Will Eat Itself — O Google Vai se Comer).

The Yes Men agem em especial sobre a formação constituída pela rede de relações públicas de empresas e governos, na tradição americana de *public relations* de Edward Bernays de atuar sobre a opinião pública a fim de produzir consenso e boa vontade em relação às políticas corporativas que representam. Aproveitando-se da desordem sistêmica produzida pela multiplicidade de fontes comunicativas em atividade na rede, e partindo do princípio de que a prática de relações públicas consiste em disfarçar os discursos ideológicos grosseiramente cínicos de empresas e organizações governa-

ANDREA FUMAGALLI E SANDRO MEZZADRA (ORGS.)

mentais, The Yes Men, por exemplo, constroem websites que imitam perfeitamente aqueles das organizações escolhidas e aceitam os convites que chegam a esses sites para participar de eventos, palestras e colóquios em nome das organizações copiadas.[37] Assumindo a aura de autoridade dos porta-vozes oficiais (assumiram, entre outros, o papel de porta-vozes da Organização Mundial do Comércio, do McDonald's, da Halliburton, da Exxon, da Dow Chemical e, ainda, do Departamento de Habitação e Desenvolvimento Urbano do governo americano), fizeram propostas que, embora chocantes para muitos, tiveram credibilidade por corresponder ao *ethos* de tais organizações. Propuseram para um público de investidores e lobistas, por exemplo, tornar legal a prática de venda do voto e, até mesmo, fazer com que os mais pobres comam excrementos humanos reciclados. Parece que a maioria das propostas foi aceita de maneira bastante favorável ou, pelo menos, sem indignação ou choque por parte de seus ouvintes. Mais tarde, The Yes Men tornaram públicas tanto as propostas quanto as reações dos investidores e lobistas.

Uma outra estratégia utilizada pelos Yes Men é a de personificar os porta-vozes das grandes corporações e organizações governamentais, mas para anunciar publicamente acontecimentos como o fim da OMC ou confissões de culpa seguidas do compromisso de ressarcimento pelos danos infligidos por seus venenos à população civil. Em 2004, por exemplo, um dos Yes Men conseguiu ser convidado pela BBC e anunciou publicamente que a Dow Chemical iria ressarcir as vítimas de Bhopal, pagando 12 bilhões de dólares aos sobreviventes. O falso anúncio, embora violentamente desmentido pela Dow Chemical, causou uma queda de 3,4 pontos percentuais das ações da Dow na bolsa de Frankfurt e de 50 centésimos na de Nova York.[38] Portanto, The Yes Men identificam no "nevoeiro de informações" citado pela *Newsweek* e na proliferação das fontes de comunicação um ponto fraco na assemblagem das relações públicas, que desempenha um papel importante ao determinar, por exemplo, o preço das ações no mercado financeiro. Com ações voltadas para, em minha opinião, causar não apenas microchoques facilmente gerenciáveis pelas corporações, mas também para mostrar a vulnerabilidade que envolve as ações nesse tipo de assemblagem dirigido à formação da opinião pública e à construção do significado do mercado tal como é expresso no valor dos títulos financeiros.

Outro exemplo de experimentação com práticas de luta protocológicas, de versão ético-artística experimental, é o projeto Google Will Eat Itself, uma colaboração ítalo-austríaca entre Ubermorgen.com, Alessandro Ludovico e Paolo Cirio. O Gwei funciona de modo muito simples. A principal fonte de rendimento do site de buscas Google é seu AdSense, que coloca centenas de milhares de pequenos anúncios do Google em sites de todo o mundo. Os autores do Gwei abriram um grande número de contas AdSense e as colocaram em uma série de websites escondidos. Cada vez que alguém visita um desses websites, ativa um mecanismo por meio do qual a rede de sites recebe um micropagamento do Google. O Google paga um valor mensal por essas visitas: após atingir o mínimo exigido, os fundos recebidos são utilizados pelos autores do projeto para comprar ações do Google (e, nesse sentido, usando o Google para comprar o Google).

A provocação lançada por esse ato de canibalismo informático está baseada explicitamente em uma crítica ao modelo econômico "google" e naquilo que seus autores consideram como benevolência fingida. Em "Hack the Google self. referentialism" (texto em que explicam os pressupostos teóricos do projeto[39]), os autores acusam o Google de ser um ditador que entretém seus súditos, não um governo autoritário nem um monopólio no estilo da Microsoft, mas um novo tipo de monopólio em uma série de setores estratégicos da economia de rede. Em particular, o banco de dados do Google representa um verdadeiro patrimônio de valor inestimável que, para todos os efeitos, é privatizado. O banco de dados do Google é imenso e abrange toda uma série de preferências relacionadas a notícias, imagens, preços, e-mails que podem ser "localizados e analisados estatisticamente cruzando informações gerais, sobre aluguéis e sobre produtos".[40] O registro de todos esses dados, de solicitações do usuário, é, assim, "ignorado pelos utilizadores, na medida em que esses parecem ser hipnotizados por uma máquina virtual quase perfeita".[41] A web 2.0 permitiu, pois, ao Google penetrar também na rede de blogueiros que, por meio de um programa como o AdSense, experimentam a possibilidade de participar dos lucros gerados pela Google.

> Eles concordam em exibir minúsculas peças de publicidade em troca de uma pequena quantia para cada clique. Esse processo é protegido e monitorado para evitar abusos. O cenário atual é o Google como um gigante mediador. Ela concentra dinheiro dos publicitários oferecendo-lhes uma pequena parcela do espaço web global. E dá aos autores algumas moedas por sua colaboração. Concentra informações de websites (notícias, imagens, preços) e as libera como resultados de pesquisas dos usuários. Estar no meio é cada vez mais o inevi-

A CRISE DA ECONOMIA GLOBAL

tável centro de equilíbrio do sistema. E não nos referimos aos sistemas naturais. Falamos de negócios e de dominação.[42]

Os autores do Gwei concluem realçando que é por meio do buraco, da falha ou do *exploit*, como o chamam Thacker e Galloway, que se pode, aparentemente, afetar a ditadura benevolente do Google e similares.

> O maior inimigo desse gigante não é outro gigante: é o parasita. Se um número considerável de parasitas suga pequenos montantes de dinheiro [...], eles esvaziam a montanha artificial de dados e seu risco interno de um totalitarismo digital.[43]

Essas microfalhas, identificadas e exploradas pelos Yes Men e pelos autores do projeto Gwei, podem realmente afundar o barco do capital financeiro e de seus mecanismos perversos? Não é nesse nível que tais experiências ético-artísticas devem ser avaliadas. Elas parecem ter sobretudo um valor heurístico, como indicado por Galloway e Thacker.[44] A identificação dos *exploit* implica a necessidade de dar início a uma experimentação que atinja uma série de formações em sua dimensão mais ampla, capaz de atravessar todos os setores da sociedade neoliberal atingida pelos efeitos de uma governamentalidade econômica que intensifica os níveis de exploração, mortifica a vida, torna as relações sociais bárbaras e empobrece a subjetividade. Do outro lado dos buracos negros, talvez não esteja a ideia de uma reforma ou de uma revolução dos mercados financeiros, mas uma superação do capitalismo financeiro e de seu domínio sobre a sociedade.

Notas

1. Cf. John Cassidy, *Dot.con. The Greatest Story Ever Sold*, Nova York, HarperCollins, 2002.
2. Cf. Fred Turner, *From Counterculture to Cyberculture: Stewart Brand, the Whole Earth Network and the Rise of Digital Utopianism*, Chicago, Chicago University Press, 2008.
3. Douglas Coupland, *Jpod*, Piacenza, Frassinelli, 2006.
4. Cf. Bill Lessard e Steve Baldwin, *Escravos da internet. Netslaves*. São Paulo, Makron, 2000; idem, *Netslaves 2.0. Tales of "Surviving" the Great Tech Gold Rush*, Nova York, Allworth Press, 2003.
5. Cf. Andrew Ross, *No Collar. The Humane Workplace and Its Hidden Costs*, Nova York, Basic Books, 2004; Rosalind Gill *Technobohemians or the New Cybertariat? New Media Work in Amsterdam a Decade After the Web*, Amsterdã, Institute of Network Cultures, 2007.
6. Cf. Bifo, "Abbandonate le illusioni preparatevi alla lotta", 10 de outubro de 2002 (http://www.rekombinant.org/old/article.html. sid=1840).
7. Tim O'Reilly, "What Is Web 2.0. Design Patterns and Business Models for the Next Generation of Software", 30 de setembro de 2005 (http://www.oreillynet.com/pub/a/oreilly/tim/news/2005/09/30/what-is-web-20.html).
8. Cf. Tiziana Terranova, *Cultura network: per una micropolitica dell'informazione*, Roma, Manifestolibri, 2006.
9. Sobre o controle protocológico, ver Alexander R. Galloway, *Protocol: How Control Exists after Decentralization*, Cambridge, The MIT Press, 2004.
10. Para uma etnografia da externalização e dos usuários como "cocriadores" em uma pontocom australiana que opera no setor de videogames, cf. John Banks, "The Labour of User Co-Creators: Emergent Social Network Markets?", *in Convergence: The International Journal of Research into New Media Technologies*, vol. 14, nº 4, 401-418 (2008).
11. Ver o site http://www.tre.it/public/home.php. Agradeço a Sandro Mezzadra por ter me indicado essa versão italiana da web 2.0

A CRISE DA ECONOMIA GLOBAL

como terceirização do serviço de assistência ao usuário dos próprios usuários.

12. Para uma análise da cultura participativa da internet e da relação entre usuários e indústria de mídia, ver também Henry Jenkins, *Cultura da convergência*, São Paulo, Aleph, 2009.

13. Cf., por exemplo, Henrik Ingo, "Ethics, Freedom, and Trust", *in Re-public: re-imagining democracy* (http://www.re-public.gr/en/?p=275). Sobre p2p como evolução humana, ver Michel Bauwens, "Peer to Peer and Human Evolution: Placing Peer to Peer Theory in an Integral Framework" (http://integralvisioning.org/article.php?story=p2ptheory1).

14. Cf. Tiziana Terranova, "Il potere della rete: Intervista a Michel Bauwens", *Il Manifesto*, 5 de novembro de 2008.

15. Cf. Yochai Benkler, *La ricchezza della rete: la produzione sociale trasforma il mercato e aumenta la libertà*, Milão, Egea, 2007. Para uma crítica eficaz da mão invisível como harmonizadora milagrosa do mercado, ver Maurizio Lazzarato, *Puissances de l'invention. La psychologie économique de Gabriel Tarde contre l'économie politique*, Paris, Les Empêcheurs de Penser en Rond, 2002.

16. Para uma taxionomia dos diversos níveis de participação na produção social de rede, cf. Yochai Benkler, *op. cit.*

17. Cf. "The First Disaster of the Internet Age", *Newsweek*, outubro de 2008 (http://news.uk.msn.com/newsweek.aspx?cp-documentid=10239416).

18. *Ibidem.*

19. Cf. Geert Lovink, "Blogging, the Nihilist Impulse" (http://www.eurozine.com/articles/2007-01-02-lovink-en.html).

20. "The First Disaster of the Internet Age", *op. cit*

21. *Ibidem.*

22. Cf. Karin Knorr Cetina, "The Market", *Theory, Culture, and Society*, 23 (2006), 2-3 (*Problematizing Global Knowledge: Special Issue*), pp. 551-556; e Karin Knorr Cetina e Urs Bruegger, "The Market as an Object of Attachment: Exploring Postsocial Relations in Financial Markets", *Canadian Journal of Sociology*, 25 (2000), 2, pp. 141-168.

ANDREA FUMAGALLI E SANDRO MEZZADRA (ORGS.)

23. Karın Knorr Cetina, "The Market", op. cit., p. 551.
24. "The First Disaster of the Internet Age", op. cit.
25. Para o sistema de alerta cromático introduzido pela administração Bush como parte de uma nova governamentalidade neoconservadora, cf. Brian Massumi, "Fear the Spectrum Said", *Multitudes. Compléments Bibliographiques*, 23, 4, janeiro de 2006 (http:// multitudes.samizdat.net/Fear-The-spectrum-said).
26. Para um exemplo de um estudo empírico-matemático dos comportamentos do "bando" dos operadores financeiros desenvolvido para criar modelos melhores, ver Fabrizio Lillo, Esteban Moro, Gabriella Vaglica e Rosario N. Mantenga, "Specialization and Herding Behaviour of Trading Firms in a Financial Market", *New Journal of Physics*, 10 (2008) (http:// www.njp.org/).
27. Nassim Nicholas Taleb, *Giocati dal caso: il ruolo della fortuna nella finanza e nella vita*, Milão, Il Saggiatore, 2008.
28. Para uma história do uso do simulador Monte Carlo na comunidade dos físicos nucleares, cf. Peter Galison, *How experiments end*, Chicago, University of Chicago Press, 1987.
29. Cf. Robert J. Shiller, *Euforia irrazionale. Analisi dei boom di borsa*, Bolonha, Il Mulino, 2000. Cf. também Christian Marazzi, *E il denaro va. Esodo e rivoluzione dei mercati finanziari*, Turim, Bollati Boringhieri, 1998.
30. Para uma exposição menos anedótica e mais científica da cultura e da sociabilidade dos operadores financeiros, cf. Caitlin Zaloom, *Out of the Pits: Traders and Technology from Chicago to London*, Chicago, University of Chicago Press, 2006.
31. Cf. Amanda Gardner, "Testosterone Levels Among Financial Traders Affect Performance: British Study Found Those With More of the Male Hormone in the Morning Made More Money", *USA News*, 14 de abril de 2008 (http://health.usnews. com/usnews/health/healthday/080414/testosterone-levels-among-financial-traders-affect-performance.htm).
32. Em outubro de 2008, o periódico americano *USA Today* registrava uma transferência significativa do setor financeiro ao ensino: cf. Greg Toppo, "Financial Sector's Loss Could Spell Gain for Teaching", *USA Today*, 16 de outubro de 2008 (http://www.

usatoday.com/news/education/2008-10-15-meltdown-teachers_N. htm). Uma tendência parecida é indicada na Inglaterra pelo *Times Educational Supplement*: cf. Kerra Madera, "Bust Causes Boom in Suit Recruits", *Times Educational Supplement*, 23 de janeiro de 2009 (http://www.tes.co.uk/article.aspx?storycode=6007515).

33. Para um exemplo do primeiro caso, cf. John Arquilla e David Ronfeldt, *Networks and Netwars: the Future of Terror, Crime, and Militancy*, National Defense Research Institute, 2001. Sobre redes que combatem redes, ver Antonio Negri e Michael Hardt, *Multidão. Guerra e democracia na era do império*, Rio de Janeiro, Record, 2005.

34. Alexander R. Galloway e Eugene Thacker, *The Exploit: a Theory of Networks*, Minneapolis/Londres, University of Minnesota Press, 2007, pp. 21-22.

35. *Ibidem*, p. 82.

36. *Ibidem*, p. 81.

http://www.theyesmen.org/. Ver também o documentário *The Yes Men: Changing the World One Prank at the Time* (2003) e a sequência *The Yes Men Fix the World* (2009), assim como o livro *The Yes Men: the True Story of the End of the World Trade Organization*, Nova York, The Disinformation Company, 2004.

38. Cf. "Cruel \$12 Billion Hoax on Bhopal Victims and BBC", *The Times*, 4 de dezembro de 2004 (http://www.timesonline.co.uk/tol/news/uk/article398896.ece).

39. Cf. Ubermorgen.com, Ludovico e Cirio, "Hack the Google self. referentialism" (http://gwei.org/pages/texts/theory.html).

40. *Ibidem*.

41. *Ibidem*.

42. *Ibidem*.

43. *Ibidem*.

44. Cf. "Il loro esempio del virus biologico e di quello informatico come esempi di *exploit*", in Galloway e Thacker, *The Exploit*, *op. cit.*, pp. 81-97.

7. Capitalismo cognitivo e financeirização dos sistemas econômicos[1]

Bernard Paulré[*]
Tradução de Deserée Tibola,
Paulo Fernando dos Santos Machado,
Leonardo Retamoso Palma e Lúcia Copetti Dalmaso,
do coletivo de tradutores independentes Attraverso

---

[*] Economista, professor da Universidade de Paris 1, Panthéon-Sorbonne e pesquisador do Centre National de la Recherche Scientifique (CNRS).

INTRODUÇÃO

Estamos convencidos de que o único critério pertinente para formular corretamente o problema da natureza própria do capitalismo contemporâneo seja o da acumulação, desde que se compreenda que não é tanto a sua importância que está em jogo, mas a sua própria natureza. O tipc (ou o sistema) de acumulação caracteriza, na realidade, os modos como uma sociedade age sobre as condições de sua produção; torna específica a natureza e a importância da mutação a partir da qual as condições da atividade produtiva podem ser mudadas; manifesta o grau e o nível a partir dos quais uma sociedade define a própria capacidade de ação, caracterizando um certo potencial de intervenção e organização da mudança, historicamente determinado. Por meio das formas de que se reveste, o sistema de acumulação implica, assim, uma concepção dominante dos modos com os quais uma sociedade se projeta no futuro e concebe o progresso.

Em nossa opinião, a acumulação essencial do capitalismo contemporâneo é a acumulação cognitiva, assumida no sentido lato, compreendendo o conhecimento, a informação, a comunicação, a criatividade, em suma, as atividades da mente. É o papel central dessa acumulação que diferencia o capitalismo cognitivo do período histórico do qual recentemente saímos, o capitalismo industrial. Neste último contexto, a acumulação é centrada principalmente no capital físico e na organização do trabalho. No período pós-industrial (ou cognitivo), o investimento físico e a organização do trabalho não desaparecem, mas não são mais centrais e não constituem mais a orientação essencial da acumulação e do progresso.[2]

Enfrentando o problema da natureza do capitalismo, levando em conta as diversas posições assumidas pelos estudiosos, formularemos o problema de compreender se é possível considerar a acumulação financeira, em vez da acumulação cognitiva, como o tipo essencial de acumulação. Esses dois tipos de acumulação são contrapostos entre si ou são complementares? A contribuição que apresentamos enfrenta essa interrogação.

Discutiremos algumas manifestações das finanças, que serão examinadas segundo uma abordagem estatística e de um longo período. A partir desses dados, abordaremos as características significativas para a identificação das mudanças importantes que poderão justificar a tese do advento de um capitalismo financeiro. A questão do papel específico das finanças diante de uma economia cujo tipo de acumulação é essencialmente imaterial, e nem sempre mercantil, traz um certo número de problemas novos e originais que serão mencionados na última seção.

A nossa conclusão é, principalmente, de que as finanças não devem ser consideradas um lugar em que se realiza uma acumulação em contraposição com o investimento real. O desenvolvimento contemporâneo das finanças pode ser ex-

A CRISE DA ECONOMIA GLOBAL

plicado a partir da emergência de um novo período do capitalismo, caracterizado por novas formas de acumulação "real". Nesse quadro, é mais o peso assumido pela incerteza, juntamente com as dificuldades e as instabilidades associadas ao conhecimento, que, por meio do desejo de reter títulos líquidos, de realizar as transferências rápidas e de poder limitar os riscos, determina a importância das finanças. Certamente, essa não é a única razão que explica o desenvolvimento atual das finanças, porque a criação das atividades financeiras necessárias ao crescimento constitui, como sempre, a sua função principal. Todavia, é a razão que, a nosso ver, permite compreender a coevolução do capitalismo cognitivo e da financeirização.

As finanças contribuem, assim, para amplificar e estruturar fortemente o processo por meio do qual as condições da atividade produtiva podem ser mudadas. E de algum modo, em um segundo momento, contribuem para possibilitar a mudança da própria natureza da acumulação, ou seja, para as transformações que fazem emergir o capitalismo cognitivo.

1. A FINANCEIRIZAÇÃO E AS POSSÍVEIS JUSTIFICATIVAS DE UM CAPITALISMO FINANCEIRO

Propusemo-nos a fazer uma avaliação dos principais argumentos utilizados para sustentar a tese da emergência de um capitalismo financeiro ou que devem, necessariamente, justificar a existência do fenômeno novo da financeirização. Segundo alguns estudiosos, a financeirização que se está presenciando seria um fenômeno original e suficientemente localizado, a ponto de justificar a ideia de uma época nova do capitalismo. O nosso objetivo é discutir e relativizar o peso desse argumento.

De modo geral, é possível identificar algumas condições para fundamentar a hipótese de uma nova era do capitalismo. Antes de mais nada, a configuração proposta apresenta por si só uma certa estabilidade estrutural. Em outros termos, as condições institucionais e os comportamentos dos agentes públicos e privados são tais que as flutuações e as evoluções podem acontecer sem desestabilizar o sistema e provocar uma grande crise,[3] colocando assim novamente em discussão o regime de funcionamento.[4]

Uma outra condição é que o novo período se diferencie substancialmente dos períodos precedentes e que, sem impor rupturas decisivas, seja possível pensar, por meio da observação, em reconhecer alguns limiares ou estágios significativos. Não é inverossímil que mudanças qualitativas sejam o resultado de mudanças progressivas. Os modelos dinâmicos, às vezes, mostram níveis de inflexão — máxima e de movimento recursivo — que revelam como a continuidade pode fazer emergir algo novo. Mas, cedo ou tarde, a mudança deve tornar-se suficientemente perceptível para definir e justificar as modificações da representação ou da interpretação do sistema estudado.[5]

Examinaremos muitos aspectos do sistema econômico sobre os quais os estudiosos da financeirização focalizaram a atenção: (i) antes de mais nada, a questão da governança, (ii) logo, o papel assumido pela compra e venda dos ativos financeiros e do endividamento e (iii) a importância relativa da acumulação financeira relacionada à acumulação real (os investimentos).

A CRISE DA ECONOMIA GLOBAL

Assim fazendo, certamente, não pretendemos produzir uma análise completa. Apresentamos apenas alguns elementos de discussão e de esclarecimento da financeirização nas economias desenvolvidas. O nosso objetivo principal é introduzir e enunciar uma tese, mais do que produzir imediatamente uma defesa completa da mesma.

2. A GOVERNANÇA É A PRINCIPAL APOSTA DA FINANCEIRIZAÇÃO?

Entre todos os fenômenos financeiros que podem legitimar a ideia de uma ruptura encontra-se a análise da governança contemporânea e as pressupostas consequências do incremento dos fundos de pensão, considerados como os principais responsáveis por algumas das maiores transformações que interessaram ao mundo industrial. Frequentemente se fala da financeirização das empresas e/ou das suas estratégias. Trata-se de caracterizar e analisar a evolução das normas de gestão e das principais estratégias que aparecem como resultado da pressão exercida pelos acionistas no momento em que, representados pelas instituições e pelos gestores profissionais das sociedades, almejam obter o valor máximo. A reflexão sobre a governança e suas derivas é então útil e necessária. Limitamo-nos a algumas notas.

Para começar, notemos que as transformações das normas de avaliação, dos modos de gestão e das lógicas estratégicas das empresas são inegáveis. Aqui não faremos uma apresentação detalhada. De qualquer modo, parece-nos claro que essas evoluções vão no sentido do que se chama financeirização das estratégias de empresa e que designa uma penetração interna muito profunda de lógicas essencialmente financeiras no funcionamento e no investimento.[6] Por outro lado, assiste-se paralelamente a uma financeirização da relação salarial.

Contudo, pode-se levantar a questão dos canais de difusão e dos motivos que presidem essa evolução das estratégias e das práticas de gestão. Uma boa parte dos analistas observa essencialmente o efeito direto da ingerência dos acionistas institucionais (fundos de pensão etc.) e a consequência de seu "ativismo". Sobre esse argumento manifestamos uma certa reserva, pois um número expressivo de análises, conduzidas especificamente sobre o caso estadunidense e voltadas para verificar esse ponto, não alcançou conclusões claras. O ativismo dos acionistas certamente existe, e podem-se mostrar muitos exemplos. Mas qual é a sua extensão e qual é o seu alcance? É muito difícil dizê-lo. Além disso, se esse mesmo ativismo se concretizasse e fosse reconhecido como uma propriedade do atual capitalismo, seria difícil saber qual conclusão se poderia tirar. De fato, como alguns autores de inspiração marxista escreveram: em que o domínio dos acionistas, no sistema capitalista, é um fenômeno novo ou uma perturbação? Certamente, sempre se pode argumentar que as bases nas quais se apoiava o período fordista eram bem diferentes e que os capitalistas *carnívoros* — para retomar a expressão de M. Aglietta[7] — eram muito raros. Além disso, não se deve generalizar esse tipo de situação por outras duas razões: a manutenção de um capitalismo doméstico dinâmico e robusto e o considerável desenvolvimento do *não cotado*, ou seja, do *private equity,* em benefício do desenvolvimento do *capital de risco*.[8]

A CRISE DA ECONOMIA GLOBAL

Nessa evolução para a financeirização das empresas pode-se ver também um novo conformismo e a manifestação da difusão de novas normas que os dirigentes assimilam, sem que seja necessário explicá-los recorrendo a uma forma de poder direto dos acionistas e aos modos de controle das empresas. Também se poderia considerar que o desenvolvimento das finanças de mercado em um contexto de excessiva liberalização constitua uma razão suficiente para provocar a emergência de novos comportamentos, por meio do modo de comportar-se típico dos detentores de títulos nos mercados.

O caráter imperfeito dos mercados de capitais e a sua relativa ineficácia facilitam a influência do mundo das finanças na atividade econômica (e não apenas na esfera industrial). Isso se traduz na difusão de práticas e de normas consideradas usuais no contexto contemporâneo, principalmente no momento em que são capazes de ajudar, ou até mesmo de reforçar, essas empresas. As derivas financeiras de todo tipo são as manifestações da imperfeição dos mercados, da insuficiência dos controles, da ausência de contrapoderes e da capacidade de iniciativa da qual as elites financeiras extraem benefícios.[9] Certamente a governança é um ponto de abordagem oportuno, porque toca o próprio coração do capitalismo, ou seja, formula a questão do poder, da distribuição do lucro e da gestão das empresas (com as conhecidas consequências sobre os empregos, a rentabilidade, a inovação, a carteira das atividades etc.). Esse ângulo institucional pode levar a importantes propostas de reforma. Todavia, pode-se perguntar se alguma reforma institucional relativa ao funcionamento dos conselhos de administração e das assembleias gerais dos sócios

ANDREA FUMAGALLI E SANDRO MEZZADRA (ORGS.)

pode bastar para comprometer a influência das finanças nas sociedades contemporâneas.

Uma outra razão para utilizar com prudência o argumento relativo à governança corporativa é que isso é frequentemente considerado como o fenômeno característico do capitalismo financeiro e que toda a questão da financeirização parece que deva ser reduzida à natureza da governança. Ora, o sistema financeiro é composto somente por mercados de ações e não está centrado na governança.

O fato de privilegiar a questão da governança apresenta certamente uma vantagem: permitir articular as finanças e a questão da gestão do capitalismo, constituir virtualmente um vínculo com a questão da relação salarial, com a organização das empresas, com o controle do sistema produtivo. Todavia, assim fazendo, pode-se ter a impressão de que exista um modo de permanecer mais próximo de uma visão centrada no sistema produtivo e de tratar o pós-fordismo em termos que, no fim das contas, não estão muito distantes das representações tradicionais do fordismo.

Em resumo, considerar a governança nos parece pertinente, mas não exaustivo. Assim, a desregulamentação das finanças é um processo essencial, embora seu início não seja recente.

3. ALGUMAS MANIFESTAÇÕES QUANTITATIVAS DA FINANCEIRIZAÇÃO

Não há consenso sobre o significado do termo financeirização, sobretudo se ele é abordado de forma empírica. As

A CRISE DA ECONOMIA GLOBAL

manifestações quantitativas são suficientemente diversas para justificar um bom número de pontos de vista diferentes. Isso porque alguns autores propõem uma definição ampla demais. Como G. Epstein, por exemplo, que define financeirização como "o papel crescente dos motivos financeiros, dos mercados financeiros, dos atores e das instituições financeiras no funcionamento das economias nacionais e internacionais".[10]

Outros autores detiveram-se sobre a valorização impressionante de um certo número de rolagens nos mercados, como os monetários, para chamar a atenção sobre a amplitude desmedida das operações financeiras. Estamos mais propensos a uma abordagem centrada na velocidade das trocas financeiras, em setores particulares, para justificar as legítimas inquietações. Parece-nos mais razoável nos referirmos às grandezas dos estoques e dos fluxos anuais de operações que não estão sujeitas a rolagens numerosas e especulativas demais. Mesmo que em muitos âmbitos as manobras nos mercados e a velocidade de ação aumentem, como mostra, por exemplo, a evolução (em baixa) da duração média da detenção das ações.

a) Evolução do endividamento em um longo período nos Estados Unidos.

O modo mais simples de avaliar o peso e a importância assumida pelas finanças consiste em estudar a evolução da relação *atividade financeira/PIB*. Tomando como exemplo os Estados Unidos (conferir Gráfico 1), constata-se, referente ao período 1956-2006, um incremento importante da relação *endividamento/PIB*, em aumento regular entre 1973 e

2000, que acelera um pouco no fim do século. A relação permanece em torno do valor 1,5% entre 1959 e 1968. A partir desses anos aumenta constantemente, salvo algumas quedas muito leves e muito raras. Nessa série não se observa uma autêntica ruptura histórica. O período mais recente indica uma aceleração do crescimento da relação. As taxas de crescimento mais elevadas situam-se no período de 1982-1987 (valores compreendidos entre 3,1% em 1983 e 8,2% em 1985). Encontram-se valores análogos em 1998 (+ 4,4%) e no período 2001-2003, mas os três valores mais altos de todo o período 1960-2006 pertencem aos anos 1980.

Gráfico 1: Relação débito acumulado por todos os agentes (estoques)/PIB dos Estados Unidos, 1959-2007

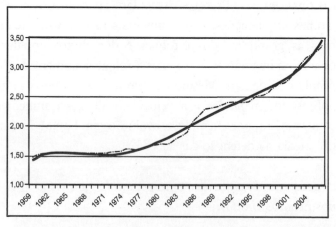

Fonte: Flow of Funds of the United States, 6 de dezembro de 2007. Gráfico L.4 Credit Market Debt, All Sectors. Cifras anuais, valores do quarto trimestre. Curva de tendência polinomial de 5° grau.

Observam-se evoluções igualmente consideráveis das grandezas relativas ao débito sustentado pelos diferentes agentes em setores não financeiros (conferir Gráfico 2). Uma primeira evolução se produz entre o início da série (1952) e um *platô* que cobre o período 1973-1980. A parte que se refere às famílias representa 33% do total do endividamento dos agentes não financeiros. A que se refere às empresas, 39%. As cotas modificam-se sensivelmente a partir do fim dos anos 1980. A parte que se refere às famílias é atualmente de 44% e aquela referida às empresas, 32%. Essa parte mais do que dobrou, mas essa evolução realizou-se de modo progressivo em 50 anos. Não houve uma ruptura forte e inesperada. A parte que diminuiu sensivelmente, em contrapartida, foi aquela quota de endividamento interno do governo federal. Passou de mais de 40% em 1952 a menos de 20% em 2007.

Gráfico 2: Decomposição do endividamento (estoques) dos setores não financeiros nos Estados Unidos, 1952-2007

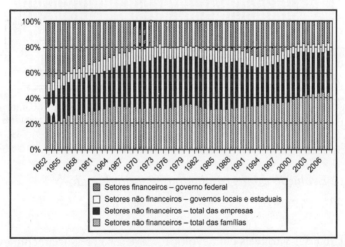

Fonte: Flow of Funds of the United States, 6 de dezembro de 2007. Gráfico D.3 Debt Outstanding by Sectors. Cifras anuais, valores do quarto trimestre.

A parte do endividamento dos agentes não financeiros no endividamento total também está em decréscimo (conferir Gráfico 3). Passa de 94,6% para 63,9% no fim do período, em benefício da parte dos setores financeiros, que passa de 2,3% em 1952 para 32,2% em 2006. Essa evolução é relativamente regular depois de 1952. Diminui após 2000.

Gráfico 3: Decomposição do endividamento (estoques) nos Estados Unidos, 1952-2007, segundo os três grandes setores: agentes não financeiros, agentes financeiros, estrangeiros

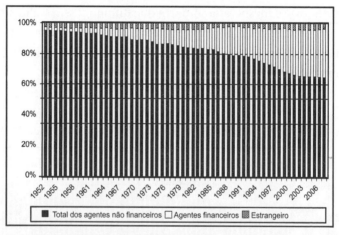

Fonte: Flow of Funds of the United States, 6 de dezembro de 2007. Gráfico D.3 Debt Outstanding by Sectors. Cifras anuais, valores do quarto trimestre.

b) Evolução do investimento financeiro líquido das empresas

Uma das variáveis cuja evolução deve ser necessariamente estudada é o investimento financeiro líquido das empresas, que é definido como a aquisição das atividades financeiras líquidas menos o incremento líquido dos passivos. Calculamos, para as empresas não agrícolas e não financeiras (*Nonfarm Nonfinacial Corporate Business*), a relação entre, no numerador, o investimento financeiro líquido e, no denominador, a aquisição de atividades financeiras líquidas (conferir Gráfico 4). Quanto mais essa relação é elevada, menos as empresas se endividam para adquirir títulos financeiros e mais essas autofinanciam a aquisição de títulos por conta própria, uma operação que é concorrente com o outro uso característico do próprio financiamento interno, ou seja, o investimento físico. Uma relação negativa implica que o incremento líquido dos passivos é superior à aquisição líquida de títulos. Uma parte do endividamento suplementar é dedicada ao investimento físico que o *cash flow* não cobre inteiramente. Uma relação positiva inferior a um significa que o incremento do débito, positivo, é inferior ao incremento líquido das atividades financeiras. Uma parte do *cash flow* é destinada à aquisição líquida de títulos.

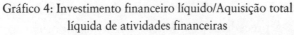

Gráfico 4: Investimento financeiro líquido/Aquisição total líquida de atividades financeiras

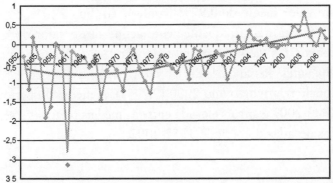

Fonte: Flow of Funds of the United States, 6 de dezembro de 2007. Gráfico F.102 Nonfarm Nonfinancial Corporate Business. Cifras anuais, valores do quarto trimestre.

Efetivamente se constata, no longo período, um incremento tendencial da relação. Se tal grandeza é submetida a apreciação por meio da curva de tendência polinomial, essa evolução emerge a partir do início dos anos 1970. A relação, quase sempre negativa até 1993, torna-se positiva de 1993 a 1996 e de 2001 a 2007 (exceto 2005, quando é levemente negativa). A tendência é antiga, mas a passagem aos valores positivos e a permanência nessas zonas nos primeiros anos que se seguiram a 2001 certamente constituem sinais recentes. Contudo, ao interpretar essa evolução recente é necessário sermos prudentes. Ela representa um sinal de desenvolvimento dos investimentos financeiros, ou melhor, um sinal de extensão das subscrições das participações ou das operações de fusão e aquisição (*merger & acquisitions*).

c) O autofinanciamento

A relação de autofinanciamento do capital físico, ligada à relação precedente, oscila, no longo período, em torno de um valor médio de 0,97% (conferir Gráfico 5). Depois de 1979 está mais frequentemente acima desse valor do que abaixo. Os valores extremos dessa relação foram alcançados antes dos anos 1980. O valor extremo mais recente é aquele relativo ao ano 2000 (0,77%). A média do período 2000-2007 é a mais elevada entre as médias relativas à série das décadas do período 1952-2007.

Subperíodo	Média da relação
1952-1960	1,02
1961-1970	0,99
1971-1980	0,87
1981-1990	0,98
1991-2000	0,96
2001-2007	1,03

Gráfico 5: Relação de autofinanciamento do investimento material

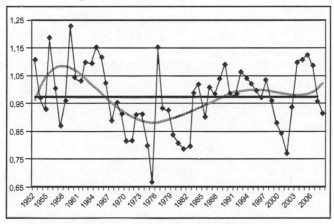

Fonte: Flow of Funds of the United States, 6 de dezembro de 2007. Gráfico F.102 Nonfarm Nonfinancial Corporate Business. Cifras anuais, valores médios do quarto trimestre. Razão = [Total (US and foreign) internal funds + IVA]/Capital expenditures. (IVA = Inventory Valuation Adjustment)

d) A emissão líquida de ações por parte das empresas

Um outro fenômeno concomitante, diretamente ligado ao financiamento das empresas, é que a emissão líquida de ações por parte das empresas não agrícolas e não financeiras torna-se permanentemente negativa entre 1994 e 2007 (conferir Gráfico 6). O fenômeno já fora observado entre 1963 e 1968, mas é claro que a partir de 1979 torna-se a regra em vez da exceção: no período 1978-2007, 24 anos sobre 30 estão "no vermelho". Nesse plano é então verificável uma mudança histórica. No entanto, esse fenômeno não é verdadeiramente recente; ele se torna significativo em 1984 (o mesmo nível de 1997). Apesar disso, em 1998 e sobretudo em 2005-2007 assume uma certa amplitude.

Gráfico 6: A emissão líquida de ações
nos Estados Unidos, 1980-2007

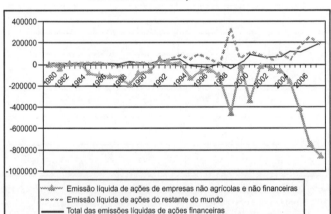

Fonte: Flow of Funds of the United States, 6 de dezembro de 2007. Gráfico F.213 Corporate Equities. Cifras anuais, valores do quarto trimestre.

Essa evolução reflete, sem dúvida, a instalação de estratégias de resgate e, então, a preocupação voltada para os interesses dos acionistas. De qualquer modo, os mercados financeiros não se limitam ao mercado acionário. Ampliando a visão, é significativo observar que se assiste a um fenômeno de desendividamento mais geral, porque o fluxo global do financiamento das empresas (emissão acionária + emissão obrigacionária + variação do crédito) foi negativo em 1991, em 2002 e no biênio 2005-2007 (conferir Gráficos 7 e 8). Trata-se de um fenômeno essencialmente localizado após o choque de 2000. Assiste-se a uma reestruturação do passivo das empresas em grande escala.

Gráfico 7: Evolução do financiamento líquido das empresas não agrícolas e não financeiras nos Estados Unidos, relacionado ao *cash flow*, 1952-2007

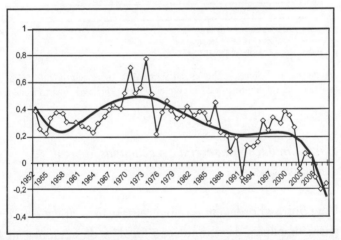

Fonte: Flow of Funds of the United States, 6 de dezembro de 2007. Gráfico F.213 Corporate Equities. Cifras anuais, valores do quarto trimestre. Curva de tendência polinomial de 5° grau.

Gráfico 8: O financiamento por bens instrumentais das empresas nos Estados Unidos, 1971-2007 (unidade = milhões de dólares)

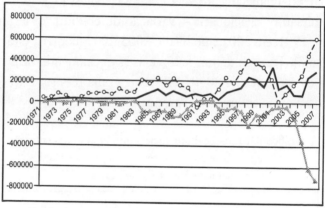

······*······ Emissões financeiras de empresas
———— Obrigações financeiras das empresas
---o--- Instrumentos de crédito do mercado

Fonte: Flow of Funds of the United States, 6 de dezembro de 2007. Gráfico F.102 Nonfarm Nonfinancial Corporate Business. Médias do quarto trimestre.

e) A acumulação financeira e a acumulação "real" das empresas

Uma outra abordagem da financeirização consiste em comparar os papéis da acumulação "real" e da acumulação financeira, respectivamente. Um bom número de autores destacou a fraqueza do investimento produtivo, comparado à importância dos investimentos financeiros, para justificar a preeminência da acumulação financeira. Assim explicam que essa fraqueza é a manifestação do poder dos acionistas cujos dividendos aumentam em prejuízo do autofinanciamento dos investimentos. Trata-se, então, de examinar a evolução dos dividendos. No caso dos Estados Unidos (conferir Gráfico 9), observa-se uma evolução das despesas de investimento das empresas, que tendem a crescer regularmente na metade dos anos 1970. Uma clara perda se realiza entre 2000 e 2003, mas em seguida se manifesta uma alta. No plano macroeconômico, o investimento não parece sustentado pela evolução dos lucros. Se olhamos para o período recente (2005-2007), os lucros se restabelecem e voltam ao nível dos investimentos físicos. Esse realinhamento, o fato de que os lucros se restabelecem depois de 2003 e alcançam a média móvel de sete anos em 2006, podem ser interpretados como a consequência de valores de investimento relativamente fracos.

Gráfico 9: Evolução do investimento das empresas, do investimento financeiro líquido e dos lucros antes dos impostos (unidade = milhões de dólares)

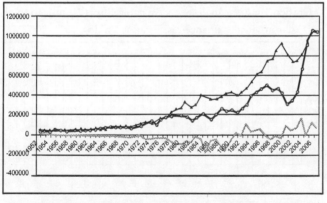

Fonte: Flow of Funds of the United States, 6 de dezembro de 2007. Gráfico F.102 Nonfarm Nonfinancial Corporate Business. Cifras anuais, valores médios do quarto trimestre.

No que diz respeito aos investimentos financeiros, o valor relativo deles em relação ao investimento físico cresce (conferir Gráfico 10). Os valores da relação (despesas com capital/despesas com atividades financeiras) não são, salvo exceções, mais elevados do que no passado. O valor mais alto, no pós-guerra, é relativo a 1981 (12%). O valor mais alto, no que diz respeito ao período mais recente, é relativo a 2003 (9%), depois de 1992 (4,8%). A tendência histórica é decrescente depois de 2003. Isso significa que a parte das atividades financeiras cresce em relação às despesas com capital. No período muito longo (1952-2007) a média é de 3,02%. Ficou-se mais acima da média até 1970 (com uma tendência decrescente) e se permaneceu abaixo da média até hoje.

Gráfico 10: Relação despesas em capital físico/aquisição total das atividades financeiras, Estados Unidos, 1970-2007

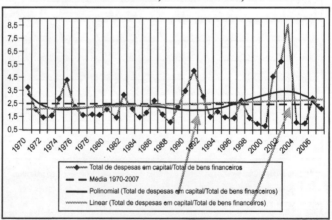

Fonte: Flow of Funds of the United States, 6 de dezembro de 2007. Gráfico F.102 Nonfarm Nonfinancial Corporate Business. Cifras anuais, valores médios do quarto trimestre. Razão = [Total capital expenditures, fixed + inventory investment + nonproduced nonfinancial assets]/GDP.

A CRISE DA ECONOMIA GLOBAL

No início desse longo período, as empresas não agrícolas e não financeiras investiam 4,4 dólares em capital fixo para cada dólar investido em atividades financeiras. Salvo exceções (e sobretudo no período 2000-2004), a relação na sequência será inferior à média do longo período e serão investidos menos de 3 dólares em capital fixo por cada dólar investido em atividades financeiras. A média do período 1970-2007 é de 2,43.

A tendência (linear) entre 1970 e 2007 é crescente e isso significa que a parte de despesas em capital fixo teria a tendência de se recuperar (levemente) num período muito longo. Constata-se que, entre 1997 e 2007, 6 pontos sobre 11 estão abaixo da média 2,4 do longo período (1970-2007). Todavia, a média 1997-2007 se estabiliza em 2,9, e 7 pontos sobre 11 estão claramente abaixo desse valor. Há, então, uma tendência a um acréscimo relativo dos títulos financeiros. Além de uma precisa interpretação, falta estabelecer se se trata de uma tendência muito recente, que emerge em 2003. É difícil sugerir uma ruptura brusca e uma mudança fundamental somente sobre essas bases, mas as análises podem ser refinadas.

f) A evolução do investimento das empresas

As despesas de investimento das empresas em relação ao PIB (conferir Gráfico 11) flutuam em uma faixa de 6% a 10%. Num longo período, de 1956 a 2006, observa-se um *trend* (linear) levemente crescente por parte das despesas de investimento sobre o PIB. Mas a tendência, no momento em que é expressa por uma relação polinomial, é relativamente decrescente depois de 2000 (valor: 9,5%, um máximo relativo depois da metade dos anos 1980). Também no período 1970-2006, a tendência global (linear) é relativamente decrescente. Um mínimo é alcançado em 2002-2003 com as cotas de 7% e de 6,8%. Estes últimos valores não foram observados depois de 1975 e em 1991-1992.

Pode-se igualmente ressaltar a tendência decrescente da taxa de investimento no médio-longo prazo, que começa a se manifestar durante os anos 1980.

Gráfico 11: Relação despesas de investimento (incluídas as variações dos estoques)/PIB, empresas não agrícolas e não financeiras, Estados Unidos, 1959-2007

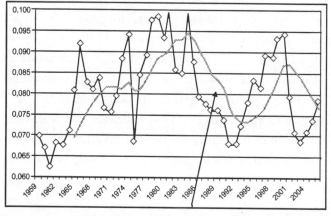

Fonte: Flow of Funds of the United States, 6 de dezembro de 2007. Gráfico F.102 Nonfarm Nonfinancial Corporate Business. Cifras anuais, valores médios do quarto trimestre. Razão = [Total capital expenditures, fixed + inventory investment + nonproduced nonfinancial assets]/GDP mensal móvel em sete anos.

g) *A evolução dos dividendos*

A questão dos dividendos é importante. Esclarece em parte as relações entre as empresas e os acionistas. Calculamos a relação (dividendos líquidos/*cash flow*) para as empresas não agrícolas e não financeiras (conferir Gráfico 12). Constata-se que o período 1952-2007 pode ser dividido em três fases: a uma primeira fase, 1952-1979 (19%), de relativa estabilidade, seguem-se uma fase de crescimento elevado até 2001 (78%) e uma fase de decréscimo brutal, 2001-2005 (21%), que termina com uma nova subida. A tendência ao forte aumento dos dividendos, que pode ser considerada como um dos sinais da financeirização, entrelaça-se com a crise do fordismo e parece abalada pela crise da nova economia.

Gráfico 12: Relação dividendos líquidos/lucro das empresas, Estados Unidos, 1959-2007

Fonte: Flow of Funds of the United States, 6 de dezembro de 2007. Gráfico F.102 Nonfarm Nonfinancial Corporate Business. Cifras anuais, valores médios do quarto trimestre. Razão = Net dividens/Corporate profits before tax. A curva da tendência é uma curva polinomial de 5° grau.

Pode-se completar a informação sobre a importância relativa dos dividendos e relativizá-la por meio de uma outra informação que concerne ao número de empresas que depositam dividendos (conferir Gráfico 13). Constata-se que depois de 1980 a tendência dessa série é decrescente. Entre 1980 e 1987 é levemente decrescente e depois fortemente decrescente entre 1997 e 2001-2002. Parece recomeçar depois da *Jobs and Growth Tax*.[11]

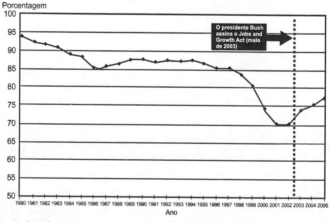

Gráfico 13: Percentual das empresas que figuram no índice Standard & Poor's 500 e distribuem dividendos

Fonte: Standard & Poor's.

4. CONCLUSÃO PARCIAL

Ilustramos aqui algumas das dificuldades ou das ambiguidades relativas à identificação empírica da financeirização. Não chegamos ao fim da pesquisa, que consistiria em propor um elenco sistemático das interpretações sugeridas, para depois testá-las ou analisá-las sob um perfil empírico. Esperamos ter convencido o leitor a respeito dos

A CRISE DA ECONOMIA GLOBAL

seguintes pontos: (i) a ausência ou, pelo menos, a escassez dos fenômenos que testemunham uma ruptura evidente e (ii) o interesse em um ponto de vista de longo período capaz de mostrar a continuidade histórica de uma parte dos fenômenos.

O alcance analítico deste último ponto consiste no fato de que o processo de financeirização parece imergir as suas raízes em tempos remotos, de tal forma que a crise do fordismo pode ser englobada nele. Frequentemente aqueles que sustentam a tese da emergência de um capitalismo financeiro parecem sugerir que os elementos-chave dessa configuração teriam emergido durante os anos 1990, mais especificamente nos anos da *new economy*. Uma parte não insignificante dos fenômenos considerados como significativos ou ilustrativos da emergência desse capitalismo inscreve-se de fato no prolongamento de percursos evolutivos relativamente antigos e, de modo especial, na liberalização dos mercados financeiros. Observam-se também outros caminhos evolutivos significativos, mas muito recentes, às vezes posteriores até mesmo à formulação das teses sobre o capitalismo financeiro ou sobre a financeirização.

5. QUATRO QUESTÕES SOBRE O LUGAR DAS FINANÇAS NO CAPITALISMO COGNITIVO

a) A questão da financeirização

O que significa a palavra financeirização? Sugerimos uma definição mais qualitativa que quantitativa: tem-se financeirização no momento em que as lógicas financeiras prevalecem sobre as lógicas econômicas; dito de outro modo, no momento em que os comportamentos são menos focalizados nos valores do fluxo econômico e mais sobre a evolução das vozes do estado patrimonial. A financeirização se traduz numa "patrimonialização" dos comportamentos. Isso se conforma bem com o que se observa, ou seja, com a financeirização da relação salarial e das empresas (conferir os trabalhos de G. Colletis). A financeirização é um fenômeno difuso que se traduz, no plano macroeconômico, na emergência de uma economia baseada nos ativos financeiros. Esse modo de apresentar o problema não representa uma novidade real, mas recupera uma abordagem proposta por K. Boulding no fim dos anos 1940.

b) Os mercados financeiros, uma nova forma de governamentalidade

Retornemos ao conceito de biopolítica, que qualifica o modo como o poder trata o governo das populações. Esse conceito é central para alguns promotores da tese do capitalismo cognitivo.[12]

Segundo Foucault,[13] a biopolítica funda-se sobre aqueles princípios que especificam as tecnologias da *governamentalidade* do capitalismo. Manifesta-se por meio dos modos de gestão da educação, da saúde, da alimentação, da sexualidade etc. A biopolítica apoia-se nos aspectos vitais que são o objeto das políticas do Estado social. Durante o período fordista, é esse o Estado que cuidou daquilo que B.

A CRISE DA ECONOMIA GLOBAL

Théret chama "o capital de vida"[14] sobre as bases de um princípio de solidariedade; daí a virtuosa aliança entre fordismo e *Welfare State*. Ao contrário, o período seguinte é caracterizado por uma crise do Estado social, pela realização de políticas de remuneração construídas sobre bases individuais e pela tendencial privatização dos regimes de segurança social. A financeirização é estimulada pelo endividamento público.

Pode-se dar conta da privatização e da individualização em termos de *governamentalidade* da seguinte forma: a biopolítica estatal do fordismo é substituída pela governamentalidade financeira mercantil: cada indivíduo encontrando-se em situação de dependência em relação ao sistema financeiro. Por meio dos créditos, do eventual investimento nas pensões complementares e nos seguros e do eventual desvio da poupança salarial para os mercados financeiros, entra-se em uma lógica de financeirização que se manifesta por meio dos vínculos que pesam na própria vida e por meio de algumas estratégias patrimoniais que somos obrigados a assumir. Esses vínculos conduzem a preocupações para fazer render a própria capacidade criativa e para assegurar a própria solvência presente e futura. Ao mesmo tempo, principalmente, empurram o mundo dos assalariados para uma situação de esquizofrenia.

*c) As finanças, novo êxodo do capital e
novas figuras do antagonismo*

A desestabilização financeira não é sucessiva à crise do fordismo, mas, ao contrário, faz parte dessa crise. A análise empírica apresentada sugere que os caminhos evolutivos que se tornam visíveis e estruturalmente significativos em tempos recentes possuem origens e percursos distantes.

Pode-se percorrer o desenvolvimento histórico desse longo período apoiando-se nas análises propostas por Antonio Negri. Na história dessa longa transição para o pós-fordismo estariam em primeiro lugar a nova subjetividade e o comportamento dos trabalhadores. Esses aspectos constituiriam o fator de crise do fordismo e o ato criador que inicia um processo de reconfiguração. A decisão, em 1979, do Federal Reserve Bank (Fed) pode ser considerada uma resposta política "do capital", na época em processo de eutanásia, às "desordens" do fordismo.[15] A decisão do Fed estaria, portanto, em segundo lugar entre os acontecimentos que caracterizam a inauguração do período pós-fordista.

O que é importante é a interpretação que extraímos dessa análise no que concerne ao estatuto do capital financeiro no pós-fordismo; as finanças podem ser compreendidas como o êxodo do capital. O capital não é mais empregado na indústria com os mesmos modos e os mesmos níveis, isto é não tem mais perspectivas de longo prazo. Joga o mesmo jogo dos mercados financeiros e adquire grande mobilidade e plasticidade, evitando, assim, uma imobilização prolongada. Por meio das finanças, o capital consegue apropriar-se de uma parte importante do lucro, enquanto as usuais regras da produção da concorrência transformam-se radicalmente. O capital assumiu uma posição relativamente distante do "real"; chegou-se, assim, a uma forma de cisão. O antagonismo entre capital e trabalho assume uma nova forma, cuja estrutura depende dos longos e complexos percursos do financiamento.

A CRISE DA ECONOMIA GLOBAL

d) As finanças e a avaliação do comum

As finanças exercem muitas funções, entre as quais está aquela de ser uma representação das decisões sobre o futuro. No pós-fordismo, as finanças estão em posição de avaliar uma capacidade de produção que é cognitiva, portanto compartilhada e cooperativa, ou seja, *comum*, e projetada para o futuro. Levando-se em conta a liberdade de movimento dos capitais, nos mercados globais, um sistema de avaliação globalizado corresponde a uma produção que se globaliza, direta ou indiretamente, com frequência de modo complexo.

A incerteza radical conduziu à criação de novos instrumentos de gestão do risco. Os mais conhecidos são os produtos derivados. A eficiência dessa socialização do risco de mercado é colocada como medida da clareza e da compreensão das informações comunicadas na base dos produtos. É sabido que hoje o risco suplementar produzido endogenamente pelos próprios mercados financeiros é alto.

Os mercados financeiros funcionam a partir das avaliações que dependem dos critérios decisionais, das opiniões ou, ainda, das crenças.[16] Por vocação, não são capazes de produzir representações fiéis. A esfera financeira produz essencialmente juízos e justificativas que refletem somente valores ancorados no "real". De um lado, porque as avaliações representam em parte os desempenhos futuros. De outro, porque se está na presença de uma crise da medida de valores. Esta se explica a partir da criatividade e da dificuldade de identificar os fatores de produtividade, ou seja, pela difícil tratabilidade dos recursos dos quais a produtividade depende. Podem ser expressos e realizados apenas juízos globais.

Cada discurso sobre as finanças assume, assim, uma importância política. Por um lado, implica as autoridades, os especialistas e os dirigentes das finanças, ou seja, aquelas pessoas "autorizadas". Por outro lado, almeja criar confiança e difundir opiniões. Os mercados financeiros são mercados de opinião que não funcionam de modo democrático, porque os intermediários e os profissionais monopolizam as alavancas das ações e o espaço midiático. São esses os principais atores da nova tecnoestrutura. São eles que asseguram a função prescritiva.

Se as finanças são, como linguagem, um *common*, é necessário constatar que se tornaram uma fonte de exploração. A consideração dos valores extrafinanceiros nas avaliações bursáteis[17] é em parte um modo de tê-los de novo sob controle.

6. CONCLUSÃO GERAL

Desenvolvemos aqui uma análise keynesiana do papel das finanças no capitalismo contemporâneo. Essa análise representa o complemento de uma análise mais institucional centrada nos estudos das condições de funcionamento da governança das empresas e que privilegia as relações de poder. O capitalismo cognitivo não é uma hipótese alternativa àquela do advento de um capitaismo financeiro: a financeirização encontra uma justificação e uma oportunidade de desenvolvimento no contexto do capitalismo cognitivo. O capitalismo cognitivo não pune uma abordagem que reto-

A CRISE DA ECONOMIA GLOBAL

ma o estudo das relações de poder e do papel das instituições: o poder das finanças deve ser recolocado em uma perspectiva mais global, que vá além do plano institucional da empresa.

Notas

1. O texto que apresentamos aqui é uma versão breve — acordada com o autor — de um ensaio longo, "Capitalisme cognitif et financiarisation des économies", inicialmente publicado no volume *Les nouveaux horizons du capitalisme*, organizado por Gabriel Colletis e Bernard Paulré, Paris, Economica, 2008.

2. Muitos trabalhos empíricos mostram claramente o incremento dos investimentos imateriais e das práticas de gestão do conhecimento no decorrer dos últimos 20 anos. Mais do que a importância quantitativa do fenômeno é a sua centralidade qualitativa que chama a nossa atenção. Cf. B. Paulré, "Le capitalism cognitif. Une approche schumpéterienne des économies contemporaines", *in* Gabriel Colletis e Bernard Paulré (orgs.), *Les nouveaux horizons du capitalisme*, Paris, Economica, 2008.

3. O conceito de grande crise é típico da assim chamada escola de regulação francesa. O leitor italiano pode utilmente referir-se a R. Boyer, *Fordismo e postfordismo. Il pensiero regolazionista*, Milão, UBE, 2007, com um ensaio introdutório de Andrea Fumagalli e Stefano Lucarelli. Cf. também B. Rosier, *Le teorie delle crisi economiche*, organizado por Pierre Dockès, Acireale-Roma, Bonanno Editore, 2003.

4. O que foi recentemente dito pode lembrar a abordagem da escola de regulação francesa. Todavia, parece-nos que antes corresponda a um princípio metodológico de base que não implica necessariamente a metodologia regulacionista.

ANDREA FUMAGALLI E SANDRO MEZZADRA (ORGS.)

5. Referimo-nos, entre outras coisas, ao problema da dialética e a Hegel. Igualmente pertinentes, em relação ao ponto em questão, são alguns temas típicos da matemática, como a teoria das catástrofes, os *Apunctuated equilibria* de J. Gould ou as análises de I. Prigogine.

6. L. Batsch. *Le capitalisme financier*, Paris, La Découverte, 2002; G. Colletis, *Évolution du rapport salarial, financiarisation et mondialisation*, Bordeaux, Cahiers du GRES n° 15, 2004; G. Colletis et al., *La financiarisation des strategies. Transferts de risque, liquidité, propriété et controle*, Bordeuax, Cahiers du Gres, 2007-2009; R. Perez, *La gouvernance de l'enterprise*, Paris, La Découverte, 2003.

7. M. Aglietta, *Le capitalisme de demain*, Paris, Fondation Saint-Simon, 1998.

8. B. Paulré, *Le capital-risque aux États-Unis*, Paris, Rapport pour l'Institut CDC, 2001.

9. Compartilhamos, neste nível do nosso raciocínio, das inquietudes típicas dos pós-keynesianos e de certas análises marxistas que assumimos no interior de uma visão mais ampla sem nos limitarmos à simples governança.

10. G. Epstein, *Financialization and the World Economy*, North Hampton, Edward Elgar, 2005.

11. Em 2003, G. Bush propôs suprimir a dupla taxação dos lucros das empresas e decidiu baixar a taxação sobre os ganhos em capital e sobre os dividendos a 15% até 2008 (do nível de 20%). Para as rendas mais baixas, as taxas passavam de 10% para 5%.

12. A. Negri, *Fabbrica di porcellana. Per una nuova grammatica politica*, Milão, Feltrinelli, 2008.

13. M. Foucault, *Nascimento da biopolítica*, São Paulo, Martins Fontes, 2008.

14. B. Théret, "État, finance publiques et regulation", *in* R. Boyer e Y. Saillard (dir.), *Théorie de la regulation. L'état des saviors*, Paris, La Découverte, 1995.

15. Menos de dois meses depois de sua nomeação para a direção do FED, P. Volker elevou fortemente a taxa dos *federal funds*,

A CRISE DA ECONOMIA GLOBAL

a tal ponto que as taxas reais tornaram-se positivas, quase a 3,5%.

16. A. Orlean, *Le pouvoir de la finance*, Paris, O. Jacob, 1999.
17. Referimo-nos a considerações éticas, de desenvolvimento duradouro, de responsabilidade social etc.

8. Crise global, proletarização global, contraperspectivas (primeiras hipóteses de pesquisa — 21/12/2008)*

Karl Heinz Roth**

Tradução de Desiree Tibola,
Paulo Fernando dos Santos Machado,
Leonardo Retamoso Palma e Lúcia Copetti Dalmaso,
do coletivo de tradutores independentes Attraverso

---

* Como lembrado na introdução do volume italiano, o texto apareceu originalmente nas versões alemã e inglesa no site da revista alemã *Wildcat* (http://www.wildcat-www.de/). Foi apresentado em tradução italiana, com a concordância do autor, e serviu de base para a atual tradução brasileira (nota do tradutor italiano modificada pelos tradutores brasileiros).

** Médico e historiador, militante da autonomia alemã da década de 1970.

INTRODUÇÃO

Estamos entrando em uma situação histórica mundial na qual todos os mecanismos de troca entre vida política e vida socioeconômica estão dispostos de forma nova. Para a minha geração, essa será a segunda mudança de época depois do período 1967-1973. Todos os fatos e os principais indicadores recentes sugerem o início de uma crise econômica mundial que ultrapassa, desde já, o nível alcançado pela crise de 1973 e pelas crises intermediárias de 1982 e de 1987. A crise atual está se aproximando das dimensões da crise mundial e da depressão que a essa se seguiu, entre 1929 e 1938.

Como devemos reagir diante de um tal desafio gigantesco? Esta é, enfim, a pergunta decisiva. Por isso, reescrevi completamente um ensaio sobre o qual estava trabalhando e que havia esboçado como uma réplica às críticas endereçadas às minhas hipóteses sobre a "condição do mundo" em 2005. Apresento aqui os pensamentos e os resultados da pesquisa que produzi até agora; o estado é provisório — trata-se de uma síntese, pois tais resultados deverão ser revistos, corrigidos e ampliados, em um diálogo constante. No texto estão incluídos os primeiros resultados da discussão de 27 de novembro na Schorndorf Manufaktur, as conclusões do debate coletivo da lista Wildcat, os êxitos de um seminário do Interventionistische Linke de 13 de dezembro, além dos resultados de diversas discussões que tive com alguns amigos. Dessa forma, muitos pontos fracos, coisas pouco claras e defeitos foram superados. Confio, portanto, na vossa compreensão. Espero que as minhas teses sejam, mesmo assim, suficientes para esclarecer as bases da abordagem analítica de minhas propostas conceituais. Agradeço a todos aqueles que participaram do debate, não somente pela ajuda que me deram com suas críticas, mas também pelo grande encorajamento recebido: há anos que eu não participava de um diálogo tão amplo, construtivo e solidário.

1. A NOVA CRISE ECONÔMICA MUNDIAL

1.1 Desenvolvimentos até este momento

A primeira crise econômica mundial do século XXI começou em 2006, como crise estrutural, crise de hiperprodução — principalmente da indústria automobilística —, e como crise imobiliária nos Estados Unidos, na Grã-Bretanha, na Irlanda e na Espanha. Ela marcou o fim de seis anos de incrível *boom* global, que deveria ter levado a uma posterior expansão das relações entre capitais, com todos os seus clássicos efeitos colaterais, mas também com alguns novos efeitos especulativos: um desenvolvimento que ainda não tinha sido considerado possível. Os preços exorbitantes de casas, apartamentos e outros bens baixaram rapidamente e essa queda comprometeu cada vez mais o valor dos financiamentos e de seus derivados relativos a tais propriedades. As três empresas automobilísticas

A CRISE DA ECONOMIA GLOBAL

americanas, além de algumas europeias e japonesas, sofreram, além disso, uma decisiva queda das vendas e isso marcou o início de uma crise de escala mundial para o setor da producão industrial com a maior taxa de *capital-intensive*.

A crise começou a invadir o setor financeiro entre o fim de 2006 e o início de 2007. A queda dos preços das propriedades imobiliárias de uso privado e comercial estendeu-se tanto que se transformou em uma crise mundial do crédito. Os bancos hipotecários locais ficaram no vermelho depois de graves perdas e, em junho de 2007, o banco de negócios americano Bear Stearns teve de liquidar dois de seus *hedge funds* [fundos de cobertura], algo que nunca acontecera. Já que muitos dos créditos hipotecários americanos foram englobados nos créditos derivados (*Collateralized Debt Obligations* = *CDO*) vendidos em todo o mundo, a queda de seu preço e o consequente aumento dos prêmios de risco produziram uma reação em cadeia global, que acabou se sobrepondo à crise creditícia na Grã-Bretanha, na Irlanda e na Espanha. A crise dos *subprime* chegou ao seu primeiro pico no terceiro trimestre de 2007. O seu caráter global tornou-se repentinamente claro quando foram realizadas ações para dar suporte aos bancos, em risco de um colapso, que estavam na periferia dos eventos, enquanto as distorções que haviam gerado essa situação tinham origem nos epicentros anglo-saxões da crise — veja o caso de falta de liquidez do Düsseldorf Internationale Kreditbank (IKB) ou do Sächsische Landesbank (SachsenLB), mas também os enormes déficits e perdas comerciais do "banco universal" suíço UBS.*

---

* Instituição que compreende todos os negócios bancários, quer de investimento, quer de varejo. (N. do T.)

ANDREA FUMAGALLI E SANDRO MEZZADRA (ORGS.)

A partir de uma série de cinco ou seis ondas de impacto, que começaram no terceiro trimestre de 2007, a crise do crédito fez-se então crise financeira mundial. Em setembro de 2008 já havia invadido o sistema bancário inteiro. O banco de negócios americano Bear Stearns e o banco inglês (líder nos financiamentos) Northern Rock despencaram em março de 2008. A seguir, depois das primeiras intervenções de socorro alemãs do ano anterior, também os Estados Unidos e o Reino Unido realizaram, pela primeira vez, intervenções públicas em larga escala. Northern Rock recebeu uma completa garantia de apoio por parte do Estado, enquanto Bear Stearns foi adquirido pelo "banco universal" JP Morgan Chase, e o Federal Reserve Bank (Fed), o banco central americano, organizou a desincorporação e o refinanciamento das ações que entraram em baixa.

Em setembro, um novo choque: no início do mês, os dois bancos americanos mais importantes que concedem financiamentos, Fannie Mae e Freddie Mac, foram salvos do colapso e recapitalizados por meio de um amplo apoio do Estado. A isso seguiu-se a falência do banco de investimento Lehman Brothers, na metade do mês, enquanto o banco de investimentos Merril Lynch foi salvo com uma venda de emergência ao "banco universal" Bank of America. E todavia, durante os meses seguintes, não foram somente os bancos de investimentos que receberam golpes letais e desapareceram da cena, transformando-se em (ou fundindo-se com) bancos comerciais. Companhias de seguro de primeiro plano também estavam sob ameaça, como é demonstrado pela contemporânea ruína da maior companhia de seguros dos Estados Unidos, o American International Group (AIG). Foram principalmente específicos créditos derivados (*Credit*

Default Swaps = CDS) a entrar em inadimplência. Os CDS normalmente são usados por quem compra *bonds* [obrigações] em nível mundial para assegurar-se, em contratos bilaterais fora do mercado, contra o risco de insolvência de quem os emite. Já que não há nenhuma contrapartida central e os contratos CDS não estão sujeitos à regulamentação tradicional de resseguro, estão associados a um alto risco. Até agora, no mundo, foram distribuídos CDS num valor de pelo menos 60 trilhões de dólares; isso poderia conduzir a uma fatal reação em cadeia no caso de um de seus pilares principais, como o AIG, falir. De fato, o AIG foi sustentado por uma série de contribuições governamentais que até agora atingiram 153 bilhões de dólares. Apesar disso, em setembro de 2008, o efeito da crise do crédito sobre um elemento-chave do mercado global dos derivados — um mercado cujo volume está estimado entre um mínimo de 600 trilhões de dólares e um máximo de 1 bilhão — mostrou que o setor financeiro — a força propulsora decisiva do precedente ciclo de expansão — dirigia-se para o abismo. Em setembro de 2008, todo o sistema financeiro internacional tremeu e, em especial, os bancos comerciais e os fundos de investimento, que nos anos 1970 já tinham sido atingidos em igual medida (*hedge funds*, *private equity funds* e fundos de pensão).

As ondas de impacto continuam imbatíveis, o que é evidente nos pesados déficits e nas perdas operacionais por praticamente todos os bancos de relevância mundial. As garantias dos governos para os crescentes *toxic assets* (bens podres) por depósito, as injeções de capital público para cobrir o capital dos bancos e o aumento da participação estatal no setor financeiro são medidas de salvamento adotadas praticamente em todos os países industrializados e muito provavelmente continuarão constando nas agendas dos governos. Desde o terceiro trimestre de 2007, os governos tentaram tocar para a frente os mercados monetários e financeiros por meio de cortes nas taxas de juros, coordenados pelos bancos centrais, com injeções de liquidez nos mercados interbancários que caíram e por meio da recuperação de ações e de títulos de crédito no interior da esfera de regulação pública. Como mostram os dados mais recentes, ainda não foi possível parar o enxugamento mundial da dívida e o voo dos acionistas dos fundos financeiros para os "portos seguros" de moedas e de *bonds* estatais fortes. A razão é simples: as perdas sobre os papéis hipotecários e sobre os créditos derivados são seguidas pela dívida, cada vez mais desenfreada, de cartões de crédito, *leasing* e cartões de fidelização. Uma dívida cuja dimensão ainda é em grande parte desconhecida, mas que de fato já levou à queda do Citigroup, o maior banco comercial americano. No horizonte não se delineia, por certo, o fim da crise financeira e do crédito; e isso em uma situação na qual a crise do setor estrutural e industrial, que iniciou em paralelo, piora, difundindo assim uma lenta chama que atinge todas as partes do sistema econômico.

Na sequência da contração do crédito e da fuga dos capitais, os eventos do trimestre "negro", entre setembro e novembro de 2008, alcançaram os mercados financeiros do mundo inteiro; principalmente aqueles setores de reprodução de capital nos quais os créditos a longo prazo são trocados como ações corporativas (opções, empréstimos e futuros). A queda das ações, antes de mais nada, arrastou consigo os preços de mercado das sociedades estruturalmente fracas, sobretudo na indústria automobilística, e depois difundiu-se a todos os capitais cotados na bolsa. Desde o início de 2008,

A CRISE DA ECONOMIA GLOBAL

os índices dos mercados acionários americanos, europeus e japoneses caíram em média 35-40%. A agitação de setembro e de outubro evocou as crises econômicas mundiais do século passado. No quarto semestre, as bolsas dos países emergentes começaram a sentir em cheio os efeitos da crise: as perdas de capitais aumentaram tão rapidamente que eliminaram qualquer supervalorização especulativa, dando lugar, além disso, a uma fase de enorme destruição de valor. As bolsas dos chamados países do Bric (Brasil, Rússia, Índia e China) estão registrando perdas de 60-70% de um ano para outro.

Um terceiro fator decisivo na descida em direção à crise econômica mundial foi a queda dos preços dos bens primários iniciada em julho de 2008, depois de um outro enorme aumento dos preços dos gêneros alimentícios e da energia. Uma queda que marcou, quase em termos clássicos, a passagem da bolha especulativa para a crise propriamente dita. Atualmente o preço do petróleo bruto caiu de seu máximo (147 dólares por barril) para menos de 40 dólares, os preços dos metais industriais e das matérias-primas usadas na agricultura (algodão etc.) caíram pela metade, enquanto o preço de alimentos fundamentais (arroz, milho, trigo) caiu cerca de um terço. Os metais preciosos ainda conseguem manter-se estáveis nas bolsas de mercadorias e futuros; contudo, o preço do ouro também mostrou que está tendencialmente em declínio.

Levando-se em conta esses desenvolvimentos, não surpreende que o custo dos transportes também tenha caído vertiginosamente, uma vez que, em muitos casos, eles são um elemento importante dos preços das mercadorias primárias. O transporte marítimo, especificamente, sendo o meio

ANDREA FUMAGALLI E SANDRO MEZZADRA (ORGS.)

principal na cadeia mundial dos transportes, sofreu tendências deflacionárias, com preços amplamente abaixo dos custos em alguns setores, que avançaram até mesmo além, no que se refere à dimensão e à velocidade do declínio, se comparados aos dados das crises econômicas mundiais do século passado. As tarifas da linha Rotterdam-Taiwan baixaram de 2.500 dólares para 400 dólares por contêiner, do início do ano até outubro, e em novembro as tarifas de transporte dos navios maiores, para cargas pesadas, caíram até um doze avos de seu preço máximo alcançado durante o *boom* de 2007. Isso, além de baixar ainda mais o preço das mercadorias, também induz, ao mesmo tempo, outras consequências significativas. As cadeias dos portos marítimos e de logística, predispostas em vista de uma enorme expansão da produção e das infraestruturas até o primeiro trimestre de 2009, foram abaladas até as bases, e pelo menos 80% dos contratos para a construção de navios dos canteiros navais líderes na China, na Coreia do Sul, no Japão e no Vietnã foram cancelados.

Paralelamente, a crise estrutural, de superprodução, dos setores automobilístico, da construção civil e imobiliário estendeu-se. Duas das "três grandes" indústrias automobilísticas americanas — a General Motors e a Chrysler — estão à beira da falência. Na semana anterior ao Natal, garantindo um crédito de emergência, a administração Bush concedeu a elas uma prorrogação até março de 2009. Contemporaneamente, todas as conquistas históricas dos trabalhadores da indústria automobilística americana estão sendo desmanteladas. A crise do setor já se estendeu a toda a indústria automobilística. Para as próprias sociedades "modelo", de produção intensiva e tecnologicamente inovadora, capazes de

A CRISE DA ECONOMIA GLOBAL

produzir com baixas emissões, o giro de negócios mundial caiu em 20-30%. Na maioria dos casos, os trabalhadores temporários e sob contrato já desapareceram das fábricas, enquanto que ao pessoal regular foram dadas férias no Natal por um período prolongado e com a perspectiva de ver dilatado o período de trabalho a um horário reduzido. Nos níveis inferiores da indústria automobilística procuram-se em vão soluções temporárias daquele tipo e acumulam-se as notícias de repentino fechamento dos pequenos e médios fornecedores.

Todas essas tendências intensificam-se mutuamente, universalizando-se em relação ao aumento do custo do crédito em escala mundial. Desde o primeiro quarto de 2008, três regiões da "tríade" Estados Unidos, Europa e Japão entraram em recessão. O desemprego em massa aumentou enormemente nos Estados Unidos, no Reino Unido e na Espanha e está se estendendo da região transatlântica a todas as economias nacionais desenvolvidas. As suas contrapartidas econômicas são as taxas de juros e de lucro em queda; combinadas ao crescente custo do crédito e à rápida diminuição dos pedidos, trouxeram uma drástica redução dos planos de investimento. Isso causa, por sua vez, uma rápida contração das exportações. E os países da tríade que mais exportam — Japão, Alemanha e Suíça — reagem à perda na exportação com uma desproporcional redução das importações, iniciando, assim, uma espiral autoagressiva de declínio econômico mundial.

Por causa dessas enormes restrições da importação, a crise da tríade, já plenamente desenvolvida, a partir de outubro de 2008 atingiu as economias emergentes e em via de desenvolvimento. Esses eventos as atingem em um momento em que o seu desenvolvimento econômico depende primeiramente das exportações para as regiões da tríade, com os desequilíbrios econômicos a elas associados que são compensados (ou, ao menos, foram, até este ponto) por acumulação de vastas reservas de moeda estrangeira. Agora, esse equilíbrio instável acaba abruptamente. A contração do crédito na economia mundial, a queda livre dos valores das ações e das matérias-primas, juntamente com as perdas no setor de exportação, mesclaram-se em uma mistura explosiva, que permaneceu temporariamente inerte apenas graças ao repasse das reservas monetárias e ao aumento do débito nacional.

Mas os estados do Bric não são os Estados Unidos, e menos ainda as "economias" emergentes de segunda categoria, como México, Coreia do Sul, Indonésia, Hungria e Ucrânia. Os Estados Unidos, graças à sua moeda de incomparável referência mundial, podem permitir-se um gigantesco déficit no balanço de pagamentos e montanhas de débitos sem prestar contas aos próprios credores. Os investidores internacionais transferiram os seus capitais, tão logo as reservas monetárias das economias emergentes foram diminuindo, e seu balanço de pagamentos, portanto, piorou e o seu déficit aumentou. Seguiram-se enormes desvalorizações, que provocaram uma turbulência explosiva no mercado monetário internacional. A isso acrescenta-se que, principalmente no que diz respeito às economias do Sudeste Asiático, sul-americanas e da Europa Centro-Oriental, progressivamente estão se tornando visíveis déficits estruturais e constelações de hiperendividamentos multilaterais. A partir do último trimestre de 2008, isso causou as primeiras bancarrotas nacionais *de facto*, que atingiram Hungria, Paquistão, Lituânia e Ucrânia, além da Islândia. Em tais países, as consequên-

A CRISE DA ECONOMIA GLOBAL

cias sociais dessa situação estão se tornando dramaticamente agudas. Mas também nos Estados Unidos bairros inteiros estão "fechando as portas" por causa do despejo das famílias de suas casas e de seus apartamentos alugados.

De um ponto de vista global, uma tremenda queda do Produto Interno Bruto foi evitada, até agora, graças ao enorme fornecimento político de suporte financeiro por parte dos países e dos blocos de poder do centro capitalista (na ordem de um mínimo estimado de sete trilhões de dólares) e da difusa adoção de medidas anticíclicas (China, União Europeia, Estados Unidos e Japão). A própria turbulência monetária foi mantida suficientemente sob controle, com o dólar permanecendo, até agora, surpreendentemente estável, mesmo que a situação possa mudar muito rapidamente. É esse o pressuposto para que o eixo estratégico devedor-credor do sistema mundial, isto é, aquele que envolve China e Estados Unidos, continue a funcionar. Não obstante, a crise já superou a escala da crise de 1973 e introduzirá um novo ciclo de exploração e uma nova era do sistema capitalista mundial, mesmo se nos próximos meses ela for contida com sucesso. Uma estabilização num breve período é, todavia, bastante improvável. Uma primeira fase de intervenções políticas de salvamento financeiro ligada ao pensamento monetarista faliu, porque reproduzia muito literalmente a conclusão de Milton Friedman, o idealizador da contrarrevolução econômica. Ele havia imputado a crise de 1929 quase exclusivamente a políticas erradas do Fed. A greve do crédito e dos investimentos dos proprietários de capital, dos dirigentes bancários e dos fundos de investimento que estão sob o seu controle não pode ser impedida com uma política de oferta de dinheiro barato ou com a inundação dos mercados

281

ANDREA FUMAGALLI E SANDRO MEZZADRA (ORGS.)

creditícios e financeiros com liquidez a juro zero. Não é absolutamente claro se os planos de retomada econômica, que são ao menos em parte keynesianos, surtirão algum efeito. Eles não foram adotados globalmente e precisariam ser estendidos e tornados mais velozes, sobretudo por parte dos principais países credores e exportadores (Japão, China, países da zona do euro). Os investidores também não estão impressionados pela incorporação mais ou menos total de crédito "podre" e dívidas privadas no orçamento público, contanto que as falências e os erros estratégicos dos diretores de bancos, agora óbvios, não sejam continuados, mas sim empurrados para baixo do tapete. Além disso, tudo se limita a atrasar o mecanismo da crise, sem todavia bloqueá-lo. Frequentemente os acionistas consideraram o Fed um enorme *hedge fund* para o qual o Tesouro dos Estados Unidos procura os recursos necessários, assumindo o papel de um gigantesco *broker* [operador] de investimento. É apenas uma questão de tempo — cedo ou tarde considerarão o "Tio Sam" não mais digno de crédito. Mas, então, onde poderão investir? Neste momento não existem novos setores econômicos estratégicos em vista, e a esperança de que as economias emergentes possam resolver os problemas sobre os passos dos seus precursores — que o credor estratégico dos Estados Unidos, a China, possa "tirar o carro do atoleiro" — há tempos se dissolveu.

1.2 Características essenciais da crise

Assumimos a responsabilidade de mostrar como os vários fatores da crise, neste novo ciclo, estão sincronizando-se lentamente. Mas quais foram as causas da lenta chama acesa

A CRISE DA ECONOMIA GLOBAL

dois anos atrás sobre os tetos do complexo dos edifícios econômicos mundiais e que já atingiu todos os setores e os territórios do circuito econômico global? Uma breve olhada nos pontos de incidência desse processo mostra que eles podem ser reconduzidos a três características principais. Primeiro, a atual é uma crise de superacumulação de capital em escala mundial em todos os seus aspectos e em todas as suas metamorfoses: as indústrias produtivas estão superacumuladas em média de 25% (muito mais na indústria automobilística), a cadeia dos transportes mundiais, em 30-35% e o setor bancário e financeiro em ao menos 50%. Em segundo lugar, essa superacumulação faz dupla com um exorbitante subconsumo global, causado, durante o último ciclo, pela colossal redução capitalista da renda de massa; faz dupla com a sua taxa de crescimento acima da média com base nos salários mais baixos existentes nos mercados emergentes; combina-se com a política de abandono do Sul à pobreza em massa (favelas, economias subterrâneas) e a um estado de iminente genocídio por fome. Apesar das classes desfavorecidas das regiões desenvolvidas, onde a crise começou, terem conseguido compensar as suas perdas de renda, com técnicas diferenciadas de endividamento, os segmentos mais baixos de sua composição foram constantemente excluídos dela. No confronto com o amplo aumento do trabalho social na força produtiva, a diferença entre desenvolvimento das forças produtivas e renda continuou a agudizar-se com grande desvantagem para as classes trabalhadoras, mesmo nos Estados Unidos, na Grã-Bretanha e na Espanha. Terceiro, uma política de crédito barato compensou o jogo de troca entre superprodução e subconsumo nos centros desenvolvidos do mundo e, todavia, isso pôde apenas retardar a crise por alguns anos, enquanto os setores de baixo salário expandiam-se e a precarização das condições de trabalho terminava por atingir cada vez mais também as classes médias. Milhões de pessoas em todo o mudo endividaram-se somando uma cifra que gira em torno dos 12 trilhões de dólares (financiamentos impagáveis, débitos de cartão de crédito, débitos para aquisição a prestação e *leasing*, crédito educativo para os estudantes etc.). Esse mecanismo pôde funcionar tanto tempo porque o débito gerado pelas classes mais desfavorecidas era diversificado em escala mundial. Porém, ele alcançou o seu ápice durante 2006 e arrastou o sistema financeiro para o abismo. O mecanismo, então, reforçou as distorções estruturais já existentes e sustentou a superprodução nos setores econômicos-chave (a construção civil, a indústria automobilística e seus apêndices, mas também a tecnologia da informação e a indústria do aço). E, com a queda dos preços das mercadorias primárias, no setor da circulação e nos mercados bursáteis, e as crescentes restrições ao crédito, causou a nova crise econômica mundial. Seguiu-se a ela uma greve mundial nos investimentos por parte dos acionistas que já abarca todas as principais esferas do capital, porque as suas taxas de juros e de lucros precipitaram-se uma após outra em poucos meses.

2. O CICLO PRECEDENTE (1973-2006)

Para se ter uma ideia mais clara das dinâmicas internas, das perspectivas de desenvolvimento e das possíveis consequên-

A CRISE DA ECONOMIA GLOBAL

cias da atual crise econômica mundial, devemos recordar brevemente as principais características do ciclo global precedente, entre 1973 e 2006. A princípio devemos nos limitar a esse ciclo.

2.1 Características de uma típica onda longa (Kondratieff)

O ciclo começou em 1973 com a crise econômica mundial, que trouxe uma depressão que durou diversos anos. Essa crise fora causada por revoltas sociais dos trabalhadores de todo o mundo entre 1967 e 1973, além de uma crise monetária mundial (desvinculação do dólar ao ouro, transição para taxas de câmbio flexíveis) e do choque petrolífero de 1973 (guerra do Yom Kippur). Nos anos sucessivos, tal crise foi transformando-se em um processo de estagflação, devido ao maciço uso de políticas inflacionárias contra a rigidez salarial das classes trabalhadoras. No curso dos 35 anos que se seguiram, determinou-se uma série de ciclos quinquenais, interrompidos por crises parciais, algumas das quais bastante sérias: 1982 (segunda crise petrolífera), 1987 (Estados Unidos), 1992-1993 (Japão), 1997-1998 (Sudeste Asiático e Rússia) e 2000-2001 (*crash* da *new economy*). Uma pausa decisiva aconteceu entre 1989 e 1991, com a implosão do Império Soviético e o início da ascensão chinesa. Sem o súbito e potente impulso expansionista que esses eventos produziram, a última "onda longa" teria chegado ao fim muito antes. A expansão do crédito, no período conjuntural entre 2001 e 2006, sobrepôs-se, além disso, à interação recíproca entre superacumulação e renda de massa decrescente, atrasando por diversos anos o início da crise.

ANDREA FUMAGALLI E SANDRO MEZZADRA (ORGS.)

2.2 O ataque da crise e a hiperexploração da classe operária global

O ataque do capital sob forma de "crise" obrigou a classe operária de todo o mundo a retroceder até o fim dos anos 1970. Não obstante as incansáveis lutas de classe dos anos 1980, a classe operária sofreu evidentes processos de (re)proletarização, tanto nas zonas periféricas quanto nas economias emergentes e nos centros mais desenvolvidos. Em seguida entrarei mais nos detalhes. Aquilo que aqui nos interessa são as consequências econômicas de tudo isso: a renda de massa diminuiu, tanto em termos relativos quanto absolutos, em relação ao capital e à acumulação capitalista, e esse processo foi impulsionado até o fim do ciclo por uma sistemática estratégia de subemprego. Os centros de atividade do capital conseguiram arrebatar amplos lucros e elevados juros durante as fases cíclicas do *boom,* a despeito das momentâneas recaídas regionais e das ferozes lutas constituintes da nova classe do trabalho industrial em algumas economias emergentes (em especial na Coreia do Sul e em alguns países sul-americanos). A repressão e a desmedida exploração da classe operária, a pauperização de alguns dos seus componentes mais importantes, entregues a uma situação de "pobreza de trabalho", foram características fundamentais da onda longa precedente, apesar das tendências que trabalhavam em sentido contrário. Porém, elas foram também a causa do colapso da onda. Um colapso atrasado apenas pelo *boom* creditício dos primeiros "loucos" dez anos do novo milênio.

A CRISE DA ECONOMIA GLOBAL

2.3 Novas tecnologias

Um ulterior fator endógeno decisivo foi o fortalecimento do domínio tecnológico do capital. A "onda Kondratieff" do ciclo 1973-2006 ajudou o capital a aumentar a sua taxa de lucro por meio de maciças inovações tecnológicas, que rebaixaram a composição orgânica do capital nas áreas estratégicas (com uma progressiva redução das taxas de salário): transformação e padronização da cadeia dos transportes graças ao contêiner; mudança das estruturas de comunicação graças à informática e às tecnologias de informação; microminiaturização e robotização das instalações produtivas; conversão do parque de máquinas em aparelhagem com controle numérico. Até agora não há ainda dados certos dos níveis alcançados no ciclo precedente pelas taxas de exploração por meio da ulterior intensificação dos processos de trabalho, pela introdução de novos instrumentos tecnológicos de subsunção real, pela colocação ao trabalho e pela valorização da criatividade subjetiva dos explorados, pela totalitarização organizativa do poder de empreendimento ("gestão totalmente produtiva" etc.). Podemos, porém, estar certos de que a produtividade total do operário social, subtraída ao processo de redistribuição, no mínimo dobrou no ciclo precedente, com uma taxa de crescimento anual entre 2,5 e 3%, sem ganhos correspondentes para os operários envolvidos.

2.4 Renovada expansão do mercado mundial e da divisão mundial do trabalho

Como fator exógeno decisivo — já acenamos pouco acima — deve ser incluída a expansão dos investimentos e dos mercados, a qual alcançou o seu ápice no início dos anos 1990. O filho de um catador de Calcutá, isso para dar um exemplo, pôde construir um império do aço sobre as ruínas dos investimentos na Europa Oriental e nas zonas econômicas especiais da periferia. O fator decisivo foi a conjunção entre o processo de expansão geográfica e as novas formas de divisão internacional do trabalho: novas formas que se tornaram possíveis pela miniaturização do capital fixo, pela nova tecnologia de informação e pela maciça redução dos custos de transporte. Assim, tornou-se possível a constituição de sociedades globalmente conectadas, cujas cadeias de criação de valor são guiadas pelos centros de desenvolvimento, projeção e marketing dispostos geralmente nas metrópoles; enquanto a segmentação dos processos de trabalho pôde ser distribuída, nas regiões do mundo com os mais ignóbeis níveis de exploração, para em seguida ser religada e reunificada.

2.5 O novo eixo da crise mundial: Washington-Pequim

Que as novas formas de divisão internacional do trabalho tenham sido o fator estratégico decisivo do ciclo precedente fica imediatamente claro se observarmos as duas economias nacionais mais importantes, que entraram em relação de tácita simbiose, que teve consequências decisivas no início dos anos 1990: os Estados Unidos e a China. A simbiose consistiu e consiste nisto: um dos dois parceiros economiza e trabalha duro, enquanto o outro consome com grande abundância os produtos e os rendimentos obtidos. Essa, obviamente, é uma imagem relativamente desfocada, mas reflete os fatos decisivos. O despotismo de Estado na China, no curso do processo de avanço do desenvolvimento capitalista, acorrentou os seus súditos, os agricultores e os trabalhadores migrantes, em uma cadeia produtiva estendida a nível mundial, exportou os seus produtos para os centros de desenvolvimento (especialmente Estados Unidos) a preços irrisórios e contentou-se com promessas de pagamento (*bonds* governamentais). Isso permitiu aos Estados Unidos esconder por meio da expansão do crédito, reverberada, por sua vez, a nível mundial, os processos de pauperização causados por sua estratégia de baixos salários. A cadeia produtiva chinesa transformou-se, então, no principal banco estadunidense e acorrentou-se aos EUA, na prosperidade e na ruína — pois uma grave queda do dólar acabaria por arruinar ambos os parceiros. O banco central chinês detém a parte preponderante das próprias reservas monetárias em dólares americanos (dois trilhões) e bônus do Tesouro dos Estados Unidos, no valor aproximado de um trilhão de dólares: no caso de uma descontrolada queda do dólar, a posição de credor da China resultaria drasticamente comprometida, enquanto os Estados Unidos acabariam em bancarrota pela fuga dos capitais internacionais, que disso derivaria. Mesmo sem entrar em um cenário tão horrível, a superação de uma perversa e grotesca relação desse tipo, entre devedor e credor, tornou-se, de qualquer modo, impossível. Um simples cálculo mostra o quanto seria difícil compensar o declínio do superconsumo relativo americano — um declínio que anda de mãos dadas com a volta da população à velha taxa de economia de 5% do PIB — com um paralelo aumento do consumo de massa na China, capaz de colocar ambos em condições de superar o rombo que se abre na balança de pagamentos. Para que tudo isso funcione, o consumo de massa chinês,

ANDREA FUMAGALLI E SANDRO MEZZADRA (ORGS.)

que atualmente é muito baixo, deveria crescer imediatamente uns 40%, o que parece quase impossível. Todavia, isso joga um raio de luz no fato de que a alavanca para uma intervenção anticíclica de alcance mundial (e em condições de reforçar o sistema) encontra-se, acima de tudo, nas mãos da China e que o curso da crise, com a provável depressão por débito que disso decorrerá, na ausência de uma alternativa revolucionária, será fundamentalmente decidido em primeira instância pelo projeto "quimérico".

2.6 Expansão mundial dos mercados financeiros e do crédito

A reestruturação e a internacionalização das cadeias de exploração e de criação do valor não teriam sido possíveis sem a expansão internacional do sistema financeiro. A flexibilização das taxas de câmbio induziu a constituição de mercados monetários internacionais (o mercado do eurodólar, do petrodólar, do ásia-dólar), dentro dos quais a cédula verde continua mantendo a sua posição de supremacia, nos quais foram desenvolvidos novos instrumentos monetários e creditícios para conter os riscos associados às taxas de câmbio das moedas estrangeiras, aos preços das mercadorias em contínua flutuação e à volatilidade do mercado acionário. A relação de crédito "moderado" existente até agora entre os bancos e os complexos industriais, baseada em lucros a médio prazo, começou a ser substituída pela autocracia de um estrato crescente de acionistas orientados para maximizar os ganhos de curto prazo, os quais fundaram uma nova esfera de fundos de investimento, com cuja ajuda os quadros dirigentes impuseram a todos os setores econômicos e comerciais a curta coleira de rendas maximais de breve período

A CRISE DA ECONOMIA GLOBAL

sobre o capital próprio e sobre o estrangeiro. Isso induziu à "financeirização" do sistema econômico inteiro e de todas as fases da metamorfose capitalista, aumentando o produto médio do capital em 20-25%, mas com um correspondente aumento dos riscos e da instabilidade. Paralelamente, o setor financeiro em expansão empurrou o crédito na direção das classes médias-baixas, que tiveram de aceitá-lo para manter os padrões de vida aos quais estavam acostumadas, apesar da crescente precarização do trabalho e da renda. Enfim, como terceira coisa, uma dimensão de novo tipo da expansão capitalista, determinada pelo setor financeiro, começou a se desenvolver dentro dos gânglios da reprodução social. Eu a denomino "capitalismo tributário": recursos públicos comuns foram expropriados com a finalidade de transformar em mercadoria as necessidades da reprodução humana cotidiana (da água potável à energia, à saúde, à proteção contra todos os riscos possíveis) e para incrementar os lucros do capital sobre eles.

2.7 Destruição crescente da base material de produção e reprodução da sociedade capitalista

Um último fator exógeno importante do ciclo precedente foi a crescente destruição da base natural do sistema econômico. Isso não foi apenas consequência da desmedida expansão quantitativa e qualitativa dos processos de produção imediata e das cadeias logísticas ligadas a eles, mas também da contemporânea marginalização da pobreza de massa no Sul, sempre mais impelida para os nichos dos ecossistemas ainda não contaminados, enquanto, vice-versa, os novos sistemas políticos e as classes médias das economias emergen-

ANDREA FUMAGALLI E SANDRO MEZZADRA (ORGS.)

tes começaram a imitar os pecados ambientais das metrópoles. Assim, como o ciclo precedente tinha usado os recursos mundiais de força de trabalho sem nenhum escrúpulo, a exploração dos ecossistemas foi levada barbaramente ao extremo. Indubitavelmente foram feitos esforços consideráveis para "ecologizar" a reprodução capitalista, mas até agora não foram mais do que gotas de água jogadas sobre uma pedra quente. Esses esforços de pequeno alcance, puxados por uma crescente consciência ambiental, apesar de tudo, foram suficientes para gerar uma séria crise estrutural nos setores industriais — como aquele da indústria automobilística — que muito tarde seguiram essa tendência ou que absolutamente não a seguiram.

3. DIFERENÇAS E SEMELHANÇAS COM AS CRISES ECONÔMICAS PRECEDENTES

Refletir sobre os principais fatores endógenos e exógenos dos ciclos precedentes é um dado irrenunciável para compreender adequadamente a crise atual e o seu processo. Esses fenômenos, porém, não parecem nos fornecer — admitindo-se que uma tal especulação seja possível — os instrumentos para poder pensar os ulteriores desenvolvimentos e êxitos possíveis da crise. Uma breve visão integradora das principais crises econômicas mundiais no decorrer da formação da sociedade capitalista, na sua fase industrial, ou seja, nos últimos 150 anos, pode nos ajudar. Então, quero examinar, de um ponto de vista comparativo, as afinidades e as diferenças entre a crise atual e as crises precedentes. É um método decisivo para não perder o fio do raciocínio, enquanto nos ocu-

A CRISE DA ECONOMIA GLOBAL

pamos de estruturas e manifestações tão complexas do presente.

3.1 A crise econômica mundial de 1857-1858

A crise de 1857-1858 foi a primeira a apoderar-se sincronicamente do capitalismo da época. Ela teve início nos Estados Unidos, onde uma especulação em larga escala sobre as ferrovias, o setor propulsor do desenvolvimento capitalista, desencadeou uma grave crise. Rapidamente se difundiu nas cidades comerciais da Grã-Bretanha e do norte da Alemanha, além da Escandinávia, da França e do sudeste da Europa. Agravada pela inicial adoção de maciças medidas pró-cíclicas pelo Banco da Inglaterra, ela começou a destruir o comércio mundial, penetrando, enfim, naqueles que na época eram os centros industriais e infraestruturais (Sheffield, Manchester, Ruhr, norte da França, projetos ferroviários mundiais etc.). Nos anos precedentes, o capitalismo tinha completado uma enorme expansão comercial, em seguimento à Guerra da Crimeia (1853-56) e além disso, tinha realizado uma enorme expansão geográfica (colonização da Califórnia, de México e da Austrália, incremento do domínio britânico na Índia, abertura forçada da China). Por essas razões, Marx esperava, em 1857-58, uma revolução operária transatlântica. Logo, porém, teve de mudar de opinião. As consequências da crise foram em grande parte superadas durante o ano de 1858 e um novo período de expansão e prosperidade teve início e continuou até 1870-1871. Os contemporâneos ressaltaram o amplo alcance da violência da crise que, todavia, se comparada às crises seguintes, mantinha um caráter ainda embrionário.

3.2 A grande depressão de 1873-1895

A grande depressão foi ativada pelos *crashes* que ocorreram simultaneamente nos diversos lugares em que estava ocorrendo a retomada da acumulação capitalista. Tal depressão teve início principalmente no Império Alemão recém-fundado e na Monarquia dos Habsburgo antes de apoderar-se da Grã-Bretanha e depois, com grande força, dos Estados Unidos. Durou até 1879 e se transformou em uma longa depressão que terminou somente em 1895. Os seus efeitos foram superados de modos muito diferentes pelas diversas economias nacionais. Nos Estados Unidos, a colonização do Oeste foi brutalmente realizada e nasceram empresas ciclópicas (os *trusts*), que tiveram um papel fundamental no avanço daqueles que então eram os novos setores da alta tecnologia, como as indústrias químicas e de eletricidade. Uma análoga segunda onda de industrialização, caracterizada por um uso intensivo da ciência, foi iniciada pela Alemanha Imperial, uma vez que ela foi capaz de superar os efeitos do *crash* que tinha dado início à crise. Daquela forma, principalmente na Alemanha e nos Estados Unidos, foram lançadas as bases para uma reconstrução geral dos processos de exploração industrial que expropriaram a classe operária de suas próprias habilidades artesanais para submetê-la, em sua nova roupa de operário-massa, ao despotismo do ritmo das máquinas e das tecnologias de processamento. Deste modo, essa foi a primeira crise econômica mundial capaz de acelerar extraordinariamente, em termos econômicos e de organização do trabalho, a recomposição do processo de valorização industrial. A relação entre capital e trabalho foi posta sobre

A CRISE DA ECONOMIA GLOBAL

bases totalmente novas e a classe operária mundial respondeu a ela, em 1905, com a sua primeira revolta global e com o desenvolvimento do sindicalismo revolucionário (*Industrial Workers of the World*). Ao contrário, França e Grã-Bretanha realinhavam as fronteiras de seus impérios coloniais. A Inglaterra vitoriana, em especial, destruiu a economia de subsistência daquelas que eram então as áreas periféricas de seu império, até causar nessas áreas uma catástrofe por fome, que custou milhões de vidas e deu início ao assim denominado Terceiro Mundo.

3.3 A crise econômica mundial de 1929-1932 e a depressão de 1939-1940

Muitos enigmas sobre as crises econômicas do passado ainda subsistem, mesmo que tenham sido estudadas em profundidade por décadas. Todavia, podemos dar por consolidado que o seu caráter difuso e o seu peso foram determinados pelo estranho curso do crescimento a partir de 1896: a Primeira Guerra Mundial foi desencadeada exatamente quando se anunciava a recessão global. O ciclo foi então alongado pela conjuntura bélica global para desembocar, depois da derrota da revolução operária internacional de 1916-1921 e da superação de um período de imponente hiperinflação, nos "vociferantes" anos 1920, surpreendentemente parecidos com os "loucos" primeiros anos do século XXI. De fato, eles também se caracterizaram por um excesso de especulação acionária e creditícia, por rendas gerais deixadas baixas e por uma superacumulação nos segmentos industrializados da agricultura e nos setores de capital industrial que tinham sofrido a racionalização. A

ANDREA FUMAGALLI E SANDRO MEZZADRA (ORGS.)

crise começou como crise agrícola internacional, com a queda dos preços das mais importantes matérias-primas, e se estendeu em seguida às bolsas americanas em outubro de 1929, provocando a ruína do comércio mundial de 1930 em diante, quando os Estados Unidos desencadearam uma onda protecionista global por meio de uma lei alfandegária que cobria praticamente todos os setores econômicos. Na sequência, a crise se deslocou para os principais setores industriais e, aguçada a partir de 1931-1932 por uma crise bancária iniciada na Europa e pela corrida à desvalorização das principais moedas, acabou reduzindo o PIB pela metade e incrementando o desemprego em 25-35%, em todos os países industriais. Todas as tentativas que se seguiram para acabar com a depressão foram em vão, até mesmo o *New Deal* americano. Chegou-se, assim, a uma guerra econômica internacional, radicalizada pela corrida aos armamentos e pela política expansionista dos centros do Eixo fascista: Alemanha, Itália e Japão. A crise foi superada somente a partir de 1938 com a corrida internacional aos armamentos, iniciada na Europa e que chegou por volta de 1940 aos Estados Unidos, onde se beneficiou das encomendas bélicas da Segunda Guerra Mundial. Essa saída catastrófica da crise não foi de nenhum modo predeterminada por uma "regularidade". Ela deveria, portanto, ajudar-nos a entender, enquanto discutimos sobre a crise que está se expandindo atualmente, que a nossa tarefa consiste em sugerir e impor modalidades de superação da crise, capazes de bloquear a guerra econômica mundial e que possam ser usadas como alavancas para uma transformação socialista do sistema mundial.

A CRISE DA ECONOMIA GLOBAL

4. PROLETARIZAÇÃO GLOBAL

Antes de nos concentrarmos nessa questão, deveríamos nos perguntar quem poderia ser capaz de encontrar uma saída para a crise que não conduza novamente à barbárie capitalista, mas, ao contrário, libere uma perspectiva de transformação socialista. Poderiam ser somente aquelas classes e aquelas faixas de população que, para sobreviver, são obrigadas a vender e a privar-se da própria força de trabalho em favor da máquina de acumulação e de regulação capitalista: os pobres do mundo, dos quais se forma o multiverso em contínua transformação da classe operária global.

4.1 Premissas históricas e metodológicas

Esse ponto de partida de modo algum é autoevidente, e gostaria de discuti-lo, então, mais de perto. O seu fundamento é o conceito de classe operária mundial, elaborado pela crítica historiográfica operária nacional e eurocêntrica e pelo ulterior desenvolvimento dos conceitos marxistas de classe e de trabalho.

4.1.1 Processos de proletarização e desproletarização globais

A história do trabalho global é um ramo muito jovem da história do trabalho, mas chegou a resultados importantes. Agora é possível dar por consolidado que, desde o início, a formação da classe operária determinou-se em contextos globais. O processo teve início na segunda metade do século XVIII, durante as revoltas sociais transoceânicas e transcontinentais, que foram empreendidas em conjunto pelos marinheiros (da marinha militar e mercantil) recrutados à força,

ANDREA FUMAGALLI E SANDRO MEZZADRA (ORGS.)

pelos escravos (Caribe), pelos trabalhadores autônomos que emigraram para as colônias (pequenos camponeses e artesãos) e pelos proletários da oficina e da fábrica. Essas sublevações de *commoners* começaram em 1775-1776, durante a guerra americana contra a dependência colonial da mãe-pátria inglesa, mas tiveram também enormes repercussões sobre a formação da classe operária local. Reconhecer tudo isso tornou possível superar finalmente alguns velhos limites de eurocentrismo e de bloqueio da perspectiva transatlântica dos quais até os maiores estudiosos da matéria, como E.P. Thompson, foram vítimas. Desde essa primeira fase de formação da classe operária global, no fim do século XVIII, determinaram-se específicas fases de proletarização e de relativa desproletarização das classes subalternas da população mundial; fases que em parte antecipavam o impulso expansivo global do capital (migração intercontinental, política e social) ou que se movimentavam no seu rastro. A última fase de desproletarização relativa ocorreu durante o ciclo de acumulação e de regulação dominado pelo *Welfare State* nos anos 1950 e 1960 do século XX, acompanhada de uma provisória descolonização das zonas periféricas. A partir de 1973, uma nova onda de reproletarização trocou de lugar com ela. E sobre aquela haveria muito o que dizer, porque a composição interna da classe operária global no início da crise estimula intuições relativas às suas atuais possibilidades de ação.

4.1.2 O multiverso da classe operária global

A classe operária global não é caracterizada somente por ser assalariada e subordinada, mas representa, antes disso, a partir da segunda metade do século XVIII, um multiverso

A CRISE DA ECONOMIA GLOBAL

pluriestratificado. Dentro desse multiverso, o trabalho assalariado da grande indústria teve um papel importante e, por um certo tempo, politicamente hegemônico, sem, contudo, poder esperar absorver os demais segmentos do proletariado e/ou transformá-los em um puro exército industrial de reserva. A classe global dos operários constituiu-se, até hoje, pelo pentágono descrito por pobreza e desemprego em massa; economia agrícola de subsistência; trabalho autônomo (pequenos agricultores, artesãos, pequenos comerciantes, trabalhadores do conhecimento formal autônomos); trabalhadores industriais; e relações de trabalho não livres de todos os tipos (escravidão, servidão por dívida, trabalhadores *coolie* ou por contrato, força de trabalho militarizada ou aprisionada, até chegar aos trabalhadores pobres das metrópoles, que são privados de sua liberdade de movimento, como por exemplo, na Alemanha, os beneficiários da Hartz 4).* Entre esses segmentos da classe operária global — que nas diferentes regiões globais encontram-se em relações muito diferentes entre si — determinam-se escoamentos fluidos e se estabelecem redes cujos fios, especialmente nas migrações de massa, ligam, por um lado, os núcleos familiares proletários de pequenos agricultores e, por outro, as culturas transcontinentais. Citando o jovem Marx, partimos do pressuposto de que as classes dos pobres sejam os mais potentes agentes de igualdade social, econômica, sexual, étnica, já que somente a abolição geral da propriedade privada pode tornar possível a destruição da dupla alienação do homem em relação a seus processos vitais ativos e ao trabalho reificado que está diante dele como poder estranho, como capital. É por esse motivo que os processos de homogeneização e de convergên-

---

* Sistema oficial de assistência aos desempregados. (*N. do T.*)

cia no interior do multiverso proletário são nosso principal ponto de referência. Então, o que está em questão não é somente a abolição do trabalho assalariado, mas também a de qualquer tipo de exploração e de opressão determinada pelo fato de que a maioria dos homens deva privar-se de sua própria força de trabalho para poder sobreviver.

4.2 A condição atual da classe global dos trabalhadores

Tudo isso se refere às premissas conceituais. Agora, as perguntas a serem postas são: que forma tomou o processo de formação e fragmentação de classe no decorrer do ciclo passado de subocupação estratégica e exploração intensificada? Quais são as necessidades elementares da classe operária global e como poderá defendê-las na fase de desemprego que se agiganta? Terá força — ou pelo menos parte importante dela poderá tê-la — de superar a posição defensiva e de colocar na ordem do dia a reapropriação social e igualitária da riqueza social?

4.2.1 *Agricultura de subsistência do Sul global*

As famílias que vivem de uma agricultura de subsistência no Sul do mundo e em algumas importantes economias emergentes representam ainda o grosso da classe operária global, somando 2,8 bilhões de pessoas, 700 milhões das quais somente na China. Reproduzem-se em economias de subsistência de base familiar do tipo Chayanov.* Essas complexas estruturas, entrelaçadas em comunidades de aldeia e

---

* Alexander Chayanov (1888-1937), economista russo, estudioso da unidade de produção camponesa. (*N. do T.*)

A CRISE DA ECONOMIA GLOBAL

em sistemas de clientela, encontram-se cada vez mais em perigo e conseguem sobreviver somente por meio de rendas de trabalho de tempo determinado ou indeterminado que provêm de setores não agrícolas (trabalho migrante continental e transcontinental). No ciclo precedente, os pressupostos existenciais foram progressivamente tirados delas pela transformação das planícies mais férteis e das áreas cultivadas em grandes empresas agrícolas mecanizadas, pelas consequências da mudança climática e pela expropriação da terra.

4.2.2 *Migração em massa e trabalho migrante*

Nas últimas décadas, centenas de milhões de homens deslocaram-se no interior de um continente, ou de um continente para outro, para escapar da pobreza de massa que atingiu as economias de subsistência e da barbárie da guerra civil ou para poder manter as famílias camponesas de origem que permaneceram em casa. Migrações em massa no interior da China, deslocamentos em massa do Sul e do Sudeste Asiático em direção à região do Golfo, da África ao sul da Europa pela região mediterrânea, da Europa Oriental à Europa Ocidental e do centro-sul ao norte da América. As subclasses dos países industrializados e de muitas economias emergentes constituem-se de 10% a 20% de migrantes. Com o passar do tempo, sobrepuseram-se diversas ondas migratórias e está se criando uma cultura cotidiana transfronteiriça, multilíngue e altamente inteligente. No seu interior, sobrepõem-se tendências multiculturais e aspirações à autoafirmação de identidades étnicas. Nas últimas décadas, esses desenvolvimentos marcaram decisivamente o processo de proletarização e representam hoje um dos mais importantes pontos de referência da composição de classe global.

ANDREA FUMAGALLI E SANDRO MEZZADRA (ORGS.)

4.2.3 *Pobreza em massa e economia subterrânea das cidades-favelas*

Nem todos os que deixam as economias de subsistência rural e a guerra civil conseguem estabelecer-se permanentemente ou mesmo temporariamente nos territórios metropolitanos ou nos países emergentes. Essa população mundial excedente vive hoje nas cidades-favelas das periferias de muitas economias emergentes. Ela empurra para a frente processos de urbanização que ocorrem na quase ausência de industrialização e de crescimento econômico. A massa de pobres das cidades-favelas sobrevive à beira de um genocídio por fome e sob o risco de graves epidemias, graças à economia submersa e/ou informal. Ela deve enfrentar formas extremas de hiperexploração nas quais prevalecem relações de trabalho não livres e somente aparentemente autônomas. Trata-se de mais de um bilhão de homens que povoam enormes aglomerados urbanos, mal ganhando para sobreviver, ao lado das vias de transporte e dos rios das metrópoles do Sul do mundo, progressivamente empurrados, sob a ameaça de catástrofes naturais, na direção de áreas costeiras e desérticas. As linhas de passagem entre as economias rurais de subsistência e os canais da migração em massa ficam cada vez mais precárias. É de se temer que a atual crise acabe acelerando esse imenso processo de guetização. E, desde já, há sinais de que a pobreza urbana de massa, com seus abrigos para os sem-teto, públicos ou escondidos, e as refeições para os pobres e para os desempregados, esteja começando a caracterizar também as *global cities* do Norte do mundo.

A CRISE DA ECONOMIA GLOBAL

4.2.4 *A nova classe operária industrial nas economias emergentes*

O desenvolvimento da nova classe operária industrial das economias emergentes mudou radicalmente a composição de classe global nas últimas duas décadas. No curso dos últimos dois ciclos econômicos ela levou a cabo, rapidamente, processos de crescente qualificação técnica e conquistou aumentos de renda consideráveis. Durante os anos 1980 e 1990, os setores *low-tech* foram progressivamente recolocados na imediata periferia, e com eles alongou-se também a classe operária da cadeia produtiva "estendida", em especial nos setores têxtil e de produção de bens de consumo. Por causa do achatar-se da distância tecnológica e da já praticamente completa deslocalização dos setores-chave da indústria (canteiros navais, indústria automobilística, indústria elétrica e eletrônica, química e têxtil), a composição de classe das economias emergentes e das regiões desenvolvidas do sistema mundial aproximou-se. Isso vale também para os segmentos da precariedade e do multiverso operário: enquanto a importância deles decresce nas economias emergentes, ela está aumentando consideravelmente nas metrópoles.

4.2.5 *Desindustrialização relativa e precarização da classe trabalhadora nos centros de desenvolvimento tradicionais*

Nas últimas décadas, o setor do trabalho assalariado nas regiões da tríade (Estados Unidos, Europa e Japão) contraiu-se de modo significativo. Ao mesmo tempo, a sua composição técnica mudou radicalmente por efeito da inovação tecnológica que conquistou e transformou integral-

ANDREA FUMAGALLI E SANDRO MEZZADRA (ORGS.)

mente todos os setores manufatureiros e de serviços. Muitos dos segmentos resistentes e com decisivas experiências de luta operária (os tipógrafos, o clássico operário portuário) desapareceram ou foram, também nas grandes economias nacionais, reduzindo-se a poucas centenas de milhares. Paralelamente, o trabalho precário ou o apenas formalmente "autônomo" tornou-se um elemento essencial na composição de classe das metrópoles. A redução da renda do trabalho dependente atingiu no decorrer dos últimos anos todos os segmentos da classe operária, incluindo o assim chamado núcleo ocupacional da grande indústria. Um quarto de todos os que são obrigados ao trabalho dependente não consegue mais manter o próprio padrão de vida além do nível de pobreza, mesmo com horas e mais horas extras.

4.2.6 *Tendências à homogeneização e à fragmentação da classe operária global*

No último ciclo, as tendências à homogeneização e à fragmentação da classe operária global, no geral, mais ou menos equilibraram-se reciprocamente. Em todas as regiões do sistema mundial, as pequenas economias de subsistência camponesa entraram naquela que poderia ser chamada de uma crise final, ativando processos de migração em massa e a formação de uma população global excedente que deu novo rosto à classe operária global, caracterizando-a com uma mentalidade transcontinental e transcultural. Um processo de homogeneização colocado em ação pelos segmentos assalariados e industriais da classe operária foi se desenvolvendo em sentido oposto, principalmente pela já completa "periferização" da produção industrial de massa.

A CRISE DA ECONOMIA GLOBAL

Também as tendências à fragmentação foram, todavia, notáveis. Embora as condições de vida e de trabalho tenham se deteriorado em nível mundial, as diferenças regionais dos padrões de vida dos proletários aumentaram consideravelmente. Entre as possibilidades de sobrevivência de quem mora perto de esgotos a céu aberto e de lixões nas cidades-favelas e aquelas dos precários multiculturais dos *Kieze** das áreas metropolitanas permanecem diferenças enormes. Além disso, somam-se elementos de uma homogeneização negativa que potencializam as tendências na direção de uma possível regressão patriarcal e etnopolítica em todo o mundo, como a crescente fixação em promessas de salvação religiosa ou a submissão a formas de proteção clientelista de tipo mafioso. São tendências que absolutamente não devemos subestimar, porque condicionarão sensivelmente as nossas futuras possibilidades de ação. Trata-se de uma hipoteca insuportável: em 1979-1980, no Irã, a ala sociorrevolucionária do Islã xiita foi erradicada da facção arqueoteocrática do Ayatollah. Poucos anos depois, as organizações islâmicas massacraram os quadros restantes da esquerda e calaram os pobres da região, submetendo-os a estruturas de política social patriarcais e reacionárias. Hoje, o subproletariado do *Rust Belt*** americano está dominado pelos evangélicos e, nas cidades-favelas, um grau mínimo de instrução e segurança social é mantido somente pelas comunidades das igrejas adventistas, que contam com mais de cem milhões de seguidores. Todavia, na própria Europa o movimento dos trabalhadores abandonou a classe operária. Em qual direção tudo

---

* Parques públicos. (*N. do T.*)
** Literalmente, cinturão de ferrugem. Área de indústria pesada no noroeste dos Estados Unidos. (*N. do T.*)

ANDREA FUMAGALLI E SANDRO MEZZADRA (ORGS.)

isso pode conduzir é demonstrado pelo caso de Marselha, cidade na qual os migrantes de segunda geração, depois do êxodo do Partido Socialista, cada vez mais se dirigiram aos escritórios do *welfare* do *Front National*.* Sem dúvida alguma, tudo isso quer dizer que o retorno da esquerda para a realidade cotidiana da classe operária fez-se mais difícil; contudo, esse retorno, com a emergência da crise atual, tornou-se uma questão imperiosa. Por mais difícil que seja isso, não há, de qualquer forma, uma alternativa.

A escolha obrigatória não me parece, porém, sem perspectivas. Não muito tempo antes do início da crise, já se podia notar uma evidente retomada de lutas e de revoltas cujos protagonistas, homens e mulheres, se relacionavam de forma solidária, desenvolvendo modos de intervenção igualitários, e se recusavam, cada vez mais radicalmente, a pagar o custo social da crise. Há relatos de revoltas em massa de empresas inteiras, no delta do Rio das Pérolas, na China, onde os dependentes resistem violentamente ao súbito fechamento da fábrica e aos atrasos no pagamento dos salários. Até nas províncias rurais da China Ocidental a situação está se aquecendo e estão se tornando cada vez mais frequentes os tumultos locais e regionais contra as expropriações arbitrárias de terra e a destruição da natureza e dos meios de sustento. Mas também no Norte do mundo multiplicam-se os sinais de uma retomada. Em Chicago e no Schleswig-Holstein, fazem-se notar as ocupações das fábricas depois de repentinos fechamentos no setor do complexo industrial automobilístico. Na França, na Itália e na Grécia, os jovens lutam contra a destruição de suas possibilidades de formação, principal-

---

* Partido xenófobo francês. (*N. do T.*)

A CRISE DA ECONOMIA GLOBAL

mente quando com ela se determina, também, uma drástica piora das perspectivas profissionais ligadas às qualificações adquiridas. Em todas essas insurgências foi se moldando uma crescente consciência da crise, sintetizada em slogans como "não seremos nós a pagar a crise de vocês". Conseguir-se-á transmitir esse dispositivo fundamental de solidariedade à força de trabalho das grandes fábricas e quebrar a corrente generalizada de demissões — apoiada pelos sindicatos e pela maioria dos conselhos de fábrica — que vai dos precários aos assalariados manuais? Dever-se-ia tentar, pelo menos, com o slogan: "Semana de trabalho de três dias? Ótimo! Mas com salário pleno para todos, independentemente da relação de trabalho, porque precisamos de dois dias por semana para a tomada do estabelecimento em autogestão".

De forma geral, é lógico esperar um outro empurrão global de proletarização determinada pela crise, em seguimento da nova onda de desemprego em massa que está se preparando nos centros da própria crise: nos Estados Unidos, na Europa e na Ásia Oriental. Novamente, milhões de pessoas se precipitarão socialmente. Como reagirão? As famílias proletárias, os grupos sociais à sua volta e os segmentos pluriestratificados do multiverso proletário têm diversas possibilidades, já que não têm mais nada a perder: podem revoltar-se para assegurar um direito à existência e para impor uma sociedade igualitária; mas podem tomar, também, o caminho da autodestruição individual, familiar e social, restaurando a violência patriarcal ou reacendendo conflitos étnicos para garantir a própria sobrevivência em detrimento de outros grupos proletários. Terceira possibilidade: eles poderiam, também, decidir regredir politicamente, projetando seus medos e suas frustrações em novas figuras de líderes carismáticos e governos despóticos, que fariam um mau uso da potência social de quem os acaba apoiando, para assegurar os interesses das classes não proletárias. Em contraste com esses três possíveis desenvolvimentos dos eventos, também é obviamente possível que eles se contentem com projetos reformistas que tentem superar a crise com a intervenção do Estado; projetos reformistas que, agora como anteriormente, se fundam na enorme potência de renovação da formação social capitalista e podem, portanto — mesmo limitadamente —, levar em consideração os interesses mínimos dos proletários. Então, como poderíamos reforçar as tendências à homogeneização e à emancipação nas atuais condições de crise econômica mundial?

5. POR UM PROGRAMA DE TRANSIÇÃO

5.1 Observações preliminares

Nós não deveríamos nos unir àqueles que, da extrema esquerda, depositam suas esperanças em uma aceleração e em um aprofundamento da dinâmica de crise que deveria automaticamente determinar o processo revolucionário de coletivização de todos aqueles que não têm nada a perder. O automatismo conceitual de crise e revolução foi refutado desde o fim da Grande Depressão do século passado. Além disso, aprendemos, mais tarde, analisando o processo de descolonização, que a arma da crítica, depois de ter sido transformada em crítica das armas, por uma autoproclamada posição de vanguarda, não leva necessariamente à liberação esperada, mas produz frequentemente, ao contrário,

A CRISE DA ECONOMIA GLOBAL

uma nova classe de *government people* e desemboca em guerras civis sanguinolentas, de tal forma que a expectativa de emancipação não só se transforma em seu contrário como acaba também sendo por décadas expropriada de seus pressupostos materiais. Nós queremos evitar que a crise econômica mundial se torne uma guerra econômica mundial entre as superpotências multipolares, cujas ulteriores consequências podem ser novas guerras. Devemos, ao mesmo tempo, abster-nos de expectativas revolucionárias emotivas, escatológicas, fixadas na violência, porque a demanda por emancipação proletária pode literalmente ir a pique em um conflito de classe que assuma a forma da guerra civil. Não há carta branca para quem tem diante de si realidades e perigos de uma rápida queda social. Esse ponto de vista não deve, todavia, ser tomado como um voto a favor do caminho da "desobediência civil" à moda Gandhi e ser, portanto, mal-entendido. A luta de massa auto-organizada para assegurar-se as bases materiais de existência e a reapropriação dos meios de produção, da casa e dos bens comuns é impensável sem a utilização da violência proletária. Esse aspecto, em especial, deveria ser bem ponderado e coletivamente orientado, exatamente quanto ao conjunto dos outros elementos do novo conflito de classe que deve ser preparado.

Por todos esses motivos, a perspectiva emancipatória precisa de uma visão da transformação social demonstrada analiticamente, que se conjugue com programas de ação imediata. Para que a crise não leve nem à reforma do capitalismo nem às três possíveis variantes da barbárie (autodestruição, guerra civil ou guerra econômica mundial como precondição de uma verdadeira grande guerra), a perspectiva de auto-emancipação proletária deveria distribuir-se em dois níveis de ação que, prendendo-se um ao outro, a tornariam efetiva.

ANDREA FUMAGALLI E SANDRO MEZZADRA (ORGS.)

Primeiro, uma moldura de ação capaz de radicalizar os programas anticíclicos que estão sendo iniciados; segundo, e a partir desse, a programação do início do projeto de transformação revolucionária da sociedade capitalista.

5.2 Imposição e radicalização dos programas reformistas de superação da crise

5.2.1 Os detentores de capital é que devem pagar a crise!

No que se refere ao primeiro nível de ação, deveríamos inverter as garantias fornecidas pelos governos ao sistema financeiro e os maciços planos conjunturais atualmente iniciados na China, na União Europeia, nos Estados Unidos e no Japão. Grande parte dos sete trilhões de dólares mobilizados deve ser desviada em direção à salvaguarda da existência da massa global dos pobres, das economias agrícolas de subsistência e dos pequenos agricultores do Sul do mundo, dos desempregados e dos precários das economias emergentes e das metrópoles e também da classe operária industrial. Esse procedimento de inversão deve ligar-se à redução radical do horário de trabalho, sem cortes nos salários e iguais condições de trabalho. Os sistemas de segurança social deverão ser construídos do zero (na China e em outros países em desenvolvimento) ou reestruturados (incremento dos subsídios de desemprego até três quartos do salário médio, restituição e garantia dos direitos e da segurança previdenciária atingidos nos últimos anos, potencialização da formação, reconstrução do sistema de saúde baseando-se nas necessidades coletivas). Essa transferência não pode ser

A CRISE DA ECONOMIA GLOBAL

levada a cabo aumentando-se o déficit público, mas deve ser realizada por meio do confisco dos grandes capitais (de 50 milhões de dólares para mais), além da tributação progressiva dos capitais superiores a um milhão de dólares e de todas as rendas anuais superiores a 150 mil dólares.

Essa maciça redistribuição de riqueza, de cima para baixo, não visa à estabilização geral do ciclo de crise, mas utiliza alguns instrumentos keynesianos para fechar a tesoura entre superacumulação e subconsumo, graças ao aumento da renda de massa, e com a finalidade de chegar assim à sua superação. Há uma diferença qualitativa, sem solução, entre as necessidades e os desejos da classe operária e a grandeza econômica do "poder de compra total". Essa diferença abre, para os pobres em vias de homogeneização, a possibilidade de empurrar mais para longe a intervenção anticíclica dos grupos de poder que agora detêm a alavanca de comando das políticas econômicas. Para essa finalidade, fazem-se necessárias ações de massa coordenadas em nível mundial; mas é igualmente necessária uma campanha de informação capaz de fazer rede globalmente, evitando qualquer relação de tipo institucional com os projetos e com os partidos que apoiam políticas anticíclicas e de superação da crise internas ao sistema.

5.2.2 Uma nova moeda mundial e a reintrodução de taxas de câmbio fixas

Deveríamos, além disso, apoiar a introdução de uma nova moeda, que seja composta e garantida por um conjunto representativo das moedas nacionais, independentemente do nível de suas riquezas específicas. Partindo disso, pode-

ANDREA FUMAGALLI E SANDRO MEZZADRA (ORGS.)

riam ser restabelecidas as taxas de câmbio fixas, que poderiam, por sua vez, ser usadas para balancear desvalorização e supervalorização da moeda, para estandardizar as reservas monetárias e para estabilizar os balanços de pagamento uns em relação aos outros. A superacumulação do sistema financeiro mundial seria, dessa forma, em grande parte, reduzida ao mínimo. Além disso, seria derrotada a simbiose letal entre Washington e Pequim, a qual empurra o sistema mundial para o abismo.

5.2.3 Democratização dos programas de reestruturação

No quadro das lutas de massa que estão se desenvolvendo em escala mundial, como terceira coisa, deveríamos intervir para que representações operárias de base, democraticamente eleitas, sejam introduzidas nos processos de redimensionamento e de restruturação das grandes empresas e substituam os dirigentes das organizações burocráticas do trabalho (sindicatos e conselhos de fábrica). No início de 2009, foi posta em primeiro plano a reestruturação da indústria automobilística. Portanto, parece-nos premente (a partir das ocupações das estruturas que esperamos que aconteçam) a criação de uma associação globalmente conectada dos trabalhadores da indústria automobilística mundial, capaz de combinar as lutas por uma drástica redução do horário e por iguais condições de trabalho (e especialmente pela abolição da brecha entre força de trabalho interna e trabalhadores terceirizados), com o pedido de um desenvolvimento acelerado de meios de transporte não poluentes e "ressocializados". O grau de sucesso dessa iniciativa dependerá da capacidade da classe operária de iniciar, em nível global, um processo autodeterminado de

A CRISE DA ECONOMIA GLOBAL

superação da crise e de repelir aquele oposto, protecionista, de desglobalização nos segmentos de capital intensivo do sistema econômico mundial. Assim, seria criada a base para o lançamento de iniciativas de massa dos setores adjacentes (energia, transporte e logística) e para a coordenação de seus objetivos. Iniciariam, dessa forma, processos de aprendizagem de massa desde o início conectados globalmente e que poderiam servir de preparação para o autogoverno coletivo da vida e da reprodução social.

5.3 Nível local, internacional e global: primeiros fundamentos para um programa de transformação revolucionária

5.3.1 Três pressupostos elementares

Por meio da força e da radicalização dos programas de reforma anticíclica, deve-se abrir o caminho para um processo de transformação revolucionária. Elas tornam possíveis processos de formação coletiva capazes de produzir uma necessidade generalizada de mudança radical, na direção da emancipação e da autonomia social. A transição para o socialismo tem uma possibilidade de sucesso apenas se se desenvolve como uma necessidade, uma urgência irrenunciável em todo o mundo.

Esse processo precisa de tempo — certamente de vários anos. Todavia, o próprio processo de transformação estender-se-á por décadas, até alcançar o ponto de não retorno. Então, a autogestão direta dos meios de produção e de reprodução reapropriados terá criado estruturas igualitárias e democrático-radicais que tornarão impossível a reestruturação do domínio de classe.

ANDREA FUMAGALLI E SANDRO MEZZADRA (ORGS.)

5.3.2 Local e regional: a reapropriação social sobre bases democrático-radicais

O pressuposto fundamental é, em primeiro lugar, a realização de estruturas democrático-radicais (renovação dos sindicatos, no sentido da adoção dos princípios da representação direta e revogável; desburocratização e corte dos salários da codireção; reorganização democrática do governo e das administrações municipais) como primeiro passo de um desmantelamento geral e progressivo do Estado que proceda de baixo para cima.

Em segundo lugar, as entradas dos impostos deverão ser maciçamente reendereçadas às estruturas municipais (como acontece na Suíça, onde 60% de todos os impostos são repassados para o município). Uma vez alcançado esse objetivo, o interesse das pessoas pela autogestão dos impostos será despertado, conjugando o processo de formação democrática com o interesse pessoal.

Em terceiro lugar, devemos mirar na direção de uma drástica redução do horário de trabalho e de uma contemporânea incrementação e homogeneização da renda, para colocar à disposição o tempo livre e os recursos que forem necessários para a construção do autogoverno democrático. Os protagonistas do autogoverno democrático não deverão somente empurrar para frente os processos de socialização, mas também despedir a "classe política" no processo de abolição, partindo de baixo, das estruturas de poder (desmantelamento do Estado).

Partindo dessas três premissas de base, deveria ser possível realizar algumas das primeiras iniciativas de autonomia regional ou local, a serem associadas aos respectivos seg-

A CRISE DA ECONOMIA GLOBAL

mentos da força de trabalho, e lançar um primeiro projeto de investigação sobre as especificidades locais e regionais da composição de classe.

Feito isso, aquilo que hoje parece impossível tornar-se-á uma necessidade de massa. Os protagonistas das democracias de base locais começarão a se reapropriar dos meios de produção necessários para a vida da região e os adaptarão às suas necessidades: sistemas de esgoto e abastecimento de água nas cidades-favelas, socialização comunal da terra em favor dos pequenos agricultores e dos sem-terra, mas também socialização das casas e das empresas locais. Simultaneamente, será iniciada a socialização local e regional dos bens públicos (fundos sociais, transportes, instrução, saúde, poupanças etc.). A partir dessas bases elementares de autogoverno social, construído sobre a independência dos níveis municipais e regionais, surgirão, enfim, estruturas de autonomia que não só não necessitarão mais de elites dirigentes, mas também impedirão o restabelecer-se de novas castas de peritos e burocratas. Os processos municipais de socialização deverão, ao mesmo tempo, conectar-se uns aos outros em nível regional, subcontinental e continental.

5.3.3 A constituição de federações internacionais de operários

Sem a construção de trocas internacionais, os processos de transformação municipais e regionais não terão condições de durar. Poderão, com verossimilhança, formar-se a partir dos sindicatos transnacionais, dos quais se falou acima, na medida em que os últimos estarão incorporando na própria auto-organização segmentos estratégicos da economia global. Desde o início, terão a responsabilidade de co-

ANDREA FUMAGALLI E SANDRO MEZZADRA (ORGS.)

nectar globalmente as democracias radicais que estarão se unindo em nível local e regional e de usar a greve geral para protegê-los dos ataques contrarrevolucionários.

Os sindicatos transnacionais, na passagem para as federações de autogoverno, deveriam concentrar-se naqueles setores de economia que operam em nível global, que excedem a medida dos sistemas de produção e de reprodução regionais, que reabastecem as democracias regionais dos conselhos e que estabelecem o contrapoder de quem trabalha nas indústrias-chave do sistema-mundo, principalmente na rede de transporte global, mas também nos meios de comunicação, na tecnologia da informação etc.

Como modelo exemplar — seguindo a reconstrução e a socialização da indústria automobilística — poderia servir a rede de transporte global, porque possui experiências particularmente ricas de organização e de luta (ITF [*International Transport Workers' Federation*], greves dos caminhoneiros, dos pilotos e das indústrias das rodovias). A ITF deveria ser apenas democratizada e estendida a todos os segmentos dos transportes.

5.3.4 Federação mundial da autonomia

Uma vez estabilizadas as primeiras democracias dos conselhos e as federações dos trabalhadores, elas poderiam iniciar a fundação de uma federação mundial da autonomia social, que poderia servir como ponto de troca entre democracia dos conselhos e federações internacionais de operários. Nessa federação mundial, as delegações democonciliares e as delegações federativas, dos continentes e subcontinentes, serão representadas com os mesmos direitos. Ela deveria

A CRISE DA ECONOMIA GLOBAL

estabelecer uma série de fundos de reconstrução e de transformação para abolir o desequilíbrio geográfico na distribuição dos recursos primários: alimentos, energia, renda, instrução e saúde. Ao contrário, outros fundos deveriam dedicar-se ao desarmamento global (reconversão da indústria bélica), à requalificação dos ecossistemas e à harmonização dos processos materiais de produção — entendidos como atividades vitais da humanidade — com a natureza. Além disso, um fundo *ad hoc* deveria trabalhar para a superação das estruturas de domínio que poderiam determinar-se mesmo fora do sistema capitalista (poder patriarcal, conflitos étnicos, racismo).

5.3.5 Associação global pela autonomia

Depois de muita hesitação, finalmente decidi sugerir uma antecipação organizativa desse conceito por meio da rede associativa global, que agiria contemporaneamente em todos os três níveis. Não deveria tratar-se de uma organização de quadros que tenha a pretensão de ser uma vanguarda, mas de uma livre e democrática associação de homens e de mulheres que tenham criticado, revisado, corrigido, ampliado e, portanto, feito próprio esse conceito, para testar sua utilidade no diálogo com o multiverso proletário. A experiência e os conhecimentos adquiridos conduziriam a uma contínua correção do modelo. Tão logo o multiverso proletário tenha tornado irreversível a passagem para a autonomia global, a associação será novamente dissolvida.

Nesse sentido, as primeiras três passagens simultâneas para construir uma federação desse tipo serão assim deter-

ANDREA FUMAGALLI E SANDRO MEZZADRA (ORGS.)

minadas: deverão ser fundados, como primeira coisa, grupos de ativistas locais ou regionais em todos os continentes e instalada uma *network* comum de comunicação e publicidade (internet, mídias regionais). A associação deveria depois fazer parte da fundação da federação operária transnacional dos mais importantes setores-chave da produção. Terceiro, deveria iniciar uma análise global da crise e prestar especial atenção aos seus efeitos sociais (relações sociais globais). Paralelamente, dever-se-ia elaborar e continuar desenvolvendo a moldura teórica e as opções de ação que dela derivam.

6. PERSPECTIVAS

Essas propostas podem parecer excessivas e utópicas. Mas considero as utopias concretas uma resposta apropriada para uma situação histórica de radical subversão. De fato, tal resposta nos libera da "tradição das gerações passadas", que "pesa como um pesadelo nas mentes dos vivos" (Marx) e obstrui a nossa capacidade de colher as possibilidades de ação que emergem repentinamente. Mas a quem cabe colocá-las em prática? Como arriscar-se a sugerir uma nova dialética entre a antecipação conceitual-organizativa de uma nova composição "política" de classe e aquela social e cultural do multiverso de despossuídos? Quem nos dá esse direito, depois de décadas de derrotas e erros estratégicos que nos tornaram inverossímeis no curso do velho ciclo?

Todavia, deve-se considerar que estamos entrando em uma situação histórico-mundial na qual novas oportunida-

A CRISE DA ECONOMIA GLOBAL

des estratégicas são pensáveis: as cartas na mesa não são mais as mesmas. Da mesma forma que, hoje, nossos filhos e netos nos perguntam o que fizemos entre 1967 e 1973, as gerações futuras perguntarão aos mais jovens entre nós onde estávamos e o que fizemos nos anos de crise e depressão entre 2008 e 2012. Nada é impossível. Quem pode saber se os camponeses chineses se livrarão ou não do despotismo de Estado que, desde os primeiros anos 1990, os mantém acorrentados ao eixo central da engrenagem econômica mundial e às relações entre débito e crédito que o caracterizam? Nesse caso, o dólar chegaria imediatamente ao fundo do poço e teríamos de nos confrontar com dois fatos: em primeiro lugar, o repentino aprofundar-se da crise econômica mundial para além dos níveis alcançados pela crise do século XX; em segundo lugar, o emergir de um novo protagonista na cena da história mundial, que havia ficado de lado durante a primeira fase da crise: a classe operária mundial. Também poderia ocorrer que as revoltas de massa que se delineiam na China e em outros lugares falhem e sejam sufocadas pela contrarrevolução, de uma forma ainda mais violenta do que aquela que caracterizou a Turquia em 1969-1971, o Chile em 1973, a Argentina em 1976 e a Itália em 1979. Isso abriria o caminho para um cenário em que o aguçar-se das guerras econômicas mundiais entre potências multipolares não poderia mais ser fortalecido em modo "ultraimperialista", o que não poderia deixar de desencadear uma nova era de novas grandes guerras globais. Talvez não tenhamos uma tal escalada, talvez o eixo Washington-Pequim consiga gerir a crise e introduzir uma nova fase de compromissos de classe por meio da intervenção do Estado. Mas nesse caso surgiriam novas possibilidades de ação, pois isso significaria o início de um novo ciclo do antagonismo entre capital e trabalho. Mesmo no caso dessa variação "módica" dos êxitos da crise vir a impor-se, deveríamos predispor de respostas convenientes, inseparáveis do projeto de equidade e progresso sociais.

9. Nada será como antes: dez teses sobre a crise financeira[*]

Andrea Fumagalli
Tradução de Gilvan Vilarim

---

[*] O presente texto é fruto de uma discussão coletiva ocorrida a partir do seminário sobre a crise financeira organizado pela rede UniNomade em Bolonha, de 12 a 13 de setembro de 2008. Participaram Marco Bascetta, Federico Chicchi, Andrea Fumagalli, Stefano Lucarelli, Christian Marazzi, Sandro Mezzadra, Cristina Morini, Antonio Negri, Gigi Roggero e Carlo Vercellone.

TESE Nº 1: A CRISE FINANCEIRA ATUAL É CRISE DO SISTEMA CAPITALISTA POR INTEIRO

A crise financeira atual é uma crise sistêmica. É a crise do sistema capitalista por inteiro como foi se configurando a partir dos anos 1990. Ela depende do fato de que os mercados financeiros são, hoje, o coração pulsante do capitalismo cognitivo. Eles fornecem o financiamento da atividade de acumulação: a liquidez atraída pelos mercados financeiros recompensa a reestruturação da produção, voltada para explorar o conhecimento e o controle dos espaços externos à empresa.

Em segundo lugar, na presença de ganhos de capital, os mercados financeiros desempenham no sistema econômico o mesmo papel que no contexto fordista tinha o multiplicador keynesiano (ativado pelo *deficit spending*). No entanto — ao contrário do multiplicador keynesiano clássico — isso leva a uma redistribuição distorcida da renda. Para que tal multiplicador seja operacional (> 1), é preciso que a base financeira (ou seja, a extensão dos mercados financeiros) esteja em constante crescimento e que o ganho de capital conseguido seja em média superior à perda do salário médio (que, a partir de 1975, foi de cerca de 20%). Por outro lado, a polarização das rendas aumenta os riscos de insolvência das dívidas que estão na base do crescimento da mesma base financeira e diminui o nível médio dos salários. Eis, então, que se abre uma primeira contradição cujos efeitos estão hoje diante de nossos olhos.

Em terceiro lugar, os mercados financeiros, canalizando de modo forçado partes crescentes das rendas do trabalho (TFR* e previdência, além das rendas que por meio do Estado social se traduzem nas instituições de proteção da saúde e da educação pública), substituem o Estado como assegurador social. Desse ponto de vista, eles representam a privatização da esfera reprodutiva da vida. Exercitam, portanto, o biopoder.

A crise das finanças é, portanto, a crise da estrutura do biopoder capitalista atual.

Enfim, os mercados financeiros são o lugar em que se define hoje a valorização capitalista, ou seja, a exploração da cooperação social e o rendimento do *general intellect* (conforme Tese nº 2).

Com base nessas considerações, é preciso notar a dificuldade de separar a esfera "real" da financeira. Prova disso é a efetiva impossibilidade de distinguir os lucros dos rendimentos financeiros (conforme Tese nº 8).

TESE Nº 2: A CRISE FINANCEIRA ATUAL É A CRISE DE MEDIDA DA VALORAÇÃO CAPITALISTA

Com o advento do capitalismo cognitivo, o processo de valoração perde a unidade de medida quantitativa ligada à pro-

---

* *Trattamento di fine rapporto*, indenização pelo fim do contrato de trabalho: o equivalente ao FGTS brasileiro. (*N. do T.*)

A CRISE DA ECONOMIA GLOBAL

dução material. Tal medida era de algum modo definida pelo conteúdo de trabalho necessário para a produção de mercadoria, mensurável com base na tangibilidade da própria produção e do tempo necessário para a produção. Com o advento do capitalismo cognitivo, a valoração tende a atrelar-se a formas diversas de trabalho, que ultrapassam o horário de trabalho efetivamente formal para coincidir sempre mais com o tempo total de vida. Hoje o valor do trabalho baseado na acumulação capitalista é também valor do conhecimento, dos afetos e das relações, do imaginário e do simbólico. O sucesso dessa transformação biopolítica é a crise da mistura tradicional do valor-trabalho e com ela a crise da forma-lucro. Uma possível solução "capitalista" foi a de misturar a exploração da cooperação social e do *general intellect* por meio da dinâmica dos valores da Bolsa. O lucro se transforma, portanto, em renda e os mercados financeiros se tornam o lugar da determinação do valor-trabalho, que se transforma em valor-finança, que não é outro senão a expressão subjetiva da expectativa dos lucros futuros efetuada pelos mercados financeiros que se configuram desse modo como uma renda. A atual crise financeira marca o fim da ilusão de que as finanças podem constituir uma unidade de medida do trabalho, ao menos no contexto atual de fracasso da *governança* cognitiva do capitalismo contemporâneo. Portanto, a crise financeira é também a crise da valoração capitalista.

TESE Nº 3: A CRISE É O HORIZONTE DE DESENVOLVIMENTO DO CAPITALISMO COGNITIVO

Tradicionalmente os fenômenos das crises do modo de produção capitalista têm sido agrupados em duas categorias

ANDREA FUMAGALLI E SANDRO MEZZADRA (ORGS.)

principais: (1) a crise que deriva do esgotamento de uma fase histórica e representa a condição para abertura de uma perspectiva potencial de mudança; ou (2) a crise que interveio como consequência de uma mudança da fase histórica e do novo paradigma socioeconômico que procura arduamente se impor. No primeiro caso, tem-se falado de "crise de saturação"; no segundo, de "crise de crescimento".

De acordo com esse modelo, a crise atual poderia ser definida, à diferença daquela dos anos 1970, bem como a de 1929, como "crise de crescimento". Ela tem seus primórdios no início dos anos 1990, quando começam a configurar-se as características do capitalismo cognitivo, e termina na fase de "saída para fora" da crise do paradigma fordista-taylorista (pós-fordismo).

É, de fato, a partir da segunda metade dos anos 1970 que tem início a crise irreversível do paradigma taylorista-fordista baseado no modelo produtivo da grande empresa e nas políticas keynesianas nascidas na crise de 1929 e na Segunda Guerra Mundial.

Durante a década de 1980, no período assim chamado de "pós-fordista", são diversos os modelos sociais e produtivos que antecipam a superação do fordismo, sem que se consiga, contudo, instaurar um paradigma dominante e hegemônico.

Nos primeiros anos da década de 1990, após o *crack* financeiro de 1987 e a recessão econômica de 1991-1992 (intercalados pela queda do Muro de Berlim e pela primeira Guerra do Golfo), o novo paradigma do capitalismo cognitivo começa a desenrolar-se em toda a sua força e simultânea instabilidade. O papel dos mercados financeiros, em conjunto com as transformações da produção e do traba-

A CRISE DA ECONOMIA GLOBAL

lho, redefine-se nesse contexto, enquanto se modifica estruturalmente o papel do Estado-nação e do *welfare* keynesiano. Enquanto se consome, a saber, o declínio da intervenção pública nas formas que tínhamos conhecido na fase histórica precedente.

A crise financeira moderna, que segue outras crises ocorridas nas últimas três décadas, evidencia de modo sistêmico e estrutural a inconsistência do mecanismo regulador da acumulação e da distribuição que até agora o capitalismo cognitivo tinha procurado alcançar.

É claro, contudo, que falar da crise atual em termos de "crise de crescimento" não significa de modo algum defender a superação "automática" da fase atual de modo positivo e socialmente satisfatório. No momento, de fato, não só ainda não é possível avistar a modalidade de saída de tal crise, mas é a própria crise que muda de natureza. Não é mais confinável, se algum dia foi, a uma fase descendente do ciclo econômico, de uma relação linear com o desenvolvimento que a precede e as lutas que se seguem. No caso de 1929, a crise foi superada com a regulação do paradigma fordista graças ao *New Deal* e à Segunda Guerra Mundial. Hoje (ver Tese nº 9), tal perspectiva não é dada. Onde a acumulação capitalista se reproduz na captura do comum, a crise se torna, de fato, processo permanente. Nesse quadro, a própria categoria de ciclo econômico deveria ser radicalmente repensada, à luz das transformações do trabalho, da impossibilidade de o capital organizar o ciclo produtivo a montante e da mutação das coordenadas espaço-temporais determinada pela globalização. Disso é uma demonstração o suceder-se da crise econômico-financeira (a dos mercados do Sudeste Asiático de 1997, da queda do índice Nasdaq de

ANDREA FUMAGALLI E SANDRO MEZZADRA (ORGS.)

2000, do fim da crise do sistema de débito e de *subprime* [crédito de risco], só para citar algumas), em tempos tão breves que tornam impossível reconstruir, também só *ex post*, a dinâmica cíclica. Isso significa que muitos caminhos estão abertos. Está na vontade de transformação política dos movimentos identificar o mais adequado.

TESE N° 4: A CRISE FINANCEIRA É A CRISE DO CONTROLE BIOPOLÍTICO, É CRISE DE GOVERNANÇA E DEMONSTRA A INSTABILIDADE ESTRUTURAL SISTÊMICA

A atual crise financeira mostra que não é possível uma governança institucional dos processos de acumulação e distribuição baseados nas finanças. As tentativas de governança (*ex post*) que foram inauguradas nos últimos meses não estão em condições de incidir muito sobre a crise em andamento. E não poderia ser diferente, se for considerado que o BRI (Banco dos Regulamentos Internacionais) estima o valor dos derivativos em circulação em cerca de 556 trilhões de dólares (igual a 11 vezes o PIB mundial). No curso do último ano, tal valor se reduziu mais de 40%, destruindo a liquidez em mais de 200 trilhões de dólares. Os *toxic assets* [ativos tóxicos] circulam no restante segundo uma modalidade "viral" e é literalmente impossível saber onde se aninham.

Ora, as intervenções monetárias de injeção de nova liquidez até hoje realizadas em todo o mundo não superam os cinco trilhões de dólares: uma simples gota no oceano, uma cifra estruturalmente insuficiente para compensar a perda e inverter a tendência de queda. Segue que a única política de governança possível é agir para modificar o clima de con-

A CRISE DA ECONOMIA GLOBAL

fiança, ou agir sobre as linguagens e sobre convenções, com pleno respeito por aquelas instituições/organizações reais e/ou virtuais que são capazes de influenciar a dinâmica da chamada "opinião pública". Todavia, diante de uma "desmedida" do peso efetivo da crise, que não é quantificável nem mesmo pelos operadores mais internos da dinâmica dos mercados financeiros, pensar em estigmatizar comportamentos fraudulentos ou injetar doses de confiança parece inadequado e impraticável.

A crise da governança não é, portanto, somente crise "técnica", mas é antes, e sobretudo, crise "política". Já foi ressaltado (Tese nº 1) como condição para que os mercados financeiros possam suportar fases de expansão e de crescimento real que haja o constante incremento da base financeira. Em outras palavras, é necessário que a cota de riqueza mundial canalizada na direção dos próprios mercados financeiros cresça constantemente. Isso implica um aumento contínuo das relações de débito e crédito, ou por meio do aumento do número de pessoas endividadas (condição de extensão dos mercados financeiros) ou mediante a construção de novos instrumentos financeiros que se alimentem das trocas financeiras já existentes (condição de intensidade dos mercados financeiros). Os produtos derivativos são um exemplo clássico dessa segunda modalidade de expansão dos próprios mercados financeiros. Quaisquer que sejam os fatores considerados, a expansão dos mercados financeiros se acompanha necessariamente quer do aumento do endividamento, quer da atividade especulativa e do risco conexo. Trata-se de uma dinâmica intrínseca ao papel dos mercados financeiros como elemento fundador do capitalismo cognitivo. Falar de excesso de especulação por causa da ganância

ANDREA FUMAGALLI E SANDRO MEZZADRA (ORGS.)

do administrador ou dos bancos não tem absolutamente sentido e só pode servir para desviar a atenção da verdadeira causa estrutural dessa crise. O resultado final é necessariamente a não sustentabilidade de um endividamento crescente, sobretudo quando começam a ficar endividadas as camadas da população com maior risco de insolvência: particularmente aqueles estratos sociais que, em consequência do processo de precarização do trabalho, se encontram na condição de não gozar do efeito riqueza que a participação nos ganhos da Bolsa permite aos estratos sociais mais abastados. A crise de insolvência dos empréstimos imobiliários tem a própria origem em uma das contradições do capitalismo cognitivo contemporâneo: a inconciliabilidade de uma distribuição de renda desigual com a necessidade de alargar a base financeira para continuar a desenvolver o processo de acumulação. Esse nó contraditório não é outro senão o que aparece à luz de uma irredutibilidade (excedente) da vida de boa parte dos sujeitos sociais à subsunção (sejam eles fragmentados em singularidade ou definidos em segmentos de classe). Um excedente que hoje se exprime em uma multiplicidade de comportamentos (em formas de infidelidade para com as hierarquias corporativas, na presença de comunidades que se opõem à governança territorial, no êxodo individual e de grupo das regras de vida impostas pelas convenções sociais dominantes, seja pelo desenvolvimento de formas de auto-organização no mundo do trabalho, e de revolta aberta contra antigos e novos modelos de exploração nas favelas das megalópoles do Sul do mundo, nas metrópoles ocidentais, nas áreas de industrialização mais recente, tanto do Sudeste Asiático como na América do Sul). Um excedente que se encontra a declarar em uníssono, nos quatro cantos do globo,

A CRISE DA ECONOMIA GLOBAL

que não está disposto a pagar essa crise. A irremediável instabilidade do capitalismo contemporâneo é também fruto desse excedente.

TESE Nº 5: A CRISE FINANCEIRA É A CRISE DO UNILATERALISMO E MOMENTO DE REEQUILÍBRIO DO PONTO DE VISTA GEOPOLÍTICO

A crise atual põe em discussão a hegemonia financeira dos Estados Unidos e a centralidade dos mercados da Bolsa anglo-saxões no processo de financeirização. A saída dessa crise marca necessariamente um deslocamento do baricentro financeiro na direção do Oriente e em parte na direção do Sul (América do Sul). Já do ponto de vista produtivo e de controle das trocas comerciais, ou seja, no nível real, os processos de globalização têm cada vez mais evidenciado um deslocamento do centro produtivo na direção do Oriente e na direção do Sul do mundo. Desse ponto de vista, a atual crise financeira põe fim a um tipo de anomalia que havia caracterizado a primeira fase de difusão do capitalismo cognitivo: o deslocamento da centralidade tecnológica e do trabalho cognitivo na direção da Índia e da China na presença da manutenção da hegemonia financeira no Ocidente. Enquanto o desenvolvimento dos países orientais (China e Índia), do Brasil e da África do Sul era impulsionado pelos processos de terceirização e deslocalização ditados pelas grandes *corporations* ocidentais, não era possível identificar uma distonia espacial entre as duas principais variáveis de comando do capitalismo cognitivo: o controle da moeda-finança, de um lado, e o controle da tecnologia, de outro. É a partir do fim dos anos 1990

ANDREA FUMAGALLI E SANDRO MEZZADRA (ORGS.)

que os novos países industrializados começam a colocar em crise a liderança tecnológica ocidental e japonesa, por meio da passagem de um modelo produtivo baseado na capacidade imitativa e difusora dos conhecimentos a um modelo produtivo capaz de favorecer processos de geração, apropriação e acumulação dos conhecimentos, já a partir da formação do "capital humano". A crise financeira de 1997, que, partindo da desvalorização do bat tailandês, afeta em particular as bolsas asiática e sul-americana (além dos países asiáticos da ex-União Soviética), permite reforçar a primazia dos mercados financeiros anglo-saxões em escala global, mas não impede, em cada caso, o tendencial deslocamento da liderança tecnoprodutiva para o Oriente. Verifica-se, assim, uma primeira contradição no interior dos equilíbrios geoeconômicos mundiais: a primazia ocidental das finanças, a primazia oriental na economia "real" e no comércio internacional. Trata-se de um equilíbrio instável que, para a primeira metade da primeira década do novo milênio, fica de fato fixado pela guerra permanente no Afeganistão e no Iraque e que está essencialmente na base dos fracassos das várias reuniões sobre comércio internacional — de Doha (novembro de 2001) a Cancun (setembro de 2003) e até mesmo em Hong Kong (dezembro de 2005).

Todavia, o crescente endividamento estadunidense (interno e externo) e a necessidade de ampliar a extensão dos mercados financeiros com relações ulteriores de débito e crédito cada vez mais em risco fizeram com que tal equilíbrio, já instável, não pudesse durar muito. A crise financeira atual pôs fim a tal distonia espacial. A primazia tecnológica e seu financiário tendem a convergir também no nível geoeconômico. Segue que o capitalismo cognitivo como paradigma de

A CRISE DA ECONOMIA GLOBAL

acumulação bioeconômica se torna hegemônico também na China, na Índia e no Sul do mundo. Isso não significa, que seja dito com clareza, que deixaram de ser operacionais as diferenças também radicais entre os diferentes espaços e os diferentes tempos por meio dos quais se estendem os processos capitalistas de valoração e se rearticula continuamente a composição do trabalho, comandado e explorado pelo capital. Nem que seja possível, portanto, forjar uma série de conceitos *passepartout*, aplicáveis indistintamente a Nairóbi, Nova York e Xangai. A questão é, ao contrário, que o próprio sentido das diferenças radicais entre os lugares, as regiões e os continentes deve ser comprimido no interior do cruzamento heterogêneo dos regimes produtivos, da temporalidade e da experiência subjetiva do trabalho, que se constitui o capitalismo cognitivo.

TESE Nº 6: A CRISE FINANCEIRA MOSTRA A DIFICULDADE DO PROCESSO DE CONSTRUÇÃO DA UNIÃO ECONÔMICA EUROPEIA

A construção da união monetária europeia tinha entre seus objetivos o de proteger os países da zona do euro da turbulência especulativa dos mercados cambiais, com o objetivo de criar uma moeda forte capaz de constituir um escudo contra eventuais crises financeiras. Com efeito, durante a crise de 1996-1997 e de 2000, a existência do euro impediu que a especulação internacional pudesse coalizar-se de maneira antieuropeia. Contudo, tal argumentação cai quando a crise financeira, partindo do coração da hegemonia estadunidense, não apenas leva ao fracasso ou ao risco de fracasso das principais SIM (Sociedade de Intermediação Mobiliária) ocidentais, mas começa também a ter efeitos sobre a economia "real".

A resposta da autoridade monetária de meio mundo e dos governos principalmente afetados foi a de fornecer o máximo possível de liquidez para tapar os buracos abertos no setor de crédito e de imóveis. Tais intervenções, que mobilizaram grande parte de dinheiro público, foram executadas, contudo, no nível europeu, em ordem aleatória, com níveis de coordenação quase exclusivamente técnicos, mas nunca políticos. O resultado é que cada Estado europeu, na prática, modificou-se com autonomia e com modalidade diferenciadas. Na realidade, desconta-se o fato de se haver focalizado exclusivamente a união monetária, sem preocupar-se em criar as premissas para uma política fiscal europeia com um *budget* autônomo de influência dos Estados-membros. Hoje faltam instrumentos para uma intervenção fiscal coordenada capazes de poder atenuar os contragolpes reais da crise financeira. É um sintoma ulterior do fracasso da construção econômica e social (para não dizer política) da Europa.

TESE Nº 7: A CRISE FINANCEIRA MARCA A CRISE DA TEORIA NEOLIBERAL

A crise financeira atual mostra como o sistema capitalista é estruturalmente instável e como a teoria do livre mercado não é capaz de enfrentar tal instabilidade. No discurso dominante do pensamento liberal, o livre funcionamento do mercado deve garantir não só um processo eficiente de acu-

A CRISE DA ECONOMIA GLOBAL

mulação, mas também uma distribuição da renda justa e igual, em função da contribuição e do empenho individual de cada um. A existência de diferenciações sociais é resultado *ex post* das escolhas dos agentes econômicos sobre a base das preferências liberalmente expressas.

Tal ambiente se baseia em duas questões principais.

A primeira diz respeito à ideia de que o processo econômico se esgota apenas e exclusivamente na atividade de troca (alocação), em que é o consumidor (aquele que demanda) que determina a oferta, em um contexto no qual a capacidade de produção, sendo baseada em recursos naturais, e não artificiais, é, por definição, limitada e, portanto, sujeita a escassez.

A supremacia do processo de alocação sobre o produtivo implica que o mercado se torna o lugar no qual se determina exclusivamente a atividade econômica, graças ao princípio da soberania do consumidor. Tal princípio acaba traduzido linearmente no da "soberania do indivíduo", segundo o qual cada indivíduo é o único árbitro de si mesmo (princípio do livre arbítrio) e as validações sociais devem fundar-se unicamente na valorização expressa dos indivíduos singulares (primazia do individualismo). A soberania do consumidor, todavia, reduz a soberania do indivíduo ao ato de consumo. A tão falada livre iniciativa se traduz, portanto, somente na liberdade de consumo, que nem é mesmo uma liberdade absoluta, sendo vinculada a diversas capacidades de gasto dos indivíduos e das mercadorias disponíveis. Segue-se que aqueles que não possuem recursos monetários (como, por exemplo, parte dos migrantes) que permitam demandar bens ou serviços ao mercado não existem do ponto de vista econômico. O que conta não é, de fato, a demanda entendida como conjunto de bens e serviços que cada indivíduo deseja ter para satisfazer

ANDREA FUMAGALLI E SANDRO MEZZADRA (ORGS.)

suas necessidades, mas sim a demanda solvente, aquela que se exprime com dinheiro na mão. As necessidades que não podem ser expressas no mercado por falta de dinheiro de fato não existem. Uma vez que a renda disponível para o consumo (dado o vínculo à renda) depende, para a maior parte dos seres humanos, da remuneração do trabalho, pode-se chegar à conclusão (que acaba, contudo, sendo negada) de que são as condições de trabalho que determinam o grau efetivo de liberdade individual.

O segundo ponto, estreitamente ligado ao primeiro, afirma o primado do individualismo proprietário como resultado da crise do capitalismo industrial-fordista e da sua transformação em capitalismo bioeconômico. Cada agente econômico é considerado o único responsável pelas escolhas de consumo ou de investimento. Do ponto de vista financeiro, isso se traduz em uma redução do endividamento nacional a um endividamento dos indivíduos singulares; no plano da política econômica, esse enfoque teórico serve para sustentar a eliminação das finanças conjunturais e uma legitimação do consumo privado baseado no endividamento individual. Partindo da constatação de que o sistema capitalista é, como economia de acumulação, sempre uma economia monetária que se baseia na dívida, depois da crise econômica de 1929 o Estado assumiu o papel de emprestador em última instância, assumindo o ônus do papel de gestor da dívida (políticas keynesianas do *deficit spending*). A passagem do fordismo para o capitalismo cognitivo, em nome do individualismo proprietário, marcou, ao contrário, a transformação do débito público em débito individual, por meio da privatização "financeira" dos direitos sociais, conquistados no segundo pós-guerra.

A CRISE DA ECONOMIA GLOBAL

A crise da ideologia neoliberal está mesmo no fracasso do livre mercado como mecanismo eficiente de produção e alocação dos recursos e do papel dos mercados financeiros como mecanismo de redistribuição de renda. No primeiro caso, assistiu-se a um processo de concentração tecnológica e financeira como nunca foi visto na história do capitalismo e que nada tem a ver com a livre concorrência. No segundo caso, a governança redistributiva dos mercados financeiros revelou-se de todo um fracasso.

TESE Nº 8: A CRISE FINANCEIRA EVIDENCIA DUAS CONTRADIÇÕES PRINCIPAIS INTERNAS AO CAPITALISMO COGNITIVO, A INADEQUAÇÃO DAS TRADICIONAIS FORMAS DE REMUNERAÇÃO DO TRABALHO E A INFÂMIA DA ESTRUTURA PROPRIETÁRIA

No quadro de instabilidade estrutural do capitalismo cognitivo atual, traduzido na crise financeira em curso, torna-se necessário repensar a definição das variáveis redistributivas, de modo que se possa referir à produção de valor do capitalismo cognitivo.

No que concerne à esfera do trabalho, é preciso reconhecer que no capitalismo cognitivo a remuneração do trabalho deve se traduzir na remuneração da vida; por consequência, o conflito *in fieri* que se abre não é mais apenas a luta, sempre necessária, pelos altos salários (para dizer em termos keynesianos), mas, em vez disso, a luta por uma continuidade de renda que prescinda da atividade laborativa formal de algum contrato de trabalho. Depois da crise do paradigma fordista-taylorista, a divisão entre tempo de vida e tempo de

ANDREA FUMAGALLI E SANDRO MEZZADRA (ORGS.)

trabalho não é mais facilmente sustentável. Os sujeitos majoritariamente explorados no mundo do trabalho são aqueles cuja vida é dedicada inteiramente ao trabalho. Isso ocorre, em primeiro lugar, por meio da extensão do horário de trabalho, pelos setores de serviços e, sobretudo, pela força de trabalho migrante: grande parte do tempo de trabalho despendido na atividade do setor terciário não acontece dentro do local de trabalho. O salário é a remuneração do trabalho formal reconhecido como produtivo, enquanto a renda individual é a soma de todos os ganhos que derivam do viver e das relações em um território (trabalho, família, subsídios, eventuais rendimentos etc. etc.) e que determinam o padrão de vida. Enquanto há separação entre trabalho e vida, existe também uma separação conceitual entre salário e renda individual, mas, quando o tempo de vida é dedicado ao trabalho, tende-se a esfumaçar a diferença entre renda e salário.

Não se trata, com isso, de contrapor luta por salário e luta por renda, associando a primeira a uma resistência setorial e a segunda a uma simples proposição ideológica. O nó político é, ao contrário, repensar a sua combinação virtuosa, a partir das transformações produtivas e da materialidade subjetiva da nova composição do trabalho.

De fato, a sobreposição tendencial entre trabalho e vida, portanto entre salário e renda, não é ainda considerada no âmbito da regulação institucional. De pontos de vista diferentes, defende-se a tese de que a renda de existência* [*basic*

---

* A "renda de existência" não é a mesma coisa que a "renda mínima", no sentido de que ela reconhece explicitamente com o critério social e produtivo a própria vida (a "existência") ao passo que a "renda mínima" responde a um critério moral que pode ser conquistado diante de situações sociais de exclusão de produção (do emprego).

338

A CRISE DA ECONOMIA GLOBAL

income] pode representar um elemento de regulação institucional adequado às novas tendências do nosso capitalismo. O que nos interessa, todavia, não é desviar para uma teoria da justiça social, ou recriminar a falta de reconhecimento da racionalidade produtiva, nem tampouco a ausência de dispositivos de regulação que permitam ao capitalismo sair da própria crise. A renda é antes de tudo a identificação de um campo de batalha dentro da mutação do capitalismo contemporâneo, ou seja, um elemento de programa político interno aos processos de constituição da subjetividade antagonista. Desse ponto de vista, a *basic income* se apresenta como variável diretamente distributiva, e não redistributiva.

No que diz respeito à esfera da produção, um segundo aspecto a considerar é o papel desempenhado pelos direitos de propriedade intelectual. Eles representam um dos instrumentos que permitem ao capital apropriar-se da cooperação social e antes de tudo do *general intellect*. Uma vez que o conhecimento é um bem comum, produto da cooperação social, a mais-valia, que flui do seu uso em termos de atividade inovativa e aumentos de produtividade do trabalho, não é simplesmente o fruto de um investimento de um estoque de capital físico e individual (isto é, atribuído a um capitalista definido como entidade singular, seja ele pessoa ou organização empresarial), mas depende, ao contrário, do uso de um patrimônio social (ou "capital humano social", como dizem os economistas), que é sedimentado sobre o território e é independente da iniciativa do empreendedor singular. A taxa de lucro que deriva disso não é, portanto, a simples relação entre nível de investimento e estoque de capital que define o valor da empresa, mas, ao contrário, um "algo", cuja entidade depende também do capital "social" existente. Em outras

ANDREA FUMAGALLI E SANDRO MEZZADRA (ORGS.)

palavras, dado que o lucro nasce de uma medida cada vez mais consistente com a exploração e com a expropriação com fins privados de um bem comum como o conhecimento, isso é em parte assimilável a um rendimento: um rendimento de território e de aprendizagem, ou seja, um rendimento que provém do exercício dos direitos de propriedade intelectual, de propriedade do conhecimento.

Ora, parafraseando Keynes no capítulo final de *Teoria geral*, pode-se sustentar que

> O possuidor do conhecimento poderia obter um lucro, porque o conhecimento é mesmo escasso, assim como o possuidor da terra pode obter o rendimento, porque a terra é escassa. Mas, enquanto poderia haver uma razão intrínseca dessa escassez, não há razões intrínsecas da escassez do conhecimento.*

Ao mesmo tempo, contudo, diferentes teóricos liberais têm defendido nos últimos anos a necessidade de reduzir ou mesmo eliminar patentes e *copyright*, que, a longo prazo, ameaçam bloquear os processos de inovação. O capitalismo cognitivo deveria tornar-se, afirmam, uma espécie de "capitalismo sem propriedade", modelo que seria prefigurado na web 2.0 e exemplificado pelo choque entre Google e Microsoft. Onde o capital tem dificuldade de organizar a coopera-

---

* J.M. Keynes, Terenzio Cozzi (ed.), *Teoria generale dell'occupazione, dell'interesse e della moneta*, Turim, Utet, 2006, p. 570: "O possuidor do capital pode obter um lucro, porque o capital é mesmo escasso, assim como o possuidor da terra pode obter o rendimento, porque a terra é escassa. Mas, enquanto essa pode ser uma razão intrínseca dessa escassez, não há razões intrínsecas da escassez do capital". Substituímos "capital" por "conhecimento" e "juros" por "lucro".

A CRISE DA ECONOMIA GLOBAL

ção social a montante, é obrigado também a persegui-la e capturá-la a jusante: acumulação e mais-valia passam assim, antes de tudo, através dos processos de financeirização. É isso que círculos fechados próximos do mesmo capital financeiro definiram como "comunismo do capital". Todavia, mesmo que se faça a hipótese de que se renunciar à propriedade, o capitalismo certamente não pode renunciar ao comando, mesmo se isso significa bloquear continuamente a potência do trabalho cognitivo. Quem se requalifica, em termos completamente novos, é a clássica contradição entre forças produtivas e relações de produção.

A mistura entre lucro e rendimento deriva do fato de que, no capitalismo cognitivo, o processo de acumulação difundiu a base da própria acumulação, cooptando para o seu interior aquelas atividades do agir humano que no capitalismo fordista-industrial não eram produtoras de mais-valia nem se traduziam em trabalho abstrato.

Desse ponto de vista, as indicações de política econômica propostas por Keynes no alvorecer da crise de 1929 poderiam ser reescritas levando em conta a novidade inerente da transição para o capitalismo cognitivo.

A medida de uma *basic income* substitui a política dos altos salários, enquanto a eutanásia do *rentier* de Keynes poderia ser declinada na eutanásia das posições de rendimento derivadas dos direitos de propriedade intelectual (os rentistas cognitivos), acompanhadas de políticas fiscais capazes de redefinir a base imponível levando em conta o papel desempenhado na valorização do espaço, do conhecimento e dos fluxos financeiros. Isso não esboça um horizonte ideal, mas define um campo de tensões que internamente repensa as formas de conflito e as condições de possibilidade para a organização de novas instituições do comum.

Quanto à proposta de Keynes de socialização dos investimentos, o capitalismo cognitivo se caracteriza por uma socialização da produção diante de uma concentração cada vez mais elevada dos fluxos tecnológicos e financeiros: ou seja, da alavanca que permite hoje o controle e o comando sobre a atividade produtiva flexibilizada e terceirizada. Qualquer que seja a política que venha a afetar tal concentração, que está na base dos fluxos de investimento, incide, portanto, de modo direto sobre a estrutura proprietária e mina pelas raízes a própria relação capitalista de produção.

As possíveis propostas "reformistas", que poderiam definir um pacto social no capitalismo cognitivo, limitam-se, portanto, à introdução de uma nova regulação salarial baseada na *basic income* e em menor peso nos direitos de propriedade intelectual, que podem tendencialmente culminar em uma eutanásia da renda de propriedade intelectual.

TESE Nº 9: A CRISE FINANCEIRA ATUAL NÃO PODE SER RESOLVIDA COM POLÍTICAS REFORMISTAS QUE DEFINAM UM NOVO *NEW DEAL*

Ná realidade atual não são dadas as premissas econômicas e políticas para que um novo pacto social (*new deal*) possa realizar-se. Isso é, portanto, uma mera ilusão.

O *New Deal* fordista foi o sucesso de uma montagem institucional (*Big Government [governo forte]*) que era baseada na existência de três pressupostos:

A CRISE DA ECONOMIA GLOBAL

— um Estado-nação capaz de desenvolver políticas econômicas nacionais independentemente, embora coordenado, de outros Estados;

— a possibilidade de mensurar os ganhos de produtividade e, portanto, de prover a sua redistribuição entre lucros e salários;

— relações industriais entre partes sociais que se reconheciam reciprocamente e eram legitimadas em caráter institucional, em condições de representar de modo suficientemente unívoco (o que obviamente não excluía margens de arbitrariedade) os interesses empresariais e da classe dos trabalhadores.

Nenhum desses três pressupostos é hoje presente no capitalismo cognitivo.

A existência do Estado-nação é posta em crise por processos de internacionalização produtiva e globalização financeira, que representam, nas suas declinações em termos de controle tecnológico e de conhecimento, de informação e de aparatos bélicos, as bases de definição de um poder imperial supranacional.

No capitalismo cognitivo, no limite é possível imaginar — como unidade de referência para as políticas econômicas e sociais — uma entidade espacial geográfica supranacional (e não por acaso os países que são hoje protagonistas mundialmente, dos Estados Unidos ao Brasil, da Índia à China, são na verdade espaços continentais muito diversos do clássico Estado-nação europeu). A comunidade europeia poderia representar, desse ponto de vista, uma nova definição de um espaço público socioeconômico no qual implementar um novo *New Deal*. Mas, no estado atual das coisas, a construção da Europa procede longas linhas de política monetária e

ANDREA FUMAGALLI E SANDRO MEZZADRA (ORGS.)

fiscal que representam a negação da possibilidade de criar um espaço público e social autônomo e independente, não condicionado à dinâmica dos mercados financeiros (conforme Tese n° 6).

A dinâmica da produtividade tende cada vez mais a depender de produções imateriais e de envolvimento de faculdade humana cognitiva, dificilmente mensurável com os critérios tradicionais de tipo quantitativo. A dificuldade atual de medir a produtividade social não permite uma regulação salarial baseada na relação entre salário e produtividade.

A proposta de uma *basic income* encontra oposição e desconfiança da parte de figuras diferentes. Os empresários a consideram, em primeiro lugar, uma proposta subversiva na medida em que ela é capaz de reduzir a capacidade de enriquecimento por meio da necessidade e da dependência da coação do trabalho. Em segundo lugar, se a *basic income* acaba corretamente entendida como remuneração direta de uma atividade produtiva anteriormente executada (e assim deve ser), não devendo ser sujeita a nenhuma condição, arrisca não ser controlada pela estrutura patronal, apesar de ser fiscalizada recorrendo-se à legislação. Diversas aceitações do ponto de vista patronal teriam, ao contrário, uma proposta de reforma das garantias sociais, embora se voltem para sua ampliação (talvez englobando também os "precários" no signo da *flex security*).* Tratar-se-ia, de fato, de uma medida "redistributiva", e não diretamente distributiva (como a renda mínima): em outros termos, os amortecedores sociais transferem renda, uma vez que seja estabelecida

---

* Entende-se por *flex security* os projetos de proteção social do trabalho "flexível". Tratar-se-ia da conciliação de "precarização", do emprego com alguma "estabilidade" da proteção.

A CRISE DA ECONOMIA GLOBAL

uma distribuição direta da renda, e portanto também uma reforma extensiva desses amortecedores não afetaria a dinâmica remunerativa do trabalho. Em segundo lugar, sendo submetidos a vínculos e condições de concessão bem precisos, os amortecedores sociais não apenas se tornam elemento de diferenciação e segmentação da força trabalho, mas são totalmente congruentes com uma configuração workfarista [trabalhista] de políticas sociais.

Para os sindicatos, ao contrário, a *basic income* contradiz a ética do trabalho sob a qual parte dos próprios sindicatos continua a basear a própria existência.

Enfim, mas não menos importante, assistimos à crise das formas de representação social, seja no campo empresarial, seja no sindical. O fim de um modelo organizacional único induz a uma fragmentação, seja do capital, seja do trabalho. O primeiro é segmentado entre interesses das pequenas empresas, frequentemente ligadas a relações de subcontratação hierárquica, interesses das grandes multinacionais, atividade especulativa nos mercados financeiros e monetários e apropriação dos lucros e rendimentos de monopólio no campo da distribuição, dos transportes, da energia, dos fornecimentos militares e de pesquisa e desenvolvimento. Em particular, a contradição entre capital industrial, capital comercial e capital financeiro em termos de estratégia e horizontes temporais diversificados, e entre capital nacional e capital supranacional em termos de influência geoeconômica e geopolítica, torna de fato muito problemático um nível de homogeneidade de intenções da classe capitalista e a definição de objetivos compartilhados. O elemento que mais reúne os interesses do capital é a busca de um lucro em curto prazo (que tem origem num modo diferente) e isso torna praticamente impossível a formulação de políticas de reforma progressiva, assim como era praticável, ao contrário, nos tempos do capitalismo fordista.

Inversamente, o mundo do trabalho parece cada vez mais fragmentado não só do ponto de vista jurídico, mas sobretudo do ponto de vista "qualitativo". A figura do trabalhador assalariado industrial é emergente em muitas partes do globo, mas está diminuindo nos países ocidentais, em benefício de uma multidão variada de figuras atípicas e precárias, migrantes, dependentes, parassubordinadas e autônomas, cuja capacidade organizativa e de representação é cada vez mais vinculada a prevalecer na contratação individual e à incapacidade de adequação da estrutura sindical cultivada no fordismo.

O resultado constitutivo é que no capitalismo cognitivo não há espaço para uma política institucional de reforma capaz de reduzir a instabilidade estrutural que o caracteriza. Nenhum novo *New Deal* é possível, senão aquele promovido pelos mesmos movimentos e pelas práticas de institucionalidade autônoma, por meio da reapropriação de um *welfare* destruído do privado e fixado no público. Algumas das medidas que identificamos, da regulação salarial baseada na proposta da *basic income* a uma produção fundada na livre circulação dos saberes, não são por si incompatíveis com os dispositivos de acumulação e captura do capital, como vários teóricos neoliberais têm assinalado. Podemos, todavia, abrir um campo de conflito e reapropriação da riqueza comum, por meio do qual minar na base a mesma natureza do sistema capitalista, ou seja, a coação do trabalho, a renda como instrumento de chantagem e domínio de uma classe sobre outra e o princípio de propriedade privada dos meios de produção (ontem a máquina; hoje, também o conhecimento).

A CRISE DA ECONOMIA GLOBAL

Em outras palavras, poderíamos afirmar que no capitalismo cognitivo um possível compromisso social de derivação keynesiana mais adequado às características do novo processo de acumulação é apenas uma ilusão teórica e é impraticável de um ponto de vista político.

Uma política para todos os efeitos reformista (ou seja, que tenda a identificar uma forma de mediação entre capital e trabalho que seja satisfatória para ambos), capaz de garantir uma estabilidade estrutural do paradigma do capitalismo cognitivo, não pode hoje delinear-se.

Estamos, portanto, em um contexto histórico cuja dinâmica social não permite espaço para desenvolvimento e práticas e sobretudo "teorias" reformistas.

Segue que, uma vez que é a práxis que guia a teoria, somente o conflito e a capacidade de criar movimentos multitudinários podem permitir — como sempre — o progresso social da humanidade.

Somente a retomada de um forte conflito social em nível supranacional poderia criar as premissas para sair do atual estado de crise. Estamos diante de um aparente paradoxo: para que possamos reabrir perspectivas de reforma e relativa estabilização do sistema capitalista, é necessária uma ação conjunta do tipo revolucionário, capaz de modificar as dobradiças sobre as quais se baseia a estrutura de comando do próprio capitalismo.

É preciso começar a imaginar uma sociedade pós-capitalista, ou melhor, repensar o conflito sobre *welfare* na crise como organização imediata das instituições do comum. Isso não faz definitivamente menos das funções da mediação política, mas essas vêm definitivamente roubadas das estruturas da representação e absorvidas na potência constituinte da prática de autonomia.

TESE Nº 10: A CRISE FINANCEIRA ATUAL ABRE NOVOS CENÁRIOS DE CONFLITO SOCIAL

O socialismo é tradicionalmente apresentado para salvar o capitalismo de suas crises cíclicas, superando dialeticamente a endêmica instabilidade por meio de uma racionalidade superior do desenvolvimento. Em outros termos, encarregando-se de realizar a promessa de progresso que o capitalismo não era estruturalmente capaz de manter. Ora, é felizmente terminada a época em que socialismo e capitalismo se espelhavam na alegada subjetividade da hierarquia do trabalho, da técnica e da produção.

Mais uma vez somos nós e somente os nossos comportamentos que podem salvar o injusto sistema social no qual estamos forçados a viver. A situação de crise econômica é palpável. E, mais uma vez, é o plano da resistência que coloca continuamente em tensão as formas de comando. Há aquele que, não conseguindo mais pagar o empréstimo, depois de um primeiro momento de pânico se dá conta de que antes de três anos não será despejado da casa que habita e raciocina. Há aquele que não acreditou na quimera da bolsa e decidiu não aplicar o TFR nos fundos de investimento, não obstante a maciça campanha sindical e da imprensa que prometia altos ganhos em caso de recurso ao mercado financeiro.

Tais comportamentos — juntamente a muitos outros nos quais se exprimem resistência e insubordinação — adquiriram particular importância, porque representam rachaduras no impalpável controle social que a retórica do individualismo proprietário foi capaz de construir com o apoio de pseudoimaginários de coesão social, baseados no mérito e na fidelização dos comportamentos.

A CRISE DA ECONOMIA GLOBAL

Um sinal importante nesse sentido veio também, na Itália, do movimento dos estudantes da Onda Anômala. E ainda mais importante é o fato de que esse movimento tinha dado uma brecha de modo cada vez mais difuso para a temática da renda e do *welfare* do comum. Não se trata apenas de uma elaboração teórica ou de uma proposição política de vanguarda: o tema da renda tornou-se senso comum na emergência da composição social plasmada em conflitos da produção do saber e contra os processos de desqualificação e precarização. Desse modo desideologizou-se, identificando-se com objetivos concretos (por exemplo, a reivindicação dos pagamentos, ou seja, salário, para o trabalho gratuito já concedido sob o qual reina a empresarização da universidade, para estágios e tarefas didáticas desempenhadas pelos precários da pesquisa). Na Onda, o tema da renda virou de fato programa político dentro da crise, dando concretude à palavra de ordem "nós não pagaremos a crise".

A crítica ao conhecimento como mercadoria; o reconhecimento de que entre o momento da formação e o momento da produção a diferença tende a ficar incerta, de onde deriva a exigência de remunerar também os períodos de formação; a requisição de acesso aos serviços materiais e imateriais que hoje constituem o âmbito da cooperação social e do *general intellect*; a produção do comum como nova trama e novo horizonte das relações sociais e de cooperação, finalmente além da desgastada dicotomia "público-privado": eis, em síntese, alguns elementos programáticos que são de extrema utilidade para delinear um processo político capaz de transformar a crise sistêmica em espaço de possibilidade de ação e de proposta.

ANDREA FUMAGALLI E SANDRO MEZZADRA (ORGS.)

Se vagarmos somente no panorama europeu, numerosos são os sinais de insurgência que nos últimos meses se manifestaram: além da grande revolta grega e dos movimentos que sob o terreno da formação se expressaram na Espanha, na França e na Alemanha, é preciso, de fato, ao menos recordar as tensões conflituais que, interessando diferentes estratos sociais, se manifestaram em Copenhagen, Malmoe, Riga e em outras metrópoles europeias.

Trata-se de converter o "comunismo do capital" no "comunismo do *general intellect*", como força viva da sociedade contemporânea, capaz de desenvolver uma estrutura de *commonfare* e de colocar posições de efetiva e real escolha humana de liberdade e igualdade. Entre o "comunismo do capital" e a instituição do comum não há nenhuma especularidade ou relação linear de necessidade: trata-se, em outros termos, de reapropriar-se coletivamente da riqueza social produzida, rompendo os dispositivos de captura da potência do trabalho vivo, que assumem a dupla face do público e do privado, hoje enfim recomposta no comando capitalista dentro da crise permanente.

Em tal processo, torna-se cada vez mais importante o papel autônomo desempenhado pelos movimentos não apenas no âmbito da proposta política e da ação, mas antes, e sobretudo, como ponto de referência para aquela subjetividade, singularidade ou segmentos de classe que da crise emergem na maior parte golpeados e defraudados.

A capacidade de subsunção real da vida ao processo laborativo e produtivo e a difusão de imaginários culturais e simbólicos imbuídos de elementos de individualismo (a partir do "proprietário") e securitarismo constroem as dobradiças principais do processo de controle social e cognitivo dos

A CRISE DA ECONOMIA GLOBAL

comportamentos humanos. A afirmação e a organização de uma subjetividade autônoma, que já vive nas práticas de resistência e de produção do comum da nova composição de classe, são, portanto, condições necessárias para iniciar processos de conflitualidade capazes de mudar a atual hierarquia socioeconômica. Desse ponto de vista, bem-vindo é todo o excedente e a insurgência que a subjetividade nômade é capaz de realizar e animar. Somente assim, como mil riachos que se juntam no rio ou como mil abelhas que formam um enxame, torna-se possível iniciar formas de reapropriação da riqueza e dos saberes, inverter a dinâmica redistributiva, debitar a crise a quem a causou, repensar uma nova estrutura de *welfare* social e do comum, imaginar novas possibilidades de auto-organização e produção compatíveis com o respeito ao meio ambiente e a dignidade dos homens e mulheres que habitam este planeta.

O rei está nu. O percurso diante de nós é árduo, mas, afinal, já começou.

Posfácio
Algumas reflexões sobre o rentismo na "grande crise" de 2007 (e seguintes)

Antonio Negri
Tradução de Pedro Barbosa Mendes

O que é o rentismo, o que é um *rentier*, isso sabemos todos. Cada um de nós tem guardado na cabeça, ao menos uma vez, a figura daquele que nos aluga o apartamento. Podemos invejá-lo ou odiá-lo, mas o consideramos como qualquer um que — ao menos no nosso caso — ganha dinheiro sem trabalhar. No entanto, era no *Ancien régime* que vigoravam as leis do rentismo. Exaltavam-no reacionários como Burke e Hegel, que o consideravam natural; odiavam-no os revolucionários discípulos de Rousseau, os reformistas do Iluminismo e os fundadores dos direitos "humanos". Os liberais ingleses e os filósofos kantianos acreditavam que a liberdade não poderia guiar-se e desenvolver-se sob a exploração da riqueza herdada: que a riqueza "digna" deveria, em vez disso, fundar-se no trabalho. Quanto aos cientistas da "riqueza das nações", aos inventores da economia política, esses foram ambíguos a tal respeito: por um lado, de fato, pensaram que a riqueza capitalista deveria ser construída contra o rentismo (e na identificação desse processo consiste a verdade da ciência econômica); por outro lado, não esconderam (embora muitas vezes seus leitores o disfarcem) que o desenvolvimento capitalista nunca teria tido a possibilidade de ser construído e de decolar com tanta força senão a partir de uma acumulação primitiva violenta. Como foi historicamente o caso da apropriação do comum, da terra e do trabalho na época dos *enclosures*. Aqui aparece, então, o que é o "rentismo absoluto": uma acumulação primitiva e violenta, porém necessária — todavia era preciso ocultá-la porque era infame —, escravagista, perversa, atroz em todas as suas formas... Claro, o rentismo absoluto sobrevivia nos processos ordinários, cotidianos, de gozo da renda mas de maneira tão subordinada às outras formas de produção da riqueza (é o que diziam, e talvez até esperassem, os economistas, sem saber do equívoco de sua análise) que, afinal, essa se mostrava relevante apenas enquanto se apresentava como o prêmio de uma concorrência entre proprietários (de terra e/ou de dinheiro). O "rentismo relativo" tornou-se, assim, uma das formas pelas quais se apresentava a mais-valia que era produto do trabalho, emergindo por meio da diferença de produtividade das terras trabalhadas assim como dos fundos de comércio. Por meio do "rentismo relativo", o economista tentava, por um lado, concordar com os reformistas e encontrar alguma plausibilidade para suas razões; na realidade, da maneira não muito sutil, legitimava o desenvolvimento capitalista juntamente com a violência da apropriação originária, da acumulação primitiva. Quando, na metade do caminho que leva dos fundadores da economia política ao nosso tempo, Keynes (há quase um século) ainda praguejava contra o rentismo, augurando a "eutanásia dos rentistas", quem pensaria que o início do século XXI seria novamente (mais uma vez) marcado pelo debate sobre o rentismo? E pelos efeitos políticos de sua vigência? E pela exaltação ideológica, reacionária, de suas piores derivas?

A CRISE DA ECONOMIA GLOBAL

Quando estudamos o poder constituinte democrático nos processos de fundação da ordem jurídica moderna, não podemos deixar de notar que ele toca sempre, ou melhor, investe, em primeiro lugar, nas estruturas de propriedade da ordem capitalista (de um ponto de vista extremo ataca as relações de propriedade pré-constituídas; do ponto de vista da reforma e/ou da revolução, exprime o desejo por novas ordens sociais de propriedade). Dada a intensidade dessa intenção do poder constituinte, não surpreende o fato de que a ciência jurídica burguesa tenha, ao longo de toda a modernidade, tentado isolar o conceito, arrancando-o da materialidade das relações sociais dentro das quais ele nascia — relações sociais de propriedade (social), inicialmente; mais tarde, aquelas da apropriação capitalista. O poder constituinte terminava onde começava a lei. O termidor* foi o momento em que o poder constituinte era realizado para ser imediatamente negado, anulado. No entanto, a ciência constitucional sabia que essa neutralização era vã. Mesmo que o poder constituinte fosse formalmente isolado, imediatamente após o jurista e o político sabiam que seriam obrigados a assumir um fundamento, e para orientação de seu próprio trabalho, a análise da "Constituição material" (ou seja, o estudo das relações sociais que estão, em toda sua complexidade e em seu eventual antagonismo, na base da "Constituição formal" ou legal). Uma estranha história vinha se definindo. As relações de propriedade constituíam o problema que estava na base da insurgência do poder constituinte; em vez disso, o poder constituído assumia as relações de propriedade como sagradas e imutáveis. Na hipocrisia formalis-

---

* O fim da Revolução Francesa.

ANDREA FUMAGALLI E SANDRO MEZZADRA (ORGS.)

ta da jurisprudência contemporânea, o poder constituinte, quando retomado, só poderia ser lido como "poder de exceção", desprovido de qualquer conteúdo que não fosse a força da decisão. Em oposição, cada vez em que ela era apresentada em sua materialidade e fazia levantar a questão da propriedade, o poder constituinte se espraiava ao longo do tempo da Constituição e ali, apresentando-se atualmente como elemento de inovação jurídica e de emancipação social, abre a possibilidade de instituições democráticas. Aqui, então, o poder constituinte se defrontou com o "rentismo absoluto", construindo-se como função democrática — no longo prazo da constituição material e lutava no interior da forma jurídica do "rentismo relativo".

Hoje, a democracia não se encontra somente diante (e contra o) do rentismo da terra (fundiário e imobiliário) — se encontra sobretudo diante do rentismo das finanças, o capital que o dinheiro mobiliza, globalmente, como uma ferramenta essencial para a governança da multidão. A financeirização é a forma atual do comando capitalista. É evidente que essa ainda está entrelaçada ao rentismo e repete seja o propósito violento, seja a ambiguidade e as contradições de cada figura da exploração capitalista. Por isso, seria insensato pensar que o capital financeiro não é, em si, uma relação antagônica: ou seja, o capital financeiro compreende sempre a força de trabalho como seu elemento necessário, ao mesmo tempo produtor de capital e antagonista. A forma pela qual o capital financeiro controla o antagonismo se define segundo especificidades totalmente determinadas: são aquelas de uma forte abstração da qualidade corpórea sobre o trabalho e da cidadania, são aquelas da constituição de um mundo capitalista mascarado e/ou de necessidades distorcidas, de uma co-

A CRISE DA ECONOMIA GLOBAL

munidade monstruosa da exploração (da exploração do comum: quando a força de trabalho se tornou multidão e o trabalho se tornou cognitivo e cooperativo, o capital passou a não explorar mais o trabalhador individual, mas essencialmente o conjunto da força de trabalho como cooperação, e a expropriar o comum que ela produz). A exploração do comum se apresenta, portanto, como rentismo financeiro.

Rentismo absoluto ou relativo? Rentismo fundado por uma operação de apropriação radical, de expropriação, ou por exploração generalizada e articulada com o valor integral do produto, de uma valorização comum? É bem provável que o economista contemporâneo, pós-industrial, responda sem rodeios à nossa questão, dizendo-nos: vivemos no mundo do rentismo relativo. Mas, então, quando o próprio lucro se apresenta como *rente* (uma vez que no mercado global é imediatamente traduzido para essa forma de existência do capital), o rentismo e os fluxos financeiros, isto é, o mundo do rentismo, aparecem imediatamente atravessados e condicionados pelas lutas da multidão. Todavia, quando o mundo do rentismo relativo é introduzido novamente aqui, qual enorme diferença nos mostra o próprio rentismo relativo! Esse — isto é, o mundo do rentismo — se apresenta em confronto com o comum, emerge de dentro do comum, dentro da generalidade da exploração. Há países (por exemplo, a China) onde esses processos ocorrem de forma tão "pura" que as relações sociais entre centralização política do comando e dimensão do bem-estar social, do salário social e da distribuição social da riqueza em geral se revelam imediatamente como uma relação de luta: também o salário alcançou a generalidade do rentismo financeiro. Olhando para países onde a complexa articulação entre rentismo e lucro é dada como "impura", a exemplo dos EUA e da Europa (ou, ainda melhor, em todos os países — do antigo Terceiro Mundo — onde ainda persistem "oligarquias" rentistas), também aqui convém salientar o quanto a luta para se reapropriar da *rente* é intensa na formação de relações de reprodução da sociedade. Em toda parte, no entanto, a resistência ante o rentismo é muito forte. Em toda parte, por outro lado, a defesa do rentismo chega ao ponto de repropor aquela síntese entre o rentismo absoluto e o estado de exceção que vimos atravessar sua genealogia. E é agora que o rentismo reaparece, pondo-se contra os processos democráticos. Esse é o momento em que se reivindica o rentismo absoluto, invertendo o percurso histórico do desenvolvimento capitalista, tal como uma garantia de lucro.

Existe uma possibilidade para definir — se o rentismo tiver absorvido, ou ainda integrado, as dinâmicas do lucro — uma luta por um "salário relativo"? Isto é, existe a possibilidade de descrever dispositivos da luta (dentro e) contra o rentismo? Em que consiste uma luta pela renda? Qual é o "salário do rentismo"? Cada resposta a essas questões deve, em primeiro lugar, reintroduzir um sujeito: entre quem e quem se dão as lutas quando o rentismo mistifica o comum da produção social? Um sujeito, diria-se, uma força antagonista, multitudinária, que tem a capacidade de demolir a rigidez do biopoder exercido em nome do rentismo absoluto. Mas como se constrói esse sujeito? Pode-se construir somente mediante a imposição de um terreno de luta baseado, estruturado, orientado pelo rentismo relativo. Mas como alcançar esse objetivo? Só se pode alcançá-lo por meio da construção de um sujeito em luta. *O rentismo é transformado de absoluto em relativo quando é submetido à democra-*

A CRISE DA ECONOMIA GLOBAL

cia das lutas. Convém, portanto, conduzir lutas que levem à construção desse sujeito. Unir os precários e os excluídos, recompor o trabalho material e o trabalho intelectual: o primeiro dentro da complexidade de suas articulações de fábrica e metropolitanas, o segundo nesse mesmo espaço e na complexidade de suas articulações (dos *call centers* às universidades, dos serviços industriais àqueles da comunicação, dos centros de pesquisa aos serviços sociais, de saúde e de educação). Essa é a multidão que pode construir um sujeito político que entre ativamente no terreno do rentismo controlado pelas finanças e pode introduzir (com a mesma potência que teve para os trabalhadores das fábricas fordistas na luta pelo salário) uma luta em torno da renda. Essa é a dimensão na qual se configura um "salário do rentismo".

Note-se bem: não se trata, em todo caso, de pensar que o valor do salário arrancado ao rentismo (primeiro absoluto e em seguida relativo) pode determinar uma crise do comando capitalista. A luta em torno da renda (a "renda de cidadania", nesse caso) é antes de tudo um meio — um meio para a construção de um sujeito político, de uma força política. Meio sem fim? Sim, porque sua finalidade não é, nem pode ser ainda, a conquista do poder e nem mesmo uma transformação duradoura dos mecanismos de reprodução da sociedade capitalista: a luta só pode construir a realidade e o reconhecimento de uma força que saiba mover-se eficazmente pelo terreno da renda. E, a partir dessa passagem, desse uso constituinte da luta pela definição e pelo reconhecimento de um sujeito político — portanto, só avançando por essa passagem é que será possível abrir uma luta que não se limite ao salário de cidadania, mas dirigida à reapropriação do comum e da sua gestão democrática.

ANDREA FUMAGALLI E SANDRO MEZZADRA (ORGS.)

Não há luta de classe sem um espaço no qual essa possa se desdobrar. Hoje esse lugar é a metrópole. Outrora foi a fábrica; ainda hoje é a fábrica, mas falar em fábrica hoje significa outra coisa que aquela de outrora. A metrópole é a fábrica atual — com suas relações produtivas, as cadeias de pesquisa, os locais de produção direta e os fluxos de circulação/comunicação, os meios de transporte, separação e contenção, crise de produção e de circulação, formas diversas de emprego etc. etc. A metrópole: fábrica moderna como só a primazia do trabalho cognitivo nos processos de valorização pode determinar; antiga fábrica, porém, na qual escravos, migrantes e mulheres, precários e excluídos são igualmente incorporados ao trabalho e na qual a exploração reveste cada lado e momento da vida. A metrópole: fábrica pré-industrial que organiza as diferenças de cultura e de *status* com graus diversos de exploração, com as diferenças de gênero e de raça como diferenças de classe; fábrica pós-industrial, ainda, em que essas diferenças constituem o comum do encontro metropolitano, da mestiçagem contínua e criativa, do entrecruzamento de culturas e de vidas. Um comum que na metrópole pode ser reconhecido e trazido à luz. O rentismo reveste esse comum e o constrói a partir dos últimos andares dos arranha-céus, domina-o nos mercados de ações, revela-o em cores que o escondem de seus produtores. Em contraste, uma democracia absoluta de lutas pela transparência, pela *glasnost*, pode indicar-nos uma via de emancipação do comum. Trata-se de atacar todos os fluxos de rentismo, desde os imobiliários (por meio das articulações financeiras do lucro) até o rentismo dos direitos autorais e da produção informática. As lutas que aqui indicamos entre parênteses, transversais, constituem hoje o coração do capital. A democracia pode e deve destruir o rentismo absoluto para alcançar aquela potência e aquela força necessárias para desenvolver a luta contra o rentismo relativo. O rentismo absoluto, depois de ter sido a figura inicial e violenta da ascensão capitalista, é agora a figura da exploração capitalista que vive no mais alto nível de desenvolvimento: é a figura da exploração do comum. Em meio a contradições da relação entre comando e comum, a fim de que a contradição exploda, é esse o caminho a percorrer. Sabendo-se bem que não há nenhuma dialética que possa resolver esse problema. Só o pode a democracia, quando essa se tornar absoluta, isto é, quando nela se operar o reconhecimento de que cada um é necessário ao outro porque é igual no comum...

A grande crise começou no interior da metrópole, quando o novo proletariado — construído pela produção capitalista da subjetividade como um indivíduo proprietário, empurrado sucessivamente para uma condição patrimonial na conversão neoliberal do *Welfare State* (mas, ao mesmo tempo, reduzido à fadiga de uma vida precária em que o século anterior de lutas operárias o havia lançado e requalificado como trabalhador cognitivo) —, bem, esse novo proletário se rebelou. Tendo obstruído o acesso à renda social, arrancaram-lhe a casa, mostraram uma vez mais a forma como o rentismo capitalista não pode transigir diante da urgência por equilíbrio do comando capitalista. Resistir, rebelar-se... essa é a nova produção de subjetividade que é então posta em marcha pelo proletariado.

No encerramento do seminário do qual nasce este livro, creio que todas as condições que determinam essa inversão radical dos processos de produção de subjetividade estão expostas aqui em termos conclusivos. Resta inaugurar a seguinte reflexão: como reapropriar-se da subjetividade comum quando o capital se torna réntista? Não é inadequado colocar essa questão num momento em que a paixão, a inteligência, as práticas da "revolução" estão voltando a animar a cena. No plano global. As análises da crise e as consequências políticas presentes neste volume não só descrevem e criticam o período histórico atual como o abrem a novos horizontes do desejo.

O texto deste livro foi composto em Sabon,
desenho tipográfico de Jan Tschichold de 1964,
baseado nos estudos de Claude Garamond e
Jacques Sabon no século XVI, em corpo 10,5/15.
Para títulos e destaques,
foi utilizada a tipografia Frutiger, desenhada
por Adrian Frutiger em 1975.

A impressão se deu sobre papel off-white
80g/m² pelo Sistema Cameron da
Divisão Gráfica da Distribuidora Record.